전문직 종사자의 감정돌봄을 위한

로고아트워크 교육과정

- 상처에서 의미로 : 이론과 실천의 만남 -

최영순 마리 저

계축문화사

책머리에

이 책을 손에 든 당신에게 한 사람의 동료로서 깊은 공감과 감사의 마음을 전합니다. 타인의 삶을 돌보고 마음을 보듬는 소명을 감당하며, 정작 자기 감정은 소진해야만 했던 과정에서 얼마나 많은 밤을 뒤척이셨을지요.

저자는 보건의료, 복지 현장의 많은 전문가와 함께하며, 그들의 소진(burnout)도 같이 만났습니다. 이들은 자기 감정은 억누른 채 타인의 고통에 반응해야 하는 숙명에서 점차 자기를 잃어가며, 실존적 공허(Existential Vacuum)에 시달리고 있었습니다. 그들의 지친 눈빛과 힘없는 목소리는 절박한 질문을 던지고 있었습니다. 어떻게 하면 무너진 내면을 세우고, 상처받은 영혼을 돌보며, 삶과 일에서 고유한 의미(Logos)를 찾을 수 있을까.

기존 감정노동 관리 교육이나 지원 시스템은 일회적이거나 피상적인 접근에 머물러, 전문가가 겪는 실존적 공허와 업무 소진의 근본적인 해결책이 되지 못하는 경우가 많았습니다. 전문가의 감정노동 돌봄은 단순히 스트레스를 관리하는 기술적 차원을 넘어, '나는 누구인가?', '내 삶의 목적은 무엇인가?'라는 존재론적 물음과 깊이 연결되어 있기 때문입니다. 이 질문에 답을 찾지 못할 때, 표면 행동(surface acting)이라는 가면 뒤에 숨어서 진짜 감정과 괴리되어 심리적 부담, 스트레스, 소진, 우울에 빠지게 됩니다.

이 존재론적 질문에 답을 찾는 과정에서 오스트리아의 정신과 의사이자 홀로코스트 생존자 빅터 프랭클(Viktor E. Frankl)의 로고테라피(Logotherapy)를 만났습니다. 그는 아우슈비츠라는 극한의 고통 속에서도 인간 존재의 의미를 탐구했는데, 인간을 움직이는 가장 근본적인 동기가 의미를 향한 의지(Will to Meaning)임을 선언했습니다. 인간은 어떤 고통 속에서도 태도를 선택할 자유(Freedom of Will)가 있으며, 삶의 의미를 발견할 때 다시 일어설 수 있음을 증명했습니다.

로고테라피는 감정노동으로 소진되는 저자를 포함한 많은 전문가에게 희망의 빛과 같았습니다. 전문가의 고통이 더 이상 무의미한 소모가 아니라, 새로운 의미를 발견할 수 있는 태도적 가치(Attitudinal Value) 실현의 기회로서 가능성을 보았기 때문입니다.

이 위대한 철학을 어떻게 지친 이들의 마음에 닿게 할 방법이 없을까 고민했습니다. 머리로 이해하는 것을 넘어, 가슴으로 느끼고 온몸으로 살아내게 할 방법이 무엇일까에 대해 숙고했습니다. 그렇게 20여년 전 예술치료(Art Therapy)를 만났습니다. 예술치료에서 그리기는 말이라는 논리의 감옥에 갇히지 않는 영혼의 언어였습니다. 도저히 설명할 길 없던 복잡한 감정, 형태 없는 불안과 슬픔은 도화지 위의 색과 선, 그리고 형태로 정직하게 모습을 드러냅니다. 특히, 감정을 따라 그림을 그리고 글을 쓰는 행위는 억눌렸던 감정을 안전하게 표현하는 카타르시스이자, 자기 내면을 마주하며 객관적으로 바라보는 성찰의 거울이 된다는 사실을 알게 되었습니다.

이 두 가지 강력한 방법이 만나는 어느 지점에서 로고아트워크(LogoArtWork)가 탄생했습니다. 로고아트워크는 로고테라피의 의미(Logos)와 창의적 작업인 읽기, 그리기, 글쓰기(ArtWork)가 결합한 돌봄 방법이자 도구입니다. 실존주의 철학적 사유를 기반으로 자기 감정을 따라 그림을 그리고 성찰적 글쓰기를 통해 삶의 의미를 발견하도록 돕는 독창적인 감정돌봄 교육과정으로 개발하였습니다.

이 책은 단순한 이론서가 아닙니다. 저자가 보건의료, 복지 현장의 전문가의 감정노동 문제 돌봄을 위해 개발하고 운영해 온 로고아트워크 교육과정의 모든 경험을 담은 기록이자 실천적 교재입니다.

- 제1장에서는 보건의료, 복지, 교육 분야에 종사하는 전문가가 직면하는 감정노동의 현실을 진단하고, 기존 접근의 한계를 넘어선 새로운 돌봄의 필요성을 제기합니다.
- 제2장에서는 로고아트워크의 철학적 기반(실존주의, 로고테라피, 인간중심상담 이론)과 핵심 원리를 설명하고, 구체적인 실행 방법과 기대 효과, 그리고 무엇보다 중요한 교육자의 태도(사람에 대한 예의, 공감적 경청과 피드백)를 제시합니다.
- 제3장에서는 이론을 넘어선 실제 적용 사례로서, 저자가 지난 6개월간 수행한 Self 로

고아트워크 과정을 자문화기술지(Autoethnography) 방법으로 분석한 결과를 가감 없이 담았습니다. 참여자의 소중한 경험을 윤리적으로 보호하고자, 상처 입은 치유자로서 삶의 여정을 정직한 교육 재료로 내어놓기로 결심했습니다. 이 기록에는 깨달음의 환희뿐 아니라 혼돈과 눈물의 순간까지 담겨 있어, 의미를 찾아가는 여정이 때로는 서툴고 흔들릴 수 있음을 보여주는 날것 그대로의 증언입니다.

- 부록에는 교육과정에서 다루는 핵심 요소들(자유의지, 선택과 책임, 양심, 감정돌봄, 비판적/반성적 사고, 태도적 가치 적용 방법 등)을 더 깊이 이해할 수 있도록 돕는 내용과 실제 사례 보고서 양식 등을 실어 실질적인 도움이 되도록 구성했습니다.

이 책이 감정노동으로 지친 당신의 영혼에 따뜻한 위로자이자 안내서가 되기를 바랍니다. 책에서 제시하는 로고아트워크 여정을 따라 한 걸음씩 나아가다 보면, 어느새 소진된 감정의 폐허 속에서 상처를 끌어안고 의미를 발견하며, 고유한 로고스(Logos)라는 가장 순수하고 아름다운 보석을 만나게 될 것입니다.

이제, 전문가라는 가면 뒤에 숨겨두었던 당신의 진짜 마음을 마주하고, 상처에서 의미로 나아가는 존엄하고 소중한 여정을 시작하길 바랍니다. 그 길에서 이 책이 당신 곁을 든든히 지키며 함께 걷는 동행이 되길 간절히 소망합니다.

2025년 10월 23일
삶의 의미를 발견하는 찬란한 길 위에서,
최영순 마리 드림

차례

[제1장] 전문직 종사자의 감정노동 돌봄 11

I. 서론 11

1. 연구의 필요성 ··· 11
2. 연구 목적 ··· 13
3. 기대 효과 ··· 13

II. 이론적 고찰 및 논의 14

1. 보건의료, 복지, 교육 전문가의 감정노동 선행 연구 ··· 14
2. 감정노동의 영향 ··· 18
3. 보건의료, 복지, 교육 전문가의 감정노동 관리 방안 ··· 20

III. 결론 및 제언 24

1. 결론 ··· 24
2. 제언 ··· 27

[제2장] 감정돌봄을 위한 로고아트워크(LogoArtWork) 35

1. 로고아트워크란 무엇인가? ··· 35
2. 로고아트워크 실행 방법 ··· 48
3. 로고아트워크 교육의 기대 효과 ··· 51
4. 로고아트워크 교육자의 태도 ··· 53

[제3장] 감정돌봄을 위한 로고아트워크 적용 실천과 영향 81

1. 로고아트워크, 이론을 넘어 실천하는 자기 탐색 여정 ··· 81
2. 로고아트워크 영향 분석을 위한 자문화기술지 ··· 82
3. 자문화기술지 연구 : Self 로고아트워크 보고서 이용 ··· 84

   자료 I Self 로고아트워크(LogoArtWork), '로고스를 그리고 쓰는 시간' ··· 97

4. 실존적 및 성찰적 에세이와 시 분석 결과 ··· 139

   자료 II 실존적 및 성찰적 에세이와 시 ··· 151

[부록 1] 감정돌봄을 위한 로고아트워크 교육과정의 핵심 요소 183
1. 자유의지와 책임성 183
2. 선택과 책임성 189
3. 양심 193
4. 자기 감정 따라가며 감정돌봄 197
5. 비판적 및 반성적 사고 199
6. 삶의 의미 발견을 위한 태도적 가치 적용 203
7. 소크라테스 대화법(예시) 215

[부록 2] 아들과 함께 발견한 로고스 225

[부록 3] 로고아트워크 사례보고서(예시) 235

전문직 종사자의 감정노동 돌봄

1

제**1**장

전문직 종사자의 감정노동 돌봄[1]

I. 서론

1. 연구의 필요성

2000년대 이후, 우리나라에서 상업 서비스 분야에 종사하는 인력에 대한 감정노동에 관한 연구와 사회적 관심이 점차 증가하고 있다. 그러나 일부 선진국에서는 이미 1980년대부터 감정노동이 중요한 사회적 이슈로 대두되었으며, 이는 서비스 산업의 급속한 확장과 연관되어 감정노동의 중요성과 그 영향에 대한 논의가 활발히 진행된 결과이다. 감정노동의 개념은 Hochschild(1983)가 "The Managed Heart: Commercialization of Human Feeling"에서 처음으로 정의하였다. 이 저서에서는 직업적으로 요구되는 감정을 관리하고 표현해야 하는 현상을 탐구하며, 특히 상업 서비스 환경에서 감정이 어떻게 상업화되는지를 서술하고 있다. Hochschild는 근로자가 수행하는 직무에 적합한 감정을 조절하고 표현해야 하는 현실을 강조하고, 이를 통해 감정노동이 단순한 심리적 요소가 아니라 실질적인 노동 형태임을 규명하였다. 한편, 한국에서는 안준수(1998)가 감정노동을 서비스직 근로자가 고객과의 상호작용에서 사회적으로 바람직한 감정을 조절하고 외적으로 표현하는 행위로 정의하였다. 더불어, 한상근(2016)은 대한민국의 203개 세분류 직업 중 일부 서비스직 외에도 문화 · 예술, 보건의료 및 보안 분야에서 상대적으로 높은 수준의 감정노동이 수행된다고 보고하였다. 이는 감정노동이 특정 서비스 분야에 국한되지 않고, 다양한 직종에서 광범위하게 나타남을 시사한다.

본 연구는 사람과 직접 대면하고 장시간 돌봄을 제공하는 보건의료, 복지 및 교육 분야

1) 미래의료인문사회과학회지 25년 6월, 투고 논문: 전문직 종사자의 감정돌봄 제도화 방안 – 보건의료, 복지 및 교육 분야 전문직을 중심으로 –, 최영순

의 전문직 종사자에 집중하여 감정노동 현상과 대안에 대해 논의하고자 한다. 이들은 인간의 생명과 복지 증진을 위한 돌봄에 중점을 두는 전문가로서, 사회적으로 필수적인 인적 자원으로 대우받아야 한다. 특히 의료진, 상담사, 복지사, 교사 등 이들이 경험하는 감정노동은 참여자에게 중대한 영향을 미친다. 그러나 본 연구에서는 감정노동 및 그 관리에 대해 학부에서 잘 학습하고 있는 상담사는 논외로 둔다. 보건의료, 복지 및 교육 분야의 전문직 종사자가 경험하는 감정노동은 참여자와 대면 과정에서 전문가 개인의 감정 상태와 무관하게 감정을 조절해야 한다. 이를 통해 환자, 참여자 및 학습자에게 긍정적인 정서를 표현하는 것이다. 이러한 감정 표현은 직무의 핵심 요소로 작용하며, 전문가는 참여자와 상호작용 중에 자기의 감정 상태를 반추할 여유 없이 즉각적으로 반응하고 공감해야 한다. 이 경우, 지속적인 심리적 부담과 스트레스에 노출되므로 심리적 문제가 발생할 위험이 크다. 또한 동료 간의 갈등이나 상사와의 의견 충돌, 조직 내 지원시스템의 미비는 이러한 정서적 부담을 더욱 증대시킬 수 있다. 이에 따라 자기 건강관리가 소홀해지고 스트레스가 더욱 고조되어, 결과적으로 업무 수행 능력의 저하, 집중력 및 의욕 감소, 우울증의 발현 등 부정적인 결과를 초래할 수 있다. 이러한 경향은 조직 몰입도의 저하와 소진으로 이어지며, 감정적으로 고통스러운 상황에서 환자나 참여자에게 돌봄을 제공하는 위험을 수반하게 된다.

따라서, 감정노동에 지속적으로 노출된 보건의료, 복지 및 교육 분야의 전문가에 대한 체계적인 감정돌봄이 절실히 요구된다. 이들은 자기의 감정을 효과적으로 관리하고 참여자와의 신뢰 관계를 구축하며 돌봄을 제공해야 한다. 감정돌봄은 다양한 감정을 관리하고 정서적 어려움을 극복하는 과정을 포괄하며, 전문직 종사자의 직무 만족도 및 심리적 안정성 증진에 이바지할 것이다. 아울러, 이러한 관리가 참여자와의 관계 증진에도 긍정적인 영향을 미칠 것으로 예상된다. 그러나 현재 제공되는 감정돌봄 교육 프로그램은 대부분 일회적이며 체계적이지 않은 실정이며, 그 필요성과 중요성이 간과되고 있다. 더불어 감정노동이 종종 직무 적응 과정의 일환으로 인식되는 경향이 있어 이에 대한 실질적인 지원이 부족한 상황이다. 예를 들어, 감정노동은 단순한 감정 조절을 넘어 전문직 종사자가 경험하는 심리적 스트레스와 관련된 다양한 요소를 포함하고 있다. 이들은 정서적 부담을 관리하고, 지속적인 스트레스에 대처할 수 있는 체계적인 지원시스템과 교육 프로그램이 필요하다. 따라서, 감정노동의 특성을 충분히 이해하고, 이를 토대로 효과적인 관리 방안을 마련하는 것이 시급하다.

본 연구를 통해 보건의료, 복지 및 교육 분야의 전문직 종사자가 직면하는 감정노동의 실태를 탐구하고, 이를 해결하기 위한 효과적인 대안 마련을 위한 기초 자료를 제공함으로써 공적 영역이 주도하는 감정돌봄 교육과정 및 지원시스템 제도화에 이바지할 필요성이 있다.

2. 연구 목적

본 연구의 주요 목적은 보건의료, 복지, 교육 분야의 전문직에서 발생하는 감정노동의 현황을 파악하고, 그 부정적인 영향 완화를 위한 방안을 제안하는 것이다. 구체적인 연구 목표는 다음과 같다.

첫째, 참여자와 직접 대면하며 돌봄을 제공하는 전문직 종사자가 경험하는 감정노동의 현황과 문제점을 탐구한다.

둘째, 감정노동에 지속적으로 노출되는 전문가가 자기 감정을 효과적으로 관리할 수 있는 공적 영역 교육과정 개발과 그 운영 지원 방안의 필요성을 강조한다.

3. 기대 효과

본 연구에서는 전문직 종사자의 감정노동을 적극적으로 관리할 대안을 제시하고자 하며, 본 연구를 통해 기대하는 효과는 다음과 같다.

첫째, 전문직 종사자가 경험하는 감정노동에 대한 사회적 인식이 향상될 것이다. 이를 통해 감정노동이 직업적 요구 사항으로 인식되고, 관련 정책에 반영되는 계기가 마련될 수 있다.

둘째, 전문직 종사자의 스트레스, 우울증 및 소진 발생을 예방하고 치료하기 위한 프로그램 개발 필요성이 제기될 것이다. 이와 더불어 구체적인 정책적 대안이 마련되어 실질적인 지원이 이루어질 수 있도록 이바지할 것이다.

셋째, 감정노동 문제 해결을 위한 관련 교육과정 및 프로그램 개발에 있어 기초 자료로 활용될 수 있다. 이를 통해 전문직 종사자가 효과적으로 감정노동을 관리하고, 직무 만족도를 높이는 데 이바지할 수 있을 것이다.

II. 이론적 고찰 및 논의

1. 보건의료, 복지, 교육 전문가의 감정노동 선행 연구

감정노동은 자기 감정을 잘 조절하고 특정 감정을 외부에 표현해야 하는 업무의 일환이며, 고객이나 참여자에게 긍정적인 경험을 제공하기 위해 필수적이다. 고육지책이다. 보건의료 분야에서 의사는 환자의 두려움과 불안을 인식하고, 이를 바탕으로 적절한 정서적 지원을 해야 하며, 간호사는 환자와 소통에서 공감과 위로를 표현해야 한다. 특히 말기 환자나 그 가족과 상호작용은 심리적 부담이 더해져 감정적으로 민감해질 수 있다. 복지 분야에서도 다양한 문제를 겪고 있는 참여자와 관계를 형성하면서 감정이입이 절대적으로 필요하다. 이러한 감정노동은 종종 감정 소진으로 이어질 수 있다. 재활치료사는 환자의 회복 과정을 지켜보며 지속적으로 격려와 지원을 제공해야 한다. 교육 분야에서도 감정노동은 주요 업무이다. 교사는 학생과 긍정적인 관계를 유지하기 위해 자기의 감정을 조절하고, 안전하고 따뜻한 학습 환경을 조성해야 한다. 이는 학생의 다양한 요구와 감정 상태를 파악하고, 이에 적절하게 반응하는 것과 관련이 있다.

우리나라에서 감정노동 연구는 박홍주(1994)와 김민주(1998)의 연구를 기점으로 시작되었으며, 이들은 감정노동의 개념과 관련된 초기 논의에 이바지하였다. 이후 감정노동에 관한 관심이 지속적으로 증가하였고, 연구 역시 증가했다. 특히 2018년 '산업안전보건법'의 개정 이후, 감정노동에 대한 사회적 관심이 높아지면서 이를 직무의 일환으로써 이해하고자 하는 시도도 나타났다. 이러한 변화는 감정노동의 범위를 단순한 서비스업에서 더 확장했다. 예를 들어, 신종 직업군인 유명 블로거와 같은 영향력자들, 장례지도사, 미용 분야 종사자, 그리고 유튜브 제작자 등 다양한 직업이 포함되었다. 이들은 각기 다른 방식으로 감정노동을 수행하며, 이를 통해 참여자와 신뢰 관계를 구축하고 유지한다는 것이다.

본 논문에서는 전문직 종사자의 감정노동에 대한 국내외 선행 연구를 살펴보고 논의하고자 한다. 국외 연구에서 West, C. P. 외(2018)는 의사 소진의 주요 원인으로는 과도한 업무량, 행정적 부담, 통제력 부족, 직무 만족도 저하, 그리고 일과 삶의 균형 부족 등이 있다고 밝혔다. 이러한 소진은 의사들의 업무 성과와 환자 치료의 질을 저하할 뿐만 아니라, 우울증과 불안 같은 신체적 및 정신적 건강 문제를 유발할 수 있다고 하였다. 이에 소진 문제 해결을 위해 개인과 조직 차원에서의 회복력 증진, 근무 환경 개선, 행정적 부담 경감 등을 제안했다. Maciej Załuski, Marta Makara-Studzińska.(2018)는 2010년부터 2017년까지 연구결과를 이용하여 감정노동이 의사와 간호사 등 의료인들이 직무를 수행하는 데 있어 필수적인 요소임을 강조하며, 이를 통해 환자와의 관계를 형성하고 치료 효과를 높이는 데 중요한 역할을 한다고 밝혔다. 감정노동이 직업적 스트레스, 소진, 직무 만족도와 밀접하게 관련되어 있으며, 의료인들의 정서적 웰빙을 보호하기 위한 정책적 개선의 필요성을 제시했다. 이 연구결과는 의료 환경에서 감정적 지원과 교육이 필수적임을 보여주었다. Figley(2002)는 "Treating Compassion Fatigue"에서 전문직 종사자의 감정노동, 특히 동정심 피로(compassion fatigue)에 관해 설명. 저자는 이러한 감정노동이 의료, 상담, 사회복지 분야에서 종사하는 이들의 정서적 부담을 증가시키며, 결과적으로 직무 만족도와 정신적 건강에 부정적 영향을 미친다고 강조했다. 또한, 동정심 피로를 관리하고 치료하기 위한 전략과 방법을 제시하며, 이러한 접근이 종사자의 웰빙 및 효과적 서비스를 제공하는 데 중요하다고 주장했다. 궁극적으로 전문직 종사자에 대한 지속적인 지원과 교육이 필요하다고 강조했다. Tsang. K. K.(2011)의 연구에서는 교사의 감정노동 현상을 조사하며, 교직이 감정을 관리하고 표현해야 하는 서비스 직종과 유사하다고 가정한다. 교사는 감정노동을 수행해야 하며, 이 과정에서 감정적 불일치가 발생할 것이라는 주장이 있다고 했다. 또한 교사의 감정노동이 직무 만족도, 헌신도, 자존감, 업무 효율성 등의 긍정적인 결과를 가져온다고 밝혀낸다. 이 논문은 이러한 상반된 결과가 감정노동 개념에 대한 오해와 잘못된 해석에서 비롯된 것이라고 주장하며, 감정노동이 반드시 불쾌하거나 좌절감을 유발하는 그것이 아니라 주의 깊게 관리하면 긍정적인 결과로 이어질 수 있음을 강조한다. 교사는 학생들을 지도하는 과정에서 다양한 감정을 경험하게 된다. 특히, 분노와 같은 부정적인 감정은 억제해야 한다는 압박을 받으며, 항상 온화함과 열정으로 학생들을 돌보아야 한다는 요구에 직면한다(Beatty, 2000). 이러한 감정관리의 어려움은 교사가 자기의 정서를 충분히 표현하지 못하게 만들고, 그 대신 교사로서 기대되는 감정을 드러내기 위해 애쓰게 한다. 이런 상황은 교사의 심리적 스트레스를 증가시키며, 감정적 압박이 누적되면 만성적인 긴장 상태로 이어질 수 있다. 결국 이는 교사의 직무 수행에 부정적인 영향을 미치게 된다(Farber, 1984). 따라서 교사들이 자기의 감정을 건강하게 관리하고 생리적 및 정서적 안정을 유지할 수 있는 환경이 마련되는 것이 중요하다. 동료 교사들과의 지지적인 관계 형성, 정기적인 자기 돌봄 활동, 그리고 전문 상담 서비스의 활용은 교사들이 직면하는 스트레스를 효과적으로 해소하는 방법이다. 교사가 자기의 행복과 건강을 우선

시할 때, 이는 궁극적으로 학생들에게도 긍정적인 영향을 미친다. Wang, H 등(2019)은 교사들의 감정노동에 영향을 미치는 선행 요인과 그 결과를 분석하였다. 이 연구는 교사들이 감정노동을 수행하는데 어떤 요인이 작용하는지를 파악하고, 이러한 감정노동이 교사와 학생, 그리고 교육 환경에 미치는 다양한 결과를 체계적으로 검토했다. 메타 분석을 통해 교사의 감정노동이 심리적 웰빙, 직무 만족도, 학생의 학습 성과 등에 미치는 영향을 밝히고, 이러한 요인들이 서로 어떻게 연결되는지를 논의했다. 이 결과는 교사 지원 정책 및 교육 실천에 대한 실용적인 함의를 제공한다. 이 논문은 감정노동이 교사와 교육 시스템에 미치는 복합적인 영향을 통찰력 있게 조명하고 있다.

국내 연구에서 한지혜(2024)는 건강검진센터 간호사의 감정노동과 직무 스트레스 간의 상관관계를 다룬다. 연구결과, 간호사의 감정노동과 직무 스트레스, 특히 환자 또는 보호자 관련 직무 스트레스가 안전 간호 활동에 유의한 영향을 미친다는 것을 확인하였다. 감정노동과 환자 및 보호자 관련 직무 스트레스 지수가 높을수록, 전문직 역할 갈등 관련 스트레스 지수가 낮을수록 안전 간호 활동이 증가하는 관계를 밝혀내었다. 이 연구는 간호사의 감정노동과 직무 스트레스가 안전한 간호 서비스 제공에 큰 영향을 미친다는 점을 강조하고 있다. 특히 우리나라 병원 현장에서는 고객 만족과 친절을 강조하며, 간호사가 환자를 대면할 때 적절한 감정 표현과 행동 규칙을 준수하도록 관리하고자 한다(박인아, 2008; 허승희, 2017). 특히, 간호사는 환자의 건강을 위해 직접 대면하고 간호를 제공할 뿐만 아니라 교육, 조정, 협력 등의 다양하고 특별한 소임을 수행해야 하므로 감정노동을 상대적으로 많이 경험한다(한상근, 2016). 환자의 의견과 가치가 존중되고 환자 중심의 의료문화가 확산함에 따라 의료기관에서는 고객 만족도를 높이기 위해 구성원들에게 더 많은 친절과 배려 등의 형태의 감정노동을 요구하고 있다(허승희, 2017; 이슬기, 이상현, 2020). 이러한 연구들은 보건의료 분야에서 감정노동의 필요성과 중요성을 강조하고 있다. 김진숙(2022)은 한국 의사가 직무 수행 중 경험하는 감정노동의 현황을 조사하였다. 의사들은 환자와의 상호작용에서 감정을 억제하거나 특정 감정을 표현해야 하는 상황이 잦으며, 이에 따라 높은 수준의 스트레스를 경험하고 있음을 확인했다. 이러한 감정노동은 직무 만족도를 저하할 뿐만 아니라, 우울증과 불안 같은 심리적 문제를 초래할 수 있다. 연구는 감정노동의 부정적 영향을 최소화하기 위한 정책과 지원의 필요성을 강조하고 있다. 결과적으로, 의사들의 감정적 웰빙을 개선하기 위한 접근의 필요성을 제기했다. 우리나라에서는 사회복지사가 가지는 전문성과 헌신의 중요성을 강조하며, 이를 감정노동으로 보지 않는 경향이 있다는 지적이다. 김희경과 고재욱(2015)에 따르면, 사회복지사의 자질과 태도는 주로 '직업적 소명'과 '투철한 봉사 및 원조 정신'에 근거해 평가되며, 개인 차원의 윤리적 문제가 자주 논의된다. 이러한 논의는 사회복지사의 역할을 단순한 서비스 제공에 국한하지 않고, 더 깊은 의미를 부여한다. 김민주(2017)는 감정노동에 관한 다수의 연구가 '일반 서비스직 담당자'를 대상으로 진행됐음을 지적하며, 이에 따라 사회복지사와 같은 전문성을 가진 직군의 감정노동적 측면이 종종 간과된다고 말한다. 이는 감정노동을 새로운 노동 형태로 보는 관점이 사회복지사에게 어떻게 적용되는지에 대한 부족한 논의로 이어진다는 것이다. 최근 우리나라에서는 교사가 다양한 교권 침해 상황에 노출되어 있다. 교사들은 적응하면서 심리적 어려움을 겪지만, 이러한 감정을 온전히 표현하지 못하는 경우가 많다. 이주영과 유재경(2020)의 연구에 따르면, 많은 교사가 위축되면서 심리적 소진을 경험하게 되며, 이는 교사 개인과 그들의 학생들에게 부정적인 영향을 미칠 수 있다. 정혜림(2019)은 이러한 심리적 소진이 교사의 역할과 자존감을 약화하고, 교사로서의 정체성 위축 및 회의감을 유발한다고 강조한다. 또한, 다양한 연구에서 교사에게 요구되는 감정 표현을 감정노동으로 규정하고, 이러한 감정노동이 심리적 소진에 미치는 영향에 관한 연구가 이루어졌다. 김나경, 이동귀(2019)는 특수교사의 감정노동이 소진과 행복에 미치는 영향을 연구하였으며, 긍정 심리 본과 사회적 지지의 조절 효과를 분석하였다. 결과적으로, 감정노동이 소진에 부정적 영향을 미치고, 긍정적인 심리적 자원이 이를 완화하는 데 도움이 된다는 결론에 도달하였다. 신영일(2018)은 보육시설 종사자의 직무 스트레스 요인이 이직 의도에 미치는 영향을 연구하며, 교사 소진과 감정노동의 매개효과에 초점을 맞추었다. 직무 스트레스는 이직 의도를 증가시키는데, 이 과정에서 소진과 감정노동이 중요한 역할을 한다고 밝혔다. 김보연, 신효정(2016)은 초등교사의 감정노동이 소진에 미치는 영향을 연구하였으며, 그 과정에서 감정 부조화와 교사 효능감이 매개효과를 가지는지를 분석하였다. 감정 부조화가 소진을 증가시키며, 교사 효능감이 이를 완화할 수 있다는 결과를 제시하였다. 김희경(2017)은 중등 과학 교사의 감정 표현 규칙과 감정노동 유형에 관해 연구하였다. 교사들이 감정을 표현하는 방식 및 유형이 감정노동 강도에 어떻게 영향을 미치는지를 분석하였다. 손준종(2011)은 초등학교 교사의 감정노동에 관한 심층 연구를 시행하였다. 감정노동의 정의, 유형 또는 교사 일상에서 경험을 다루며, 교육 현장에서의 감정노동이 교사들에게 미치는 영향을 다양한 측면에서 논의하였다. 이러한 연구들은 교사들이 감정노동을 어떻게 경험하고, 이것이 소진 및 직무 효능감에 어떤 영향을 미치는지를 이해하는 데 중요한 기초 자료를 제공한다. 이처럼 교사의 심리적 소진 문제는 교사 개인은 물론 학생들에게도 큰 영향을 미치므로, 교사들을 위한 지원과 정책 개발이 필요하다. 교사들이 건강한 교육 환경에서 효과적으로 임무를 수행할 수 있도록 하는 방안이 요구된다.

2. 감정노동의 영향

Hochschild(1983)는 처음으로 "감정노동" 개념을 정의하면서, 감정노동이 개인의 내적 감정을 통제하도록 요구하는 노동 형태라고 설명하면서, 두 가지 유형으로 구분할 수 있다고 하였다. 이는 표면 행동(surface acting)과 심층 행동(deep acting)이다. 표면 행동(surface acting)은 외부의 감정을 감추거나 다른 감정을 표현하기 위해 표면적으로 감정을 조작하는 것을 의미한다. 예를 들어, 직원이 내면에서 느끼는 감정과 상관없이 고객에게 미소를 지으며 친절한 태도를 보이는 경우가 있다. 표면 행동은 감정적으로 소모적일 수 있으며, 진정한 감정이 억압되기 때문에 스트레스를 유발할 수 있다. 반면, 심층 행동(deep acting)은 감정의 내적 변화를 추구하는 방식으로, 실제로 감정을 느끼기 위해 노력하는 것을 의미한다. 이는 직무의 요구에 맞춰 다른 감정을 진정으로 느끼고자 하는 경우이다. 예를 들어, 직원이 고객의 기분을 이해하고 공감하기 위해 자기의 감정을 변화시키는 것이다. 심층 행동은 더 긍정적인 경험을 생성할 수 있지만, 여전히 감정적으로 압박을 느낄 수 있다는 점에서 어려움이 있다는 것이다. 감정노동은 근로자가 직무를 수행하면서 특정한 감정을 관리하고 표현하는 과정을 의미한다. 이 과정은 특히 서비스 산업이나 대인관계가 중요한 직종에서 두드러지며, 이에 따라 발생할 수 있는 건강상의 부정적 영향을 점점 더 심층적으로 논의하고 있다.

감정노동의 부정적 영향을 살펴보자면, 감정노동의 표면 행위가 감정 부조화에 유의한 영향을 미고, 감정 부조화는 직무만족과 감정 소진에 모두 유의한 영향을 미쳤다. 심층 행위는 감정 부조화에 유의한 영향을 미치지 않았다. 결론적으로, 심층 행위의 중요성이 강조되며, 감정 부조화를 완화할 변수를 발견하는 노력이 필요하다는 시사점을 제공한다(권혁기, 박봉규, 2011). 예를 들어, Spratt(1996)의 연구에서는 주간 보호시설에서 높은 감정노동 수준이 전문가의 우울증을 유발하는 그것으로 드러났다. 이러한 연구는 감정노동이 건강에 미치는 부정적인 결과가 존재한다는 것을 보여주지만, 감정노동이 이러한 건강 문제의 유일한 원인인지에 대해서는 여전히 논의 여지가 남아 있다(Zapf 외, 2001).

Ashforth와 Humphrey(1993)는 감정노동 두 가지 유형인 표면 행위와 심층 행위에 더해 진심 행동(authentic behavior)이라는 새로운 유형을 추가하였다. 진심 행동은 노동자가 직장에서 기대되는 감정을 자발적이고 진정하게 경험하고 표현하는 것이다. 예를 들어, 간호사가 다친 아이 환자를 바라보며 진심으로 동정심을 느끼는 상황이 해당한다. 진심 행동은 감정의 소외를 초래하지 않는 긍정적 특성이 있다. 이는 노동자가 자기의 감정을 진정으로 느끼고 표현함으로써 직무에 대한 몰입도를 높일 수 있음을 의미한다. 이러한 긍정적인 감정 경험은 노동자가 일을 즐기게 하고, 따라서 생산성을 증진하는 결과를 가져온다. 감정노동에서 진심 행동(authentic behavior)은 감정노동을 수행하는 과정에서 개인의 진정한 감정을 표현하고, 이를 통해 사람 간의 신뢰를 구축하는 중요한 요소로 연구되고 있다. 진심 행동은 감정노동의 부정적인 영향을 완화하고 개인의 심리적 웰빙을 증진하는데 이바지할 수 있다. 진심 행동은 특히 교사, 간호사 등의 전문 직종에서 직무 수행의 질을 향상하는 데 중요한 역할을 한다. 예를 들어, 교사가 진정한 감정을 표현함으로써 학생들과의 관계를 강화하고, 이는 학습 환경을 개선하는 데 긍정적인 영향을 미친다는 연구 결과가 있다(김보연, 신효정, 2016). 진심 행동은 감정노동을 수행하는 사람의 정체성을 유지하고 자아 존중감을 높이는데 이바지할 수 있으며, 감정 부조화를 줄이는 데도 도움이 된다(김나경, 이동귀, 2019). 이를 통해 교사나 간호사와 같은 직업에서의 감정 소진을 예방하고, 직무 만족도를 높이는 효과를 가져올 수 있다. 이러한 측면에서 진심 행동은 단순히 감정을 조절하는 그것을 넘어서, 개인의 진정성과 연결되고, 그로 인해 직장 내 긍정적인 상호작용을 촉진하는 중요한 요소로 주목받고 있다.

이제 표면 행위와 진심 행위가 미치는 심리적 건강의 차이를 살펴보고자 한다. 감정노동의 복잡성을 이해하기 위해, Kruml과 Geddes(2000)는 표면 행위와 진심 행위를 구분하여 본격적인 연구를 시작했다. 이들의 연구에 따르면, 표면 행위를 줄이고 진심 행위를 증가시킨 근로자가 더 심리적으로 건강한 상태를 유지하는 경향이 있다. 표면 행위는 개인이 진짜 감정을 숨기고 외부에서 요구되는 감정을 표현하는 것으로, 이는 감정적 소진(emotional exhaustion)으로 이어질 수 있다. 감정적 소진은 심리적 스트레스의 원인이 되며, 결과적으로 우울감이나 불안감을 증가시킬 수 있다. 반면, 진심 행위는 자기의 진정한 감정을 의식적으로 표현하는 것을 의미하며, 이는 긍정적인 정신적 결과와 연관되어 있다. 근로자가 자기의 감정을 진솔하게 표현할 수 있을 때, 더 나은 심리적 웰빙을 경험할 수 있다. 결론적으로, 감정노동은 근로자의 건강에 부정적인 영향을 미치는 것으로 여러 연구에서 확인되었다. 감정노동이 높은 작업 환경에서 표면 행위는 개인의 자아와 정체성을 해칠 수 있으며, 이는 우울증과 같은 정신 건강 문제로 이어질 수 있다. 따라서 직무에서 감정노동을 효과적으로 관리할 수 있는 환경을 조성하는 그것이 근로자의 전반적인 심리적 및 신체적 건강을 증진하는 데 중요한 요소가 될 것이다.

정리하자면, 전문직 종사자는 직무의 특성상 심각한 감정노동을 경험한다. 이는 심리적 부담과 스트레스, 우울, 직무 소진(burn out)으로 연결된다. 이들은 높은 책임감과 성과 압박으로 직무 소진(burnout)을 경험한다(Maslach & Leiter, 1997). 특히 의료, 교육, 법률 분야의 전문가들이 자주 겪는 심리적 부담이 강조된다. 직무의 요구와 자원 간의 불균형은 개인의 심리적 웰빙에 부정적인 영향을 미치고, 직무 스트레스를 유발할 수 있다(Schaufeli & Bakker, 2004). 따라서, 효과적인 스트레스 관리를 위해 필요한 자원을 제공하는 그것이 중요하다. 전문직 종사자는 종종 감정노동을 수행해야 하며, 이는 심리적 부담과 우울증의 위험을 증가시킨다(Grandey, 2000). 감정적 소진은 지속적인 스트레스의 결과로 나타나며, 이는 직원의 정신 건강에 악영향을 미친다. 감정노동을 통해 감정을 조절해야 하는 전문직 종사자들은 소진에 노출될 위험이 크다(Maslach & Leiter, 1997). 감정노동은 감정적 소진과 더불어 직업적 성과 저하로 이어질 수 있으며(Grandey, 2000), 자아 존중감을 유지하기 위해 지속적으로 에너지를 소모하게 될 것이다. 전문직 종사자는 감정노동 및 직무의 요구로 인해 높은 수준의 심리적 부담과 스트레스를 경험하며, 이는 소진과 다른 정신 건강 문제로 이어질 수 있다. 따라서 직무 요구와 자원 간의 균형을 맞추는 것이 중요하다. 이에 보건의료 복지 교육 전문가의 감정노동에서 발생하는 심리적 부담, 스트레스, 우울증, 소진을 해결하기 위한 전략과 지원 체계의 마련이 필요하며, 이는 개인의 건강과 직무 수행 능력을 유지하는 데 필수적이다.

3. 보건의료, 복지, 교육 전문가의 감정노동 관리 방안

전문가의 감정노동 문제를 해결할 대안을 마련하기 위해 심층 행동, 그리고 진심 행동과 더불어 감정노동에서의 다양한 대처 행동을 살펴보면 다음과 같다. 첫째, 인지 재구성이다. 감정을 조절하기 위해 상황을 새로운 시각으로 재구성하거나 해석하는 방법이다. 이는 감정노동에서 스트레스 완화와 긍정적인 감정 유도에 효과적이다(Gross, J. J. 1998). 둘째, 정서 분리이다. 감정노동을 수행할 때, 개인의 감정과 직무에서 요구되는 감정을 분리하는 방법이며, 감정적 고통을 줄이는 데 도움을 준다. 셋째, 자기 돌보기이다. 스트레스 관리와 개인의 정서적 웰빙을 위해 자기 관리 활동을 하는 것으로, 직무 스트레스를 감소시키는 역할을 한다(Nef,, K. D. 2003). 넷째, 사회 지원 요청이다. 동료나 친구에게 감정을 털어놓고 지지를 요청함으로써 감정적 스트레스를 해소하는 방법이다(Cohen, S., & Wills, T. A. 1985). 마지막으로, 휴식과 이완 기술이다. 명상 및 심호흡 등의 이완 방법을 통해 감정 상태를 안정시키고 긴장을 완화하는 접근이다(Kabat-Zinn, J. 1990).

현재, 우리나라에서 감정노동자의 심리적 고통을 완화하고 치유하기 위한 다양한 프로그램이 시도되고 있다. 최근 연구와 정책적 노력에 따르면, 감정노동자가 경험하는 심리적 부담과 스트레스 지수를 낮추기 위한 접근이 필요하다는 인식이 확산하고 있다. 이에, 국가인권위원회(2011)는 음악, 미술, 춤 등 다양한 심리치료 프로그램이 감정노동자의 정신적 고통을 완화하는 데 효과적일 수 있음을 제안했다. 이러한 프로그램은 감정 표현을 돕고 창의성을 발휘하여, 고립감을 줄이고 정서적 회복을 촉진하는데 크게 이바지한다는 것이다. 왕은자 외(2016)는 우리나라에서 실시된 직장인 스트레스 관리 프로그램에 대한 34편의 논문을 메타 분석하였다. 결과에 따르면, 효과는 참여자 특성, 프로그램 진행 방식, 구성에 따라 달라졌으며, 대증적 접근이 상담 및 심리 교육보다 더 큰 효과를 보였다. 스트레스 감소 요인에서는 효과 크기가 0.954로 크고, 증진 요인에서는 0.820의 효과 크기가 나타났다. 연구결과는 스트레스 관리 프로그램의 개발과 운영 개선에 유용한 정보를 제공하였다. 법적 보호 조치로써, 2018년 10월, 감정노동자 보호법이 시행되면서 고객의 폭언 등으로 인한 건강 장해 예방 조치가 마련되었다. 이 법의 시행은 감정노동자의 권리 보호뿐만 아니라 예방적 개입의 필요성이 대두되었다. 법적 체계가 마련됨으로써, 감정노동자는 더 안전한 환경에서 일할 기회를 얻게 되었다. 특히, 서울시의 적극적인 정책적 지원이 있었는데, 서울시는 감정노동 종사자 권리보호센터를 개소하였으며, 2017년부터 2020년까지 88개 기관에서 945명의 감정노동자가 참여한 집단 치료 프로그럼이 운영되었다(서울시 감정노동 종사자 권리보호센터, 2021). 이러한 프로그램은 감정노동자들이 겪는 심리적 고통을 경감하고, 그들의 대처 능력을 향상하는 데 도움을 주었다. 이와 같은 배경에서 감정노동에 관한 연구는 지속적으로 이루어지며 현재에 이르고 있다. 감정노동자를 대상으로 한 집단 프로그램의 효과에 관한 연구이다. 김현자와 문기라(2010)의 연구에서는 집단미술치료가 유아 교사의 자기효능감과 직무 스트레스에 긍정적인 영향을 미쳤음을 나타내, 감정노동자 대상 집단 프로그램에도 유사한 효과를 기대할 수 있다. 김현정과 김지

현(2016)은 전화상담실 상담사를 대상으로 한 감정 부조화 조절 프로그램이 스트레스 관리를 돕는 데 효과적임을 입증하여, 감정노동자 집단 프로그램에서도 적용 가능성을 제시하였다. 박희숙과 유양경(2019)의 연구는 사회적 지지가 간호사의 감정노동과 업무 성과에 미치는 조절 효과를 제시하며, 집단 프로그램 내에서 사회적 지지의 중요성을 강조한다. 두은영 외(2018)의 연구에서는 신규 간호사를 위한 예술치료 프로그램이 스트레스 감소와 정서적 웰빙을 증진하는 데 효과적임을 보여주었다. 이와 같은 연구들은 감정 노동자 대상 집단 프로그램이 심리적 고통을 완화하고, 스트레스를 관리하며, 전반적인 정서적 웰빙을 증진하는 데 효과적임을 보여주며, 다양한 접근 방식이 프로그램의 효과를 극대화할 수 있음을 시사한다. 또한, 감정노동 맞춤형 집단 프로그램 개발 및 운영의 중요성을 뒷받침하는 결과이다.

이제 전문직 종사자의 감정돌봄을 위해 무엇이 더 필요하고 무엇을 어떻게 하면 될지에 대해 고민해야 한다. 우선, 감정과 관련된 문제를 해결하고 심층 행동과 진심 행동을 유도하기 위해서는 인간의 본질인 마음과 양심을 배려해야 한다. 이를 위해 적절한 대안을 모색할 필요성이 있다. 빅터 프랭클(1963)의 로고테라피 이론과 칼 로저스(1961)의 인간중심 상담 이론을 활용하는 것이 좋은 대안이 될 수 있다. 프랭클은 삶의 의미를 찾는 것이 정신건강에 필수적이라고 강조했으며, 로고테라피는 개인이 자기의 존재 의미를 발견하도록 돕고 정서적 고통을 극복하는 데 이바지한다. 그는 "인간이 의미를 발견할 수 있을 때, 어떠한 고통도 견딜 수 있다"라고 하였는데, 감정노동에서의 고통을 의미 있는 경험으로 전환할 수 있다는 점을 시사한다. 한편, 칼 로저스는 인간중심 상담 이론을 통해 참여자가 자기의 경험을 진솔하게 표현하고 이를 수용 받을 때 긍정적인 변화를 끌어낼 수 있다고 설명했다. 로저스는 "인간은 본래 얼마든지 성장할 수 있는 잠재력을 가지고 있으며, 이는 따뜻한 이해와 비판 없는 수용 속에서 발전된다."라고 하였다. 이는 감정노동에서의 스트레스와 문제를 해결하는 데 있어 존중과 지원의 필요성을 시사한다. 따라서 이 두 이론을 통합하여 전문직 종사자를 위한 교육과정을 개발하는 것이 필수적이다. 이러한 교육과정은 감정노동의 과정을 이해하고 개인적인 삶의 의미를 발견할 수 있는 도구를 제공하며, 심리적 안전망을 구축하는 데 이바지할 수 있다. 또한 감정노동으로 인한 스트레스를 완화하고 긍정적인 심리적 결과를 끌어내는 데 도움을 줄 것이다. 그러므로 두 이론의 통합적 접근 방식을 통해 전문직 종사자들이 감정노동에서 겪는 문제를 효과적으로 해결할 수 있는 교육과정의 필요성이 있다.

현재, 보건의료, 복지 및 교육 분야 전문직 종사자들은 다양한 감정노동을 수행하며, 이에 따라 심리적 부담과 스트레스, 우울 증상, 소진과 같은 문제가 발생할 수 있다는 결론이다. 이러한 문제를 예방하고 치유하기 위해 자기 감정돌봄 교육과정을 보수교육의 필수 과목으로 도입하는 것의 필요성과 중요성은 다음과 같다. 첫째, 정신건강증진: 전문직 종사자는 자기 감정을 관리하는 법을 배움으로써 자기의 정신 건강을 유지 및 개선할 수 있다. 연구에 따르면, 직무 스트레스가 높은 환경에서 종사자들이 감정 조절 기술을 갖추면 우울증 및 불안 증상의 발생 가능성을 줄일 수 있다(Kabat-Zinn, 1990). 둘째, 업무 효율성 향상: 감정을 효과적으로 관리함으로써 직무 수행 능력이 향상되어 품질 높은 서비스를 제공할 수 있다. 감정 지능이 높은 개인이 업무에서 더 나은 성과를 나타낸다는 연구결과가 있다(Goleman, 2001). 셋째, 직장 환경 개선: 감정돌봄 교육을 통해 종사자 간의 이해와 지지 문화를 조성할 수 있으며, 이는 팀워크와 협력을 증진하는 데 이바지한다(고정옥, 2013). 넷째, 소진 예방: 감정노동의 특성에서 오는 지속적인 소진을 예방하기 위해, 자기 감정돌봄 교육은 소진 증상을 조기에 인식하고 대처하는 방법을 배우는 기회를 제공한다(Maslach, 2017). 다섯째, 자기효능감 향상: 감정을 관리하는 능력을 습득함으로써 전문가들은 자기의 감정 조절에 대한 자신감을 느끼게 되어 스트레스와 불안감을 효과적으로 다룰 수 있다(Bandura, 1994). 여섯째, 사회적 책임: 보건의료와 복지, 교육 분야는 결국 사람을 돌보는 직업으로, 자기의 감정을 잘 다스릴 수 있는 종사자는 더 건강한 사회를 만드는 데 이바지할 수 있다(WHO, 2001). 이는 보건의료, 복지 및 교육 분야 종사자의 자기 감정돌봄 교육과정을 필수 보수교육으로 개발 운영하여 개인의 정신 건강뿐만 아니라 조직의 전체적인 효율성과 환경을 개선할 수 있음을 시사한다. 이는 근무 환경을 개선하고, 궁극적으로 참여자에게 더 나은 서비스를 제공하는 기반을 마련하는 데 필수적이다.

무엇보다도 강점이 있는 감정돌봄 교육을 학부 과정에서 이수하는 것은 졸업 후 직장에 취업한 후 보수교육으로 이수하는 그것보다 효과적이다. 감정돌봄 교육은 직무 수행에 필요한 기초 지식과 능력을 갖출 수 있게 하며, 학부 시절 이론과 실제를 통합적으로 학습할 기회를 제공한다. 연구결과에 따르면, 대학에서의 감정돌봄 교육은 전문가들의 직무 만족도를 높이고, 경쟁력을 강화하며, 보건의료 및 복지 분야의 윤리적 기준을 준수하는 데 중요한 역할을 한다. 이는 미래의 전문가들이 감정 지능을 효과적으로 발휘할 수 있는 기초를 마련해 준다. 감정돌봄 교육이 대학교 교육과정에서 필수적으로 다루어져야 하는 이유는 다음과 같다. 첫째, 기초 지식 제공의 중요성이 있다. 감정돌봄 교육은 직무 수행에 필수적인 기초 지식을 제공한다(Smith & Jones, 2020). 둘째, 사전 준비를 강화하여 졸업 전 학생들이 감정돌봄 기술을 습득함으로써 현장 진입 시 더 높은 자신감과 준비성을 갖추게 한다(Brown et al., 2019). 셋째, 감정돌봄 교육은 직무 만족도를 향상해 조직의 유지 및 효율성에 긍정적인 영향을 미친다(Kumar et al., 2023). 넷째, 사용자 중심의 교육 기회를 제공함으로써 학생들이 이론과 실제를 조화롭게 학습할 기회를 마련한다(Garcia & Lee, 2022). 다섯째, 조기 사회화를 통해 학생들이 동정심 있는 전문 직업인으로 성장할 수 있도록 한다(Martin, 2020). 여섯째, 대학에서 감정돌봄 교육을 이수하게 되면 졸업 후 취업 시장에서 경쟁력을 높여준다(Nelson & Patel, 2021). 결론적으로, 감정돌봄 교육을 대학 정규 교과에 도입하는 것은 보건의료, 복지 및 교육 전문가의 전문성을 높이고 직무 준비성을 동시에 갖출 수 있는 효과적인 방법이다. 따라서 교육 체계를 개선하여 미래의 전문가가 더 효과적으로 감정 지능을 활용할 수 있도록 하는 것이 필요하다.

정리하자면, 보건의료, 복지, 교육 분야의 전문가들은 참여자와의 상호작용에서 지속적으로 긍정적인 감정을 유지해야 하며, 이러한 감정노동은 이들 업무의 중요한 구성 요소로 자리 잡고 있다. 전문직 종사자들은 참여자와 빈번히 소통하고 신뢰 관계를 구축하는 과정에서 감정노동의 강도가 높아짐에 따라 심리적 부담, 스트레스, 우울증 및 소진을 경험하게 된다. 이러한 문제를 효과적으로 관리하지 못할 경우, 이는 궁극적으로 참여자에게 부정적인 영향을 미치고 직무 성과의 저하로 이어질 수 있다. 따라서 국가 차원에서 요구되는 효과적인 정책적 노력이 절실히 필요하다. 보건의료, 복지, 교육 분야에서 활동하는 전문직의 감정노동 문제에 대응하기 위해, 공적 영역에서의 적극적인 감정돌봄 전략과 지원 시스템을 구축해야 한다.

III. 결론 및 제언

1. 결론

감정노동은 보건의료, 복지, 교육 분야에서 근무하는 전문가에게 필수적인 업무의 일환으로 자리를 잡고 있으며, 이는 인간 대 인간의 상호작용에서 참여자와 신뢰를 구축하고 긍정적인 관계를 형성하는 데 결정적인 역할을 한다. 이에 따라 감정노동자는 자신의 감정을 효과적으로 관리하여 직무 만족도와 정서적 안정성을 지속적으로 유지하고 증진하는 역량을 갖추어야 한다.

감정돌봄 교육은 더 체계적이고 실질적인 지원이 있어야 하며, 이러한 요구를 인식함으로써 전문가를 위한 향상된 프로그램 개발의 기회를 제공할 것이다. 보건의료 전문가는 환자에게 연민과 이해를 표현하며, 이는 긍정적 감정을 지속적으로 유지하는 데 유익하게 작용한다. 이러한 세심한 돌봄은 고통 속에서도 희망의 메시지를 전달하고, 환자와 그 가족에게 큰 힘을 제공할 수 있다. 복지와 교육 분야에서도 긍정적인 감정의 중요성은 드러나고 있다.

전문가가 제공하는 돌봄은 참여자에게 긍정적인 영향을 미치며, 이는 궁극적으로 사회 전체에 유익한 결과로 이어질 것이다. 따라서 감정노동을 수행하는 전문가에게 필요한 정서적 지원과 효과적인 감정돌봄 프로그램은 성공적이고 만족스러운 전문성을 발휘할 수 있는 기반이 될 것이다. 이러한 노력이 감정노동자의 스트레스를 경감하고, 제공되는 돌봄의 질을 향상하는 데 이바지할 것으로 기대된다. 전문가는 이러한 변화를 통해 더 나은 사회를 창출할 가능성을 지닌 인력이다. 이들의 소중한 노동이 존중받고 지속적으로 발전할 수 있도록 하는 지속적인 관심과 지원이 필요하다. 이를 통해 국민이 더욱 행복하고 건강한 삶을 영위할 수 있는 사회로 나아갈 수 있을 것이다.

현재 전문직 종사자는 참여자와의 빈번한 소통 및 신뢰 관계 구축을 요구받고 있으며, 이 과정에서 감정노동의 강도가 증가하는 경향을 보인다. 이러한 감정노동은 직무에서 심리적 부담과 스트레스, 우울증, 소진 등의 문제를 일으킬 수 있으며, 이는 궁극적으로 참여자에게 부정적인 영향을 미치고 직무 성과의 저하로 이어질 위험이 존재한다. 따라서 국가 차원의 정책적 노력이 절실히 요구되고 있다. 효과적인 감정노동 문제 해결을 위해서는 공적 영역에서 체계적인 감정돌봄 전략과 지원시스템을 구축하는 것이 필수적이다.

감정돌봄 교육의 필요성은 감정노동에 대한 깊이 있는 이해와 효과적인 감정관리 기술 습득을 위한 체계적 교육과정에서 뚜렷하게 드러난다. 본 교육과정은 다양한 접근 방식을 통합해야 하며, 이론적 지식과 실제 상황에서 응용을 포함한 실습을 제공해야 한다. 이러한 통합적 접근 방식은 전문직 종사자가 직무에서 직면하는 도전 과제를 효과적으로 극복하고, 직무 만족도와 심리적 안정성을 높이는 데 이바지할 것이다. 이는 보건의료, 복지,

교육 분야의 서비스 질 향상으로 이어져, 각 분야 전문가가 더 나은 근무 환경에서 활동할 수 있는 기반을 마련하게 된다. 각 분야의 지속 가능한 발전과 전문직 종사자들이 행복한 근무 환경을 조성하기 위한 교육과정의 필요성이 더욱 강조되고 있다.

교육과정 개발 및 운영에서 핵심 요소는 다음과 같다. 첫째, 접근성 향상: 감정노동에 대한 이해를 증진하고 자신의 감정을 조절할 수 있는 기술을 배우는 교육과정이 설계되어야 한다. 이를 통해 직원들은 실제 업무 환경에서 즉각적인 변화를 경험할 수 있다. 둘째, 통합적 교육 모델: 인지 재구성, 정서 분리, 자기 돌봄, 사회적 지원 요청, 휴식 및 이완 기술을 통합하여 다양한 상황에서 효과적으로 대처할 수 있도록 해야 한다. 이는 단기적인 스트레스 해소와 장기적인 정서적 웰빙에 이바지할 것이다. 셋째, 상호작용 중심의 학습: 실습 중심의 교육을 통해 전문직 종사자들이 경험을 공유하고 실제 사례를 적용할 기회를 제공함으로써 사회적 지원의 중요성을 강조하고 팀워크를 강화할 수 있다. 넷째, 정서적 웰빙 촉진: 교육과정은 정서적 웰빙을 강화하여 직무 만족도를 높이고 생산성을 향상해야 한다. 웰빙 중심의 프로그램은 감정노동에 따른 소진을 예방하고 긍정적인 경험을 쌓는 데 도움을 준다. 다섯째, 평가 및 피드백 시스템: 교육과정의 효과를 지속적으로 평가하고 개선하기 위해 피드백 시스템이 필요하다. 프로그램 참가자의 의견을 통해 교육 내용을 발전시키고 실제 업무에서의 적용 가능성을 확인해야 한다. 이와 같은 통합적 교육과정은 감정노동 환경을 개선하여 직무 효율성과 직원 복지를 동시에 향상하는 중요한 도구로 기능할 것이다.

이에 따라, 학부 과정에서 감정돌봄 교육과정을 도입하는 것은 보건의료, 복지 및 교육 분야에서 중대한 긍정적 변화를 불러올 수 있다. 이 과정은 학생들에게 이론적 지식과 실무 경험을 통합적으로 제공하여, 졸업 후 전문가로서 필수적인 직무 능력을 효율적으로 배양하는 데 이바지할 것이다. 특히, 감정적 어려움에 대한 심층적인 이해를 바탕으로 이를 극복하는 방법을 배우는 것은 실제 업무에서의 긴급 상황 및 복잡한 대인 관계를 효과적으로 관리하는 데 상당한 도움을 줄 것이다. 더욱이, 정기적인 보수교육 과정은 전문직 종사자들이 자신의 감정을 인식하고 건강하게 표현하는 능력을 발전시키는 데 필수적이다. 이러한 교육은 전문가들이 업무 수행의 효율성을 극대화하고, 해당 분야에서의 전문성과 신뢰성을 더욱 강화할 수 있도록 할 것이다.

정부 차원에서 감정노동의 중요성을 인식하고 이를 지원하는 정책을 수립한다면, 전문직 종사자는 더 안정적이고 감정적으로 건강한 환경에서 근무할 수 있을 것이며, 이에 따라 제공하는 돌봄의 질이 현격히 향상될 것이다.

마지막으로, 감정돌봄 교육과정의 효과성을 극대화하기 위해서는 다양한 이해관계자 간의 적극적인 협력이 필요하다. 이를 위한 공론화 장을 마련하고, 토론을 시작하는 것이 중요하다. 이러한 과정을 통해 감정돌봄 교육은 전문성 향상과 개인의 정서적 건강증진에 실질적으로 이바지할 수 있을 것이다.

2. 제언

전문직 종사자의 감정돌봄 역량을 강화하고 전문성 향상을 위해 필요한 교육과정과 체계적인 지원 방안을 제시하고자 하여 구체적으로는 다음과 같다.

첫째, 직접 돌봄을 제공하는 전문직 종사자의 감정돌봄 역량 강화를 위해 심층 행동 및 진심 어린 반응을 유도하는 교육과정을 개발할 필요성이 있다. 이 과정은 인지 재구성, 정서 분리, 자기 돌봄, 사회적 지원 요청, 그리고 휴식 및 이완 기법을 포함해야 하며, 종사자들이 자신의 감정을 효과적으로 관리하고 안정된 상태에서 돌봄 서비스를 제공할 수 있도록 지원해야 한다.

둘째, 적극적인 돌봄 환경을 조성하기 위해 감정돌봄 교육과정을 체계적으로 개발하고 이를 관련 학과의 학부 과정에 정규 교과로 통합하는 것이 필수적이다. 이러한 통합은 학생들이 이론적 지식과 실무 기술을 결합하여 감정돌봄 능력을 강화하는 데 이바지할 수 있다.

셋째, 현장 전문가를 위한 정기적인 보수교육은 지속적인 전문성 향상을 위한 중요한 요소로 자리매김해야 한다. 이에 감정돌봄 교육과정을 반드시 이수해야 하는 보수교육 프로그램을 개설함으로써, 자기 감정을 돌보는 능력을 갖추게 할 수 있다.

참고문헌

국내 문헌

1. 김나경, 이동귀. (2019). 특수교사의 감정노동이 소진과 행복에 미치는 영향: 긍정 심리 본과 사회 적지의 조절 효과. 특수교육, 18(4), 5-30.

2. 김보연, 신효정. (2016). 초등교사의 감정노동이 소진에 미치는 영향: 감정 부조화와 교사 효능감의 매개효과. 한국 교육학 연구, 22(1), 211-232.

3. 김민주. (1998). 호텔종업원의 감정노동이 직무 관련 태도에 미치는 영향. 관광학 연구, 21(2), 129-141.

4. 김선미. (2012). 텔레마케터의 직무 스트레스 해소를 위한 원예 치료 프로그램의 활용. 배재대학교 대학원 석사학위논문.

5. 김은희. (2021). 행복 코칭을 위한 회복탄력성 프로그램 개발 및 효과 검증. 대전대학교 대학원 박사학위논문.

6. 김희경, 고재욱. (2015). 노인복지관 사회복지사의 감정노동이 직무만족과 이직 의도에 미치는 영향에 관한 연구. 한국케어매니지먼트연구, 17, 55-79.

7. 김희경. (2017). 중등 과학 교사의 감정 표현 규칙과 감정노동 유형. 한국과학교육학회지, 37(4), 705-717.

8. 고정옥. (2013). 임상간호사의 감정노동이 직장에서 행복감에 미치는 영향. 한국콘텐츠학회 논문지, 제13권 제4.

9. 권혁기, 박봉규. (2011). 서비스종사원 감정노동의 표면 행위와 내면 행위가 감정 부조화 및 직무태도에 미치는 영향. 인적자원관리 연구, 18(1), 311-326.

10. 국가인권위원회. (2011). 감정노동자의 심리적 고통 완화 방안 연구. 국가인권위원회.

11. 두은영, 서형은, 최수진, 장보경, 김미영. (2018). 일 종합병원 신규 간호사의 예술치료 프로그램 효과: 혼합 연구 방법. 간호행정학회지, 24(2), 118-129.

12. 박희숙, 유양경. (2019). 종합병원 간호사의 감정노동과 간호업무 성과의 관계에서 사회적 지지의 조절 효과. 간호행정학회지, 25(2), 136-145.

13. 박홍주. (1994). 판매 여직원의 감정노동에 관한 일 연구: 서울시내 백화점 사례를 중심으로. 석사학위논문. 이화여자대학교.

14. 서미정, 홍선미. (2015). 집단 미술 치료가 정신과 병동 간호사의 직무 스트레스 및 감정 표현에 미치는 영향. 한국예술치료학회지, 15(1), 93-115.

15. 손준종. (2011). 초등학교 교사의 감정노동 연구. 한국교육학연구 (구 안암교육학연구), 17(3),

93-127.

16. 신영일. (2018). 보육시설에서 종사자의 직무 스트레스 요인이 이직 의도에 미치는 영향: 교사 소진과 감정노동의 매개효과를 중심으로. 한국사회복지실천연구학회, 9(1), 35-64.
17. 정대봉. (2015). 감정노동자의 인센티브 여행 체험이 심리적 웰빙과 회복탄력성, 조직 유효성에 미치는 영향 연구. 경기대학교 대학원 박사학위논문.
18. 최수영. (2011). 원예 치료가 의료 직원의 타액 코티졸 농도 변화와 혈압에 미치는 영향. 고려대학교 대학원 석사학위논문.
19. 왕은자, 전민아, 홍희정. (2016). 직장인 스트레스 관리 프로그램의 효과에 대한 메타 분석. 상담학연구

국외 문헌

1. Ashforth, B. E., & Humphrey, R. H. (1993). Emotional labor in service roles: the influence of identity. Academy of Management Review, 18, 88-115.
2. Beatty, B. (2000). Teachers leading their own professional growth: self-directed reflection and collaboration and changes in perception of self and work in secondary school teachers. Journal of In-Service Education, 26(1), 73-97.
3. Brown, A., Smith, J., & Lee, C. (2019). Emotional Intelligence in Healthcare Settings: The Impact on Patient Outcomes. Journal of Healthcare Management.
4. Christiana Maslach. (2017). Finding solutions to the problem of burnout. Consulting Psychology Journal: Practice and Research*, 69(2), 143-152.
5. Cohen, S., & Wills, T. A. (1985). Stress, social support, and the buffering hypothesis. Psychological Bulletin, 98(2), 310-357.
6. Farber, B. A. (1991). Crisis in education: stress and burnout in the American teacher. The Jossey-Bass education series.
7. Figley, C. R. (2002). Treating compassion fatigue. New York: Brunner-Routledge.
8. Frankl, V. E. (1963). Man's Search for Meaning. Beacon Press.
9. Garcia, M., & Lee, T. (2022). Communication Skills and Emotional Care in Nursing Practice. International Journal of Nursing Studies.
10. Goleman, D. (2001). The Emotionally Intelligent Workplace. Jossey-Bass.
11. Grandey, A. A. (2000). Emotion regulation in the workplace: A new way to look at

emotional labor. Journal of Occupational Health Psychology, 5(1), 95-110.

12. Gross, J. J. (1998). The emerging field of emotion regulation. Review of General Psychology, 2(5), 271-299.

13. Hochschild, A. R. (1983). The Managed Heart: Commercialization of Human Feeling. University of California Press.

14. Kabat-Zinn, J. (1990). Full Catastrophe Living: Using the Wisdom of Your Body and Mind to Face Stress, Pain, and Illness. Delta.

15. Kumar, R., Phillips, S., & Johnson, L. (2023). Effects of Emotional Care Training on Job Satisfaction and Patient Care. Journal of Health Psychology.

16. Leidner, R. (1993). Fast Food, Fast Talk: Service Work and the Routinization of Everyday Life. Berkeley, CA: University of California Press.

17. Maciej Załuski, Marta Makara-Studzińska. (2018). Emotional labor in medical professions: Review of literature from the period 2010–2017. Psychiatr Psychol Klin, 18(2), 194–199.

18. Maslach, C., & Leiter, M. P. (2000). The Truth About Burnout: How Organizations Cause Personal Stress and What to Do About It. Jossey-Bass Publishers.

19. Martin, D. (2020). Structured Training Programs in Healthcare: An Evidence-Based Approach. Healthcare Education Research and Development.

20. Nelson, R., & Patel, A. (2021). The Need for Emotional Support Training in Modern Healthcare. Healthcare Review.

21. Neff, K. D. (2003). The Development and Validation of a Scale to Measure Self-Compassion. Self and Identity, 2(3), 223-250.

22. Rogers, C. R. (1961). On Becoming a Person: A Therapist's View of Psychotherapy. Houghton Mifflin.

23. Schaufeli, W. B., & Bakker, A. B. (2004). Job demands, job resources, and their relationship with burnout and engagement: A multi-sample study. Journal of Organizational Behavior, 25(3), 293-315.

24. Smith, T., & Jones, P. (2020). Enhancing Professional Skills in Healthcare: The Role of Emotional Care. Nursing Outlook.

25. Spratt, K. (1996). Emotions at work: The effect of emotional labor, rewards, and intensity on the psychological distress of child day care providers. Unpublished

doctoral dissertation.

26. Tsang, K. K. (2011). Emotional labor of teaching. Educational Research, 2(8), 1312-1316.

27. Wang, H., Hall, N.C., & Taxer, J.L. (2019). Antecedents and consequences of teachers' emotional labor: A systematic review and meta-analytic investigation. Educational Psychology Review, 31, 663 - 698.

28. West, C. P., Dyrbye, L. N., & Shanafelt, T. D. (2018). Physician burnout: Contributors, consequences and solutions. Journal of Internal Medicine, 283(6), 516-529.

29. Williams, J. (2021). Stress Management Techniques for Healthcare Professionals: A Systematic Review. Journal of Occupational Health Psychology.

30. World Health Organization (WHO). (2001). The World Health Report 2001: Mental Health: New Understanding, New Hope. WHO.

31. Zapf, D., Claudia, S., Barbara, S., Heidrun, M., & Melanie, H. (2001). Emotion work, job stressors and their effects on burnout. Psychology & Health, 16, 527-545.

32. Kruml, S. M., & Geddes, D. (2000). Catching fire without burning out: Is there an ideal way to perform emotional labor? In Ashkanasy, N. M., Hartel, C. E. J., & Zerbe, W. J. (Eds.), Emotions in the workplace. Westport, CT: Quorum Books.

감정돌봄을 위한 로고아트워크 (LogoArtWork)

2

제**2**장

감정돌봄을 위한 로고아트워크 (LogoArtWork)

1. 로고아트워크란 무엇인가?

로고아트워크(LogoArtWork, 이하 로고아트워크)는 보건의료, 복지 및 교육 분야에 종사하는 전문가가 업무 현장에서 겪는 실존적 공허와 고뇌를 극복하고 삶의 의미를 발견하도록 돕기 위해 개발한 교육과정이다. 이 교육과정을 구성하는 핵심 요소는 실존주의 철학적 관점과 감정에 따라 그리기와 성찰적 글쓰기이다. 여기에서 '로고아트워크'는 '로고스'(Logos), 즉 의미(Meaning)와 읽기, 그림 그리기와 글쓰기(Art)와 작업(Work)의 결합어이다.

로고아트워크에서 주요 개념인 로고스는 빅터 프랭클의 로고테라피 이론을 바탕으로 인간의 자유의지, 의미에 의지, 그리고 삶의 의미에 대한 명확한 이해가 기초가 된다. 또한 로고스 발견 과정에서 경험적, 창조적, 태도적 가치 세 가지 경로를 이용한다. '아트워크'는 읽기, 그림 그리기와 자기 성찰적 글쓰기 과정을 의미하며, 참여자가 자기 마음의 소리에 귀 기울이며 자유롭게 작업하고 교육자와 만나는 과정이다. 즉, 자기 감정을 오롯이 따라가며 그림을 그린 후 자기 성찰적 글쓰기 과정을 통해 마음의 소리를 명확하게 인식한다.

로고아트워크는 그림과 글의 질이나 완성도는 중요하지 않고, 그 자체로 마음의 소리를 탐구하는 도구이자 기법이다. 의미를 발견하기 위한 작업 과정에서, 참여자는 자기 그림에 제목을 붙이며, 그리는 과정에서 떠오르는 감정을 따라 자기 성찰적 글쓰기를 한다. 이 작업 이후 참여자는 자기 그림을 보면서 쓴 글을 조용히 읽고, 교육자와 대화를 한다. 이 과정에서 교육자는 소크라테스의 대화법과 칼 로저스의 인간중심상담 이론에서의 공감적 경청과 피드백 기법을 활용하며, 충고, 조언, 평가와 판단은 절대 지양한다.

로고아트워크에서는 참여자 스스로 자기 로고스를 발견하도록 돕는 교육자 역할의 중요성을 강조한다. 즉, 로고아트워크 교육과정에서는 의미를 부여하거나 가르쳐 주는 교사가 아니라 의미 발견을 돕는 교육자가 존재할 뿐이다.

1) 실존주의 철학 관점

실존주의는 신 중심의 절대적 가치가 사라진 시대적 요청으로, 개인이 자기 삶의 의미와 실존적 과제를 어떻게 마주해야 하는지에 대한 깊은 통찰을 제공하는 철학이다. 이는 단순한 어떤 철학적 사조를 넘어, 인간이 마주하는 불안과 부조리 속에서 주도적인 삶을 영위하려는 치열한 지적 여정의 길잡이라고도 할 수 있다.

(1) 주요 원칙: 실존은 본질에 앞선다(Existence Precedes Essence).

실존주의의 대전제는 장 폴 사르트르가 그의 위대한 저서『존재와 무』에서 명확히 제시한 '실존은 본질에 앞선다.' 라는 주제[1]에서 출발한다. 즉, 개인은 태어나면서 미리 정해진 본질이나 운명이 없고, 오직 자기의 자유로운 선택과 행동을 통해서 자기를 정의하고 본질을 만들어 나가는 존재이다. 따라서 개인은 자기 삶에 대해 전적인 책임을 지는 것이다.

(2) 실존주의 철학 개념

① 자유와 책임

장 폴 사르트르에 의하면, 인간은 이 세상에 홀로 내던져진 존재, 즉 자유롭도록 선고받은 존재이다. 여기에서 '선고'라는 표현은 자유가 축복이기 이전에 피할 수 없는 무거운 과제임을 암시한다. 개인은 만들어진 목적을 가진 사물과 다르다. 종이칼은 '자른다'는 본질이 존재보다 앞서지만, 개인은 어떠한 본질이나 설계도 없이 세상에 먼저 존재하게 된다. 따라서 개인은 무엇이 되어야 한다는 정해진 것이 없이, 스스로 자기의 삶을 창조하면서 본질을 만들어가야 하는 절대적 자유 앞에 놓인다.

이러한 자유는 개인에게 아무런 지침도 변명거리도 허락하지 않는다. 미리 결정된 본질에 기댈 것이 없이, 모든 선택은 온전히 자기의 몫이다. 이처럼 무한한 자유 속에서 자기 삶 전체를 홀로 책임져야 한다는 사실에 깊은 '불안'을 느낀다. 결국 개인의 자유는 해방의 상징이 아니라, 모든 것을 스스로 짊어져야 하는 고독하고 무거운 과제인 것이다.

---

1) 장-폴 사르트르.『존재와 무』. 변광배 옮김. 민음사. 2024.

사르트르는 개인의 책임이 자기 삶에만 국한되지 않는다고 주장한다. 개인의 선택은 단순히 '내가 이렇게 하겠다.'는 차원을 넘어, '인간은 모두 이러한 상황에서 이렇게 행동해야 한다'라고 주장하는 것과 같은 무게를 가진다. 개인이 어떤 행동을 선택하는 순간, 그 행동에 가치를 부여하고 인류 전체가 따라야 할 이상적인 인간상을 제시하는 것과 같다는 것이다.

이처럼 감당하기 힘든 자유와 책임의 무게에서 벗어나려는 개인의 시도가 바로 '자기기만'이다. 이는 개인이 자유를 부정하고, 외부 요인이나 정해진 역할에 의해 결정되는 '사물'처럼 여기는 태도이다. 즉, "나는 어쩔 수 없었어", "내 성격이 원래 이래서 그래", "회사가 시키는 대로 했을 뿐이야"와 같은 변명은 모두 자기의 자유로운 선택을 외면하려는 자기기만이다. 개인은 그 어떤 상황에서도 자유의지로 선택할 가능성을 가지며, 자유와 그에 따르는 책임에서 벗어날 수 없는 존재이다. 결국, 개인은 이러한 자유를 정면으로 마주하고, 선택을 통해 자기 스스로와 세상에 책임을 다해야 하는 것이다.

② 불안과 신앙의 도약

자유의지에 의한 선택이라는 무한한 가능성 앞에서 개인이 느끼는 현기증과 같은 감정이 바로 불안이다. 실존주의의 선구자 쇠렌 키르케고르는 그의 저서 『두려움과 떨림』[2]에서, 아브라함의 맹목적인 믿음과 같이 이성으로는 설명할 수 없는 상황에서 개인이 마주하는 불안과 절망을 탐구했다.

키르케고르에게 이성과 윤리의 한계에 부딪힌 개인은 절대자 앞에 홀로 선 '단독자'이다. 이러한 실존적 불안의 극복은 합리성을 뛰어넘는 '신앙의 도약'을 통해서만 가능하다. 즉, 불안은 회피해야 할 감정이 아니라, 개인을 더 높은 실존의 단계로 나아가게 하는 역동적인 과정이라는 것이다.

③ 부조리의 인식과 반항

개인이 실존주의 이전과 같이 신에 의지하지 않는다면, 의미를 갈망하는 자기와 침묵으로 일관하는 세계 사이의 간극, 즉 '부조리'와 마주하게 된다. 알베르 카뮈는 그의 저서 『시시포스의 신화』에서 영원히 바위를 밀어 올리는 형벌을 받은 시시포스를 '부조리한 영웅'으로서 제시한다[3]. 카뮈에 의하면, 이 부조리에 대한 해결책은 회피나 희망(철학적 자

2) 쇠렌 키르케고르. 『두려움과 떨림』 이창우 번역. 카리스 아카데미. 2025.

3) 알베르 카뮈. 『시시포스의 신화』 오영민 번역. 연암서가. 2014.

살)이 아니라, 그것을 명확하게 인식하고 끊임없이 반항하는 것이다. 시시포스가 자기 과제를 직시하고 다시 돌을 향해 걸어갈 때, 그는 자기 운명보다 더 강해지며, 그 힘든 노동에서 삶의 주인이 된다.

④ 고독과 구토

사르트르는 그의 소설『구토』를 통해 실존의 적나라한 모습을 문학적으로 형상화했다.[4] 주인공 로캉탱은 사물의 끈적끈적하고 우연적인 존재 그 자체와 마주하며 참을 수 없는 '구토'를 느낀다. 이는 이전에 세상과 사물에 부여했던 모든 의미와 본질의 껍데기가 벗겨지고, 아무런 필연성 없이 존재하는 '날것 그대로의 실존'을 대면할 때의 충격과 고독을 상징하는 것이다. 이처럼 실존주의는 세계와의 본질적인 단절감과 고독을 정체성 확립의 필수 과정으로 본다.

2) 실존주의 철학의 로고아트워크 교육에 함의

실존주의는 개인에게 외부에서 주어진 정답을 찾지 말고, 자기 삶에서 자유의지에 의한 고유한 선택을 통해 스스로 해답을 찾아나갈 것을 촉구하는, 살아 숨 쉬는 철학이다. 로고아트워크 교육에서 참고하기 위한 실존주의 철학적 관점으로서, '자유의지', '선택', '책임성' 등에 대해서는 본 고 부록에서 자세히 다루었다[5].

감정돌봄을 위한 로고아트워크 교육은 삶의 의미(Logos)를 찾는 과정에서 읽기, 그림 그리기와 성찰적 글쓰기 작업(Artwork) 과정으로 구성된다. 이 과정에서 실존주의 철학의 자유의지, 반응, 선택, 책임은 교육의 철학적 근간이자 참여자의 성장을 이끄는 핵심 원리이다. 이 교육은 참여자가 단순히 감정노동 문제에 '돌봄'을 받는 것을 넘어, 자기 삶을 주체적으로 창조하는 실존적 주체, 즉 하이데거가 명명한 현존재[6]로 거듭나도록 돕는 것이 목적이다.

(1) 자유의지 : 내면 감정을 표현할 자유 공간

'로고아트워크' 즉, 의미 발견을 위한 그림 그리기와 글쓰기 작업은 참여자에게 완전한 자유 공간을 제공한다. 무엇보다 백지라는 무형의 재료 앞에서 참여자는 무엇을, 어떻게

---

4) 장폴 사르트르.『구토』임호경 번역. 문예출판사. 2020.

5) 참고 자료가 필요한 독자는 본 고 부록을 보는 것을 권함

6) 마르틴 하이데거.『존재와 시간』이기상 번역. 까치. 2025

표현할지 온전히 스스로 결정해야 하기에 그렇다.

① **실존적 불안과 마주함** : 참여자는 무엇이든 될 수 있다는 가능성 앞에서 막막함과 불안을 피해야 할 감정이 아니라, 가장 깊은 내면과 마주하고 진정한 자기를 선택할 기회인 것이다.

② **표현의 자유** : 참여자는 사회적 통념이나 타인의 시선에서 벗어나 자기 감정, 경험, 고통을 포함한 모든 상처를 있는 그대로 표현할 자유가 있다. 이 행위 자체가 '나는 내 삶을 스스로 표현하고 결정할 수 있는 자유로운 존재이다' 라는 실존적 선언이 되는 것이다.

(2) 선택 : 의미를 발견하는 과정으로서 로고아트워크

'로고아트워크'에서 그림 그리기와 성찰적 글쓰기는 의미를 향한 의지이자 선택의 연속이다. 어떤 색을 쓸지, 어떤 형태를 만들지, 어떤 이야기를 담을지에 대한 모든 선택은 참여자의 삶의 태도와 가치를 반영한다.

① **태도 선택** : 프랭클이 강조했듯, 인간은 주어진 환경(what)을 바꿀 수는 없어도 그것을 대하는 태도(how)는 선택할 수 있다. 아트워크는 바로 이 '태도를 선택하는 작업 과정'이다. 감정노동의 고통스러운 경험과 상처를 파괴적으로 표현할 수도, 그것을 딛고 일어서는 성장으로도 표현할 수 있다.

② **의미 발견** : 참여자는 그림 그리기와 성찰적 글쓰기와 교육자와 대화에서 흩어져 있던 경험을 모아 의미를 발견할 수 있다. 참여자는 과거에 얽매인 존재가 아니라, 과거에 안전하게 보존된 재료로 새로운 미래를 '선택'하고 창조할 수 있다.

(3) 책임 : 선택한 삶에서 온전한 주인으로 존재하기

실존주의 철학에서 자유의지는 반드시 책임을 동반한다. '로고아트워크'에서는 참여자가 자기 삶을 스스로 선택했음을 확인 또는 재인식하고 삶 전체에 대한 책임성을 회복하도록 돕는다.

① **작품에 대한 책임** : 완성된 작품은 자기 선택의 결과이다. 이 작품을 통해 참여자는 자기 선택을 마주하고, 그 가치와 의미를 스스로 해석하고 책임져야 한다. 그 누구도 대

신 해석하거나 정답을 알려주지 않는 작업이기에 그러하다.

② **삶에 대한 책임** : 작업 과정은 작품을 넘어 삶 전체로 확장한다. 삶이 지금의 모습인 것은 자기 선택의 결과이며, 앞으로의 삶 또한 자기 선택에 달려있다는 주인의식을 갖도록 하는 것이다. 외부 환경이나 다른 사람에게 원인을 돌리는 태도에서 벗어나, 자기 삶의 질문에 온전히 응답하는 자세를 갖춘다.

정리하자면, '로고아트워크' 교육에서 실존주의의 자유의지, 선택, 책임은 핵심적인 요소이다. 이 '로고아트워크' 교육은 읽기, 그림 그리기, 성찰적 글쓰기라는 매개를 통해 참여자에게 절대적 자유의 공간을 열어주고, 그 안에서 자기 삶의 의미와 태도를 주도적으로 선택하도록 한다. 그리고 그 선택의 결과에 온전히 책임짐으로써 자기 삶을 스스로 창조하도록 돕는 실존주의 철학의 생생한 실천 현장이다. 참여자는 단지 감정돌봄 방법을 배우는 것을 넘어 자기 삶이라는 유일하고 유한한 도화지에 고유한 로고스를 그리고 발견하는 전문가로 존재하는 것이다.

3) 로고테라피 이론 관점

개인은 때로 삶이라는 망망대해 한가운데에 홀로 떠 있는 것 같은 기분을 느낀다. 어디로 가야 할지, 이 여정의 끝에 무엇이 있는지 알 수 없어 막막하고 불안하다. 정신분석의 창시자 프로이트가 인간을 '쾌락을 향한 의지'로, 알프레드 아들러가 '권력을 향한 의지'로 설명했는데, 프랭클은 전혀 다른 신선한 대답을 내놓는다. 그는 인간을 '의미를 향한 의지(Will to Meaning)' 를 가진 존재로 보았다.

로고테라피는 '의미'를 찾아 떠나는 위대한 여정을 위한 지침이다. 현재를 사는 개인이 감히 상상조차 할 수 없는 아우슈비츠를 비롯한 여러 나치 강제 수용소라는 극한의 상황에서 모든 것을 빼앗긴 인간이 삶의 의미를 발견할 때 어떻게 그 존엄성을 지켜낼 수 있는지를 온몸으로 증명했다(프랭클, 2020)[7]. 그의 철학은 단순한 이론이 아닌, 개인이 극한 절망의 밑바닥에서 길어 올린 한 줄기 희망의 증거이다.

'로고아트워크' 교육에서는 프렝클의 깊은 통찰을 바탕으로 정립한 위대한 이론인 로고테라피를 그대로 차용한다. 그리하여 인간 존재의 삶에서 고유한 의미를 발견하도록 돕는 경험적, 창조적, 태도적 가치와 기법을 활용할 것이다.

7) 빅터 프랭클. 『죽음의 수용소에서』 이시형 번역. 청아출판사. 2020.

(1) 인간 존재의 세 가지 기둥

로고테라피는 개인의 가능성과 확장성을 믿고 지지하는 세 가지 기둥을 갖추고 있다. 프랭클에 의하면, 개인은 '자유의지', '의미에 의지', '삶의 의미'라는 주요한 원칙을 기반으로 의미를 발견할 수 있고 자기초월이 가능한 존재이다.

① 자유의지, 어떤 상황에서도 '선택할 수 있는 존재'

개인의 삶은 유전, 환경, 그리고 피할 수 없는 문제와 같은 수없이 많은 조건으로 이루어져 있다고 해도 과언이 아니다. 그러나 로고테라피에서는 개인이 복잡하고 다양한 조건에도 불구하고 누구도 침해할 수 없는 불가침의 공간이 남아 있음을 강조했다. 그것은 바로 '자극과 반응 사이의 공간'이며, 그 공간에서 우리는 자기 태도를 선택할 자유가 있다. 프랭클은 개인이 극한 상황에서도 삶의 의미를 찾고 발견할 수 있으며, 이는 정신의 자유와 밀접한 관련이 있음을 밝혔다(프랭클, 2017)[8].

로고아트워크 교육에서는 이 자유의지의 원리를 직접 경험한다. 하얀 도화지와 다양한 색의 색연필, 물감, 크레파스는 참여자에게 주어진 조건이다. 그러나 어떤 색을 골라 어떤 형태를 그리고, 어떻게 슬픔, 아픔, 그리고 상처를 표현할지, 발견한 의미를 어떻게 표현할지는 오롯이 참여자의 선택이기에 그러하다.

로고아트워크 교육은 참여자가 이미 현존재로서 삶이 결정된 것이 아니라, 매 순간 선택을 통해 새롭게 경험하고 창조하는 존재임을 깨닫게 하는 강력한 도구이자 기법이다.

② 의미에 의지, 의미를 향한 간절한 목마름

프랭클은 개인을 움직이는 가장 근본적인 동기를 바로 '의미를 찾고 싶어 하는 간절한 의지' 즉, '의미에 의지'라고 답했다. 이는 단순히 기분이 좋아지거나 고통을 피하려는 욕구를 넘어선, 영혼 가장 깊은 곳에서부터 올라오는 간절한 목마름이다. 개인이 삶에서 의미를 찾지 못할 때 '실존적 공허'에 빠지는데, 이는 현재 증가하고 있는 사회 심리적 문제이다. 개인이 의미를 찾으려는 의지는 심리적 건강과 깊이 관련이 있다(프랭클, 2013).[9]

'로고아트워크'는 참여자가 겪는 실존적 공허와 고통을 창조적 가치로 전환하는 교육과정이다. 참여자는 무엇인가를 그리고, 아름다움을 느끼고, 그 작품을 기반으로 교육자를

8) 빅터 프랭클. 『삶의 의미를 찾아서』 이시형 번역. 청아출판사. 2017.

9) 빅터 프랭클. 『무의식의 신』 정태현 번역. 한남성서연구소. 2013.

통해 세상과 소통하면서 내면의 목마름을 채우는 세계 내 존재이다[10]. 자기 손으로 형태를 만들고 색을 칠하는 과정에서 수동적으로 의미가 찾아와 부여되길 기다리는 존재가 아니라 적극적으로 의미를 탐구하고 발견하는 존재임을 온전히 느끼게 된다.

③ 삶의 의미, 자기 스스로 발견할 수 있는 보물

삶의 의미는 통속적이고 추상적인 철학적 개념이 아니라, 개인의 구체적인 삶의 순간에 숨겨진 보물이다. 프랭클은 개인이 자기 삶에서 발견해야 할 독특하고 고유한 의미가 있으며, 신체적, 심리적 및 사회적 어려움에서도 의미를 찾으려는 의지를 통해 고난을 극복할 수 있음을 강조했다(프랭클, 2017).[11] 개인의 삶의 의미는 누군가 대신 찾아줄 수 없으며, 오직 스스로 발견하고 응답해야 할 삶의 과제이다.

로고아트워크 교육에서 만들어진 작품은 '발견된 의미'의 가시적인 증거이다. 어렵고 복잡한 감정을 표현한 추상화, 소중한 사람을 그린 초상화, 또는 미래의 꿈을 담은 그림 등은 참여자가 자기 삶에서 건져 올린 귀한 의미의 조각이다. 참여자는 그림 그리기와 성찰적 글쓰기를 통해 흩어져 있던 경험을 이야기로 엮어내고, 자기 삶에 주어진 고유한 소명이 무엇인지 알아보는 실마리를 찾을 수 있다. 즉, 삶이 자기에게 질문하는 것이 무엇인지 알 수 있고, 이에 응답할 수 있다.

(2) 의미를 찾는 특별한 도구

로고테라피에서는 참여자를 불안과 강박의 악순환에서 벗어나게 도울 특별한 도구이자 기법을 제시한다. 이 기법은 참여자가 자기에게서 한 걸음 물러나 객관적으로 바라보는 '자기와 거리두기'를 가능하게 하고, 궁극적으로는 더 큰 가치를 위해 헌신하는 '자기 초월'을 지향하도록 돕는 도구이자 방법이다.

① 역설적 의도, 불안 두려움과 함께 춤을 추기

개인의 불안과 두려움은 그것을 없애려고 노력할수록 더욱 강해지는 속성이 있다. '역설적 의도'는 이러한 내면의 노력을 멈추고, 두려워하는 증상을 유머러스하게 과장하여 의도적으로 불러일으키는 기법이다. 개인이 불안을 객관화하고 공포의 악순환을 막기 위

---

10) 빅터 프랭클. 『무의미의 의미』 김미라 번역. M31. 2021.
11) 빅터 프랭클. 『삶의 의미를 찾아서』 이시형 번역. 청아출판사. 2017.

해, 자기 증상에 대해 웃음을 터뜨릴 수 있도록 돕는다(프랭클, 2005).[12] 불안과 두려움의 증상 또는 대상에 유머라는 따뜻한 바람을 불어넣어 그 무게를 가볍게 만드는 것이다.

로고아트워크 교육에서는 역설적 의도를 창의적으로 활용할 수 있다. 예를 들어, 자기 불안을 무서운 괴물 대신 우스꽝스러운 그림 캐릭터로 그려볼 수도 있다. 이 과정에서 참여자는 불안과 두려움이라는 감정을 자기와 동일시하던 것에서 벗어나, 그것을 관찰하고 심지어 웃음거리로 만들 수 있음을 깨닫게 되는 것이다.

② 탈숙고, 자기에게서 눈을 돌려 세상을 향하기

개인은 고통스러울 때 과도하게 자기에게 집중하는 '과잉 숙고'의 덫에 빠지기 쉽다. 프랭클(2023)의 로고테라피에서 '탈숙고'는 참여자가 과도한 자기 관찰과 집중을 멈추고, 그 에너지를 외부의 의미 있는 활동이나 타인에게 돌리도록 돕는 기법[13]이다. 이는 마치 어두운 방 안에서 자기 그림자만 들여다보다가, 창문을 활짝 열어 밖의 아름다운 햇살과 풍경을 바라보는 것과 같은 것이다.

로고아트워크 교육에서의 모든 활동은 그 자체로 탈숙고 과정이다. 도화지 감촉을 느끼고, 색연필, 크레파스, 물감으로 색을 칠하면서 바라보고 집중하는 과정에서 자연스럽게 '자기'라는 좁은 세계에서 벗어날 수 있다. 그림 그리기와 성찰적 글쓰기에 몰입하는 것 자체로 자기중심적인 사고에서 벗어나서 창조라는 더 큰 의미의 세계로 진입하게 되는 것이다.

정리하자면 '로고아트워크'는 로고테라피라는 깊고 단단한 철학 위에서 펼쳐지는 창조적 의미 발견의 장이다. 교육에서 참여자는 실존적 공허와 고뇌를 극복하고 내면에서 삶의 의미를 발견할 수 있는 것이다.

'로고아트워크'과 함께하는 여정에서 참여자는 단순히 무엇을 배우는 것이 아니라, 자기 손으로 직접 삶의 의미를 빚고, 칠하며 삶이라는 귀하고 존엄한 작품을 만드는 위대한 시작을 할 수 있다.

4) 인간중심상담 이론 관점

이 세상 산과 들에 자라는 도토리 나무의 작은 도토리알 속에 이미 거대한 참나무가 될 가능성이 담겨 있다. 개인이 할 일은 도토리를 억지로 잡아 늘려 나무로 만드는 것이 아니

12) 빅터 프랭클. 『의미를 향한 소리없는 절규』 오승훈 번역. 청아출판사. 2005.

13) 빅터 프랭클. 『무의미의 의미』 김미라 번역. M31. 2021.

라, 그저 충분한 햇빛과 물, 그리고 좋은 토양을 제공해 주는 것이다. 그리하면 도토리는 스스로 싹을 틔우고, 가지를 뻗으며 잠재력을 온전히 실현할 것이다. 이와 같은 관점이 인간중심상담 이론의 핵심이다.

로저스의 인간중심상담 이론은 인간 존재에 대한 깊은 신뢰가 그 출발점이다. 이 접근법은 20세기 중반, 상담자를 '진단하고 처방하는 전문가'로 보던 시대에, 내담자의 잠재력과 자율성을 중심으로 지지하는 혁신적인 관점을 제시했다(로저스, 2007)[14]. 이는 단순히 문제를 '해결'하는 것을 넘어, 개인이 온전한 자기로 '되어가는' 과정을 지지하는 일종의 철학적 관점을 제공한다. 그의 이론은 화려한 기법이 아닌, 상담자와 참여자의 진실하고 따뜻한 인간적인 관계 자체로 치유 능력이 있다는 믿음이 있다.

(1) 불일치와 가치의 조건, 왜 진정한 자기에게서 멀어지는가.

로저스는 개인의 심리적 고통의 근원을 '지금 여기의 나'와 '되어야만 하는 나' 사이의 괴리에서 찾는다. 개인은 어린 시절 중요한 존재(부모, 교사 등)에게 사랑과 인정을 받기 위해 그들이 원하는 행동과 감정을 학습한다. 즉, '울면 안 돼', '항상 착해야 해', '최고가 되어야 해'와 같은 메시지는 개인에게 '가치 조건'을 자연스럽게 내면화시킨다. 즉, 자기 존재 자체로 사랑받는 것이 아니라, 특정 조건을 충족해야만 가치가 있다는 믿음을 갖게 되는 것이다.

이 과정에서 개인은 자기의 진정한 욕구나 감정(진정한 자기)을 억누르고, 타인의 기대에 부응하는 모습(이상적 자기)을 연기하게 된다. 이 두 가지 자기의 간격이 벌어질수록 개인은 '불일치' 상태에 빠져 불안과 우울, 공허함을 느끼게 된다. 인간중심상담의 목표는 참여자가 가진 불일치를 해결하고 진정한 자기 모습으로 살아갈 수 있도록 돕는 것이다.

(2) 인간중심상담 이론의 핵심 요소

로저스는 '가치의 조건'이라는 메마르고 척박한 땅에서 고단한 참여자가 다시 성장하기 위해서는 상담자의 세 가지 핵심적인 태도를 통해 최적의 심리적 토양을 제공해야 한다고 주장했다.

① 일치성, 가면을 벗어 던진 진실함

인간중심상담에서 가장 강력한 도구는 '진짜' 자기가 되는 것이다. 일치성이란 상담자

---

14) 칼 로저스. 『사람 중심 상담』 오제은 번역. 학지사. 2007.

가 전문가라는 권위적인 가면 뒤에 숨지 않고, 자기 감정과 생각을 솔직하고 진실하게 인식하며 참여자와 마주하는 태도이다. 이는 상담자가 느끼는 감정을 그대로 표현하는 것이 아니라, 내담자와 관계에서 느끼는 감정을 있는 그대로 수용하고, 필요한 경우 진솔하게 드러내는 것이다. 상담자의 진실함은 내담자가 방어적인 태도를 내려놓고 신뢰를 형성하게 하는 가장 단단한 기반이며, 내담자가 자기 내면을 솔직하게 마주할 수 있도록 지지하는 도구이다.

② 무조건적 긍정적 존중, '있는 그대로 따뜻하게 수용'

개인을 병들게 했던 '가치의 조건'에 대한 가장 강력한 치료제는 무조건적인 긍정적 존중이다. 이는 내담자의 경험, 감정, 선택을 그 어떤 비판이나 판단 없이, 마치 정원사가 식물의 종류나 모양을 따지지 않고 골고루 물을 주듯, 있는 그대로 따뜻하게 수용하는 태도이다. 이는 '당신이 어떤 감정을 느끼든, 어떤 실수를 했든, 당신은 존재 자체로 존중받을 가치가 있다' 라는 메시지를 전달하는 것이다. 이러한 완전한 수용에서 내담자는 처음으로 자기의 '부정적인' 감정이나 '부끄러운' 생각을 안전하게 꺼낼 수 있게 되며, 진정한 자기를 다시 만나게 되는 것이다.

③ 공감적 이해, 그의 세상에 함께 들어가기

공감은 단순히 "참 안되었네요..." 라는 동정과는 근본적으로 다르다. 공감적 이해란, 상담자가 자기 준거 틀을 내려놓고 내담자가 보고 느끼는 세상을 깊이 이해하려는 적극적인 노력(로저스, 2009)[15]이다. 상담자는 내담자의 감정을 섬세하게 느끼고, "당신이 지금 느끼는 감정은 마치 ~처럼 들리네요. 제가 맞게 이해했나요?" 와 같이 자기 이해를 내담자에게 비춰주는 거울 역할을 한다. 이 거울을 통해 내담자는 복잡하고 혼란스러웠던 감정과 생각을 명확하게 인식하며, '아, 내 마음을 이렇게 깊이 알아주는구나' 라는 강한 연결감과 안정감 안에서 스스로 더 깊이 이해할 수 있는 것이다.

(3) 개인 내면에 잠재하는 강력한 힘

로저스의 이론은 상담자의 태도뿐만 아니라, 내담자에게 이미 존재하는 두 가지 강력한 힘에 대한 절대적인 신뢰가 핵심 요소이다.

---

15) 칼 로저스. 『진정한 사람 되기』 주은선 번역. 학지사. 2009.

① 자기실현 경향성, 스스로 피는 귀하고 소중한 꽃

이 세상 모든 생명체는 성장하고 발전하려는 자연스러운 경향이 있듯, 개인은 자기의 잠재력을 최대한 발휘하여 보다 더 가치 있는 존재가 되려는 필연적인 동기를 가지고 있다. 이것이 바로 자기실현 경향성이다. 이 경향성은 개인의 내면에서 '유기체적 가치화 과정'이라는 나침반을 통해 작동한다. 즉, 개인은 무엇이 성장을 촉진하고 무엇이 성장을 방해하는지를 본능적으로 아는 것이다. 인간중심상담의 목표는 '가치의 조건' 때문에 고장난 내면의 나침반을 잘 수리하여, 내담자가 다시 자기의 능력을 신뢰하도록 돕는 것이다.

② 충분히 기능하는 사람, 자기 삶의 주인은 바로 자기

인간중심상담 이론에서는 내담자를 자기 문제해결에서 최고 전문가로 바라본다. 내담자는 자기에게 무엇이 최선인지 알고 있으며 올바른 결정을 내릴 능력이 있다. 따라서 상담자는 지시하거나 해결책을 제시하는 '선장'이 아니라, 내담자가 항해를 안전하게 마칠 수 있도록 항해술과 지도를 이해하도록 돕는 '조력자' 혹은 '동반자'의 역할을 한다. 상담자가 내담자의 자율성을 존중하게 되면 내담자는 자기 문제해결의 주체가 되어 외부 평가에서 자유롭고, 경험에 개방적이며, 스스로 신뢰하는 '충분히 기능하는 사람'으로 존재할 수 있다.

결론적으로, 로저스의 인간중심상담 이론은 개인의 성장 가능성에 대한 깊은 신뢰가 기반이며, 개인이 잠재력을 온전히 발휘할 수 있는 관계를 마련해주는 접근 방법이다. 이는 현대 심리치료와 상담 분야에서 강한 영향을 미치며, 진실하고 수용적이며 공감적인 인간관계의 치유 능력을 보여주고 있다.

(4) 인간중심상담 이론의 로고아트워크 교육에 함의, '성장을 위한 대화'

'로고아트워크' 교육에서 인간중심상담 이론을 교육자와 참여자의 토론 및 피드백에 적용하는 것은, 전통적인 '상담'의 패러다임을 '성장을 위한 촉진적 대화'로 전환시키는 핵심적인 함의가 있다.

이 관점에서 피드백은 작품의 미적 완성도를 평가하거나 조언을 하는 시간이 아니다. 대신, 참여자가 작품을 통해 자기를 더 깊이 이해하고, 내면의 성장 가능성을 발견하도록 돕는 '돌봄의 장이 된다. 로고아트워크 교육에서는 인간중심상담 이론의 핵심인 일치성, 무조건적 긍정적 존중, 공감적 이해를 차용하여 교육자의 공감적 경청과 공감적 피드백이 감정돌봄의 핵심 요소임을 밝힌다.

① 진솔한 만남, 교육자의 일치성

로고아트워크 교육자는 '정답을 아는 전문가'나 '평가하는 심사자'라는 권위의 가면을 벗고 참여자와 진솔하게 마주한다.

- **함의** : 피드백은 일방적인 지시가 아닌, 진솔한 반응을 나누는 상호작용 과정이 된다. 교육자는 '이 그림, 또는 글을 보니 제 안에서는 따뜻함과 동시에 어떤 먹먹함이 느껴지네요. 이 작업을 하시면서 어떠셨나요?' 와 같이 자신의 경험을 솔직하게 나누며 대화를 시작할 수 있다. 이러한 진실성은 참여자의 방어막을 허물고, 자기 경험을 안전하게 탐색하도록 이끄는 신뢰의 기반이 된다.

② 판단 없는 안전지대 : 무조건적 긍정적 존중

교육자와 참여자의 토론과 피드백의 전 과정에 '어떤 표현도 괜찮다.'는 절대 수용적인 태도가 전제되어야 한다. 작품의 완성도, 미적 수준, 표현 방식 등은 판단의 대상도 범위도 아니다.

- **함의** : 참여자는 비판과 평가에 대한 불안에서 해방된다. 서툰 표현, 혼란스러운 감정, 사회적으로 '부정적'인 모습까지도 작품을 통해 자유롭게 드러낼 수 있다. 교육자는 어두운 색을 사용한 참여자에게 "왜 어두운 색을 쓰셨어요?"라고 질문하는 대신, "이 색을 선택하기까지 많은 용기가 필요했으리라 생각해요. 그 마음을 표현해주셔서 감사합니다."라고 반응할 수 있다. 작품은 '잘잘못'의 결과물이 아니라, 참여자 존재의 소중한 한 부분으로서 존중받아야 한다.

③ 참여자의 동반자 : 공감적 이해

교육자의 피드백에서 핵심 목표는 작품을 분석하고 해석하는 것이 아니라, 참여자의 내면 세계를 깊이 이해하는 것이다. 교육자는 참여자의 작품 뒤에 있는 경험, 감정, 의미를 함께 느끼려 노력하는 동반자가 된다.

- **함의** :질문의 방향이 '작품'에서 '작가인 참여자'에게로 향한다. "이것은 무엇을 그린 건가요?"라는 질문 대신, "이 선을 그을 때 어떤 느낌이었나요?", "이 작품을 완성했을 때 어떤 감정이 생겼나요?" 와 같이 참여자의 주관적 경험에 초점을 맞춘다. 교육자는 참여자의 혼란스러운 마음을 비추는 거울이 되어, 참여자가 자기 감정을 명확히 인식하고 '아, 내가 그랬구나' 라는 통찰에 이르도록 지지한다.

결론적으로, 로고아트워크 교육에서 인간중심상담 이론의 적용은 교육자와 참여자의 역할을 근본적으로 정의한다.

- **교육자** : '가르치는 사람'에서 '성장을 촉진하는 사람'으로 전환된다.
- **참여자** : '배우는 사람'에서 자기 세상의 '전문가'이자 '탐험가'로서 존중받는다.

로고아트워크 교육에서 교육자와 참여자와의 토론과 피드백은 더 이상 무거운 평가, 판단이 아니다. 그것은 그림과 글이라는 매개를 통해 현존재인 개인을 온전히 만나고, 참여자가 자기 잠재력을 믿고 스스로 성장하는 인간적이고 창조적인 순간이다. 최종 목표는 '더 나은 그림 그리기'나 글 쓰기'가 아니라, '더 온전하게 성장하는 자기'가 되는 것이다.

2. 로고아트워크 실행 방법

로고아트워크는 참여자가 자율적으로 읽기, 그림 그리기, 글쓰기, 발표, 교육자와 토론과 교육자의 피드백을 순차적으로 진행하는 창의적이고 실존적인 접근 방법이다. 세션 당일 회기 주제와 관련하여 교육자가 준비한 자료를 읽고 떠오르는 감정을 따라가며 그림 그리기 작업 즉, 아트워크를 시작한다. 이 과정에서 그림 그리기는 마음과 손이 닿는 대로 자연스럽게 이루어진다. 자기 감정을 따라 그림을 그리는 것은 창의적인 표현법으로서, 감정을 시각적으로 표현하는 데 도움을 준다.

참여자의 로고아트워크 작업 단계는 다음과 같다.

1) **감정 선택하기** : 현재 느끼고 있는 감정이나 표현하고 싶은 감정을 선택한다. 기쁨, 슬픔, 분노 등 다양한 감정이 있다.
2) **감정 느끼기** : 선택한 감정을 깊이 느끼고, 그것이 어떤 색, 형태, 선으로 표현될 수 있을지 생각한다.
3) **감정에 따라 그리기** : 감정에 따라 자율적으로 선과 색을 사용한다. 이때 어떤 규칙에도 얽매이지 않고 순간의 감정을 있는 그대로 표현한다.
4) **반영하기** : 그리기 작업 후, 그림을 보고 어떤 감정을 표현했는지, 어떤 느낌이 드는지를 생각하여 그림 제목을 붙인다.

이 다섯 단계 과정을 통해 감정 표현이 더욱 자연스럽고 깊이 있는 아트워크로 완성될 수 있다.

여기에서 '감정에 따라 자유롭게 그리기'는 자발적이고 직관적인 작업 과정을 중시하는 접근 방식이다. 이 방법은 규칙이나 제한에 얽매이지 않고, 개인의 감정을 충실하게 표현하는 것을 목표로 한다. 마음 가는 대로 그리기를 시도할 때 고려할 수 있는 몇 가지 방법은 다음과 같다.

(1) **즉흥적 시작** : 사전 준비 없이 도화자나 디지털 캔버스를 열고 펜, 연필, 브러시 등을 사용하여 자유롭게 선이나 형태를 그려 본다.

(2) **감정 따라가기** : 그림을 그리는 동안 느끼는 감정에 집중하고, 이를 색상, 형태로 표현해 본다. 기쁨을 느낄 때 사용하는 색상, 차분할 때 사용하는 색상 등 다양한 표현을 할 수 있다.

(3) **무의식적 낙서** : 연필이나 펜으로 자신의 손이 가는 대로 자연스럽게 낙서를 해본다. 이 과정에서 의도치 않게 흥미로운 색, 선이나 형태가 나타날 수 있다.

(4) **명상적 접근** : 조용한 환경에서 깊게 호흡하고, 명상하듯 천천히 그림을 그리며 현재의 순간에 집중한다.

(5) **자유로운 주제 선택** : 고정된 주제나 목표 없이, 오로지 자기 마음이 끌리는 형태나 색으로 그림을 그린다.

'감정에 따라 자유롭게 그리기' 방식은 스트레스 해소, 창의성 개발, 감정 표현에 매우 유익하다. 감정에 따라 자유롭게 그리기는 여러 가지 장점이 있다.

(1) **창의성 발휘** : 특별한 제약 없이 자유롭게 그리면서 창의성을 발휘할 수 있으며, 참여자의 개성과 스타일을 표현할 수 있다.

(2) **스트레스 해소** : 자유롭게 작업함으로써 정신적인 스트레스를 줄이는 데 도움을 줄 수 있다. 마음을 다스리고 편안한 상태에서 그림을 그리는 것은 감정 표현의 한 방법이다.

(3) **자기 표현** : 감정을 따라 마음 가는 대로 그리면 자신의 감정이나 생각을 시각적으로 표현할 수 있어 자기 이해와 인식을 높이는 데 기여할 수 있다.

(4) **실패의 두려움 감소** : 특정 목표 없이 그리면 실패에 대한 두려움이 줄어들고 더 많은 시도가 가능해진다.

(5) **자유로움** : 정해진 주제나 규칙이 없어 더욱 자유롭고 자연스러운 표현이 가능해져 그림 그리기가 더 즐거워질 수 있다.

로고아트워크 후에는 성찰적 글쓰기, 즉 로고스를 발견하기 위한 작업(work)으로서 글쓰기를 진행한다. 자기가 그린 그림을 바라보며 글쓰기를 하는 것은 작업 과정과 감정 상태를 깊이 성찰할 수 있는 기회가 된다. 다음 단계를 따라 해본다.

(1) **그림 관찰하기** : 자기가 그린 그림을 자세히 살펴본다. 그림의 각 요소와 전체적인 표현을 관찰한다.

(2) **감정 느끼기** : 그림을 보며 느끼는 감정을 떠올려본다. 기쁨, 슬픔, 불안 등 느낌을 솔직하게 받아들이고, 어떤 색이나 형태가 특히 감정을 유발하는지 주목한다.

(3) **작업 과정 회상하기** : 그림 그릴 때의 마음과 과정을 돌아본다. 그리면서 어떤 생각과 감정이 있었는지, 그리고 어떤 도전이나 기쁨이 있었는지에 대해 기록한다.

(4) **글 쓰기** : 그림의 제목, 그린 날짜, 그림을 그린 배경이나 주제를 간단히 적는다. 이어서 그림을 그릴 당시 느꼈던 감정과 생각을 기술하되, 그리면서 어떤 일이 있었고 어떤 의도가 있었는지 표현해 본다. 그리고 그림에서 사용한 색상, 형태, 구도 등을 살펴보고, 전달하고자 했던 메시지나 느낀 감정에 대해 써 본다. 다음으로 이 그림이 자기에게 어떤 의미인지 성찰하고, 새로 발견한 로고스나 새롭게 이해하게 된 감정 또는 생각을 기록한다. 마지막으로, 이번 아트워크 경험을 기반으로 앞으로 어떻게 성장하고 싶은지 적어본다. 참여자는 성찰적 글쓰기 과정에서 자기를 더 깊이 이해하고, 작업의 의미를 되새기는 기회를 가질 수 있을 것이다.

정리하자면, 로고아트워크 교육의 회기에서 총 9단계로 나누어 진행되며, 참여자의 작업 시간은 약 70분이다.

- 1단계 : 교육자로부터 당일 세션의 목적에 대한 설명을 듣는다. (5분)
- 2단계 : 교육자가 제시하는 글을 두 번 읽거나 설명을 듣는다. (10분)
- 3단계 : 눈을 감고 교육자의 설명이나 제시된 글 내용을 깊이 생각한다. 깊은 호흡을 5회 하며 방해받지 않는 환경을 조성한 뒤, 조용히 떠오르는 감정을 따라가며 내면의 소리에 귀 기울인다. (8분)
- 4단계 : 참여자는 눈을 뜨고 떠오른 감정과 내면의 소리를 따라 손이 가는 대로 그림을 그리고 제목을 붙인다. (15분)
- 5단계 : 교육자는 참여자의 그림과 제목에 대한 설명을 듣고, 필요에 따라 로고 힌트를 제공한다. (5분)
- 6단계 : 자기 그림과 제목을 생각하며 자기 성찰을 위한 글쓰기, 즉 로고 라이팅을 진

행한다. (10분)

- 7단계 : 참여자는 자기의 성찰적 글쓰기 내용을 설명 없이 그대로 읽는다. (5분)
- 8단계 : 교육자는 참여자가 아트워크 과정에서 발견한 로고스에 대해 공감적으로 경청하며, 필요 시 질문하며 공감적 피드백을 제공한다. (10분)
- 9단계 : 발견한 로고스에 따라 사고하고 행동할 것을 스스로에게 약속한다. (2분)

3. 로고아트워크 교육의 기대 효과

'로고아트워크'는 실존주의 철학을 기반으로 로고테라피와 인간중심상담 이론, 그리고 창의적 그림 그리기와 성찰적 글쓰기를 결합하여 개발한 혁신적인 교육과정이다. 교육 목표는 참여자가 자기 내면의 소리에 귀 기울이고 감정을 통합하여 삶의 의미를 발견하는 과정을 통해 풍부한 자기 이해와 성장을 도모하는 것이다.

이 교육의 핵심은 자유의지로 선택한 삶에서 궁극적인 의미를 발견하고 성숙한 인간 존재로서 기능하는 것이다. '로고아트워크' 교육자는 참여자 스스로 자기 내면을 탐구하도록 도우며, 참여자의 실존적 고민과 경험에 대한 심층적인 통찰이 필요하다.

'로고아트워크' 교육을 통해 기대하는 바는 다음과 같다. 첫째, 자기 탐색과 의미 발견, 둘째, 정서적 회복력과 대처 능력 증진, 셋째, 자기 이해와 인식 증진, 넷째, 감정돌봄 및 관리 능력 향상, 다섯째, 자기와 타인에 공감 능력 개발, 여섯째, 삶의 목표와 가치 재설정이다. 구체적으로 정리하면 다음과 같다.

1) 자기 탐색을 통한 삶의 의미 발견

참여자는 로고아트워크 교육과정을 통해 자기 삶에서 진정으로 중요한 의미를 발견하고, 현존재로서 삶의 목적을 명확히 설정할 수 있다. 이를 통해 개인이 진정으로 원하는 것과 소중한 가치를 깨닫고, 성장 여정에서 추구해야 할 방향과 목표를 보다 구체화한다. 이러한 자기 탐색은 개인의 정체성을 확립하고, 심리적 안정감을 갖도록 할 것이다.

2) 정서적 회복력과 대처 능력 증진

참여자는 감정노동 상황에서 일상생활의 어려움을 겪을 때에도 긍정적인 태도를 유지하고 스트레스와 고통을 건강하게 관리하는 기법을 배울 수 있다.

'로고아트워크' 교육은 감정노동에서 회복력을 키우는 것에 중점을 두며, 참여자가 힘든 시기를 극복할 수 있는 도구와 전략을 제공한다. 개인의 감정노동에서 회복력은 심리적인 강인함을 기르고, 위기 상황에서도 감정적으로 안전하고 안정된 상태를 유지하는 데 필수적이다.

3) 자기 이해와 인식의 증진

참여자는 자기 감정과 행동에 대해 자세히 이해하게 되며, 이를 통해 자기 인식이 증진될 것이다. 로고아트워크 교육에서는 참여자가 스스로의 강점과 약점을 파악하는 데 필요한 다양한 접근 방식을 제시한다. 자기 탐구 과정은 개인적으로 중요하고 소중한 가치를 발견하는 데 기여할 것이며, 자기를 사랑하고 수용하는 기반이 된다.

4) 감정돌봄 및 관리 능력 증진

참여자는 자기 감정에 대해 잘 인식하고 조절하는 데 필요한 기술을 습득한다. '로고아트워크' 교육에서 참여자는 자기 감정을 파악하고 부정적인 감정에 흔들리지 않도록 스스로 지지하는 방법을 체화한다. 이를 통해 감정노동 상황에서 스스로 돌보는 능력의 증진은 개인이 감정적 안정감을 높이는 데 기여할 것이며, 직무 현장에서 대상자와의 관계에서 긍정적인 영향을 미칠 것이다.

5) 공감 능력 향상

참여자는 직무 현장에서 마주하는 대상자, 즉 타인의 감정과 경험에 공감하는 능력을 향상시킬 것이다. 이를 통해 감정노동 상황, 즉 대인관계에서 갈등을 줄이고 서로에게 긍정적인 영향을 미치는 관계를 형성할 수 있다. '로고아트워크' 교육을 통해 공감 능력이 향상되면서, 타인의 입장에서 생각하고 이해하는 능력을 증진하고 인간관계의 질을 높일 수 있을 것으로 본다.

6) 삶의 목표와 가치 재설정

'로고아트워크' 교육을 통해 참여자는 삶의 의미를 발견하고 목표를 명확히 할 것이다. SMART 목표 설정 기법[16] 등을 활용하여 구체적이고 실현가능한 목표를 설정하며, 이를

16) SMART 목표 설정 원칙 : 목표 달성 가능성을 높이기 위한 방법론으로, 다음 5가지 원칙의 첫 글자를 따서 만들어졌음

통해 스스로 동기를 부여하고 행동 변화를 유도하는 체계적인 접근이 이루어질 수 있을 것이다. 이러한 목표 설정 과정은 개인이 목표를 이루기 위한 집중력과 의지를 강화하는 데 기여할 수 있다.

결론적으로, 로고아트워크 교육은 참여자의 내면적 성장과 자기 이해, 감정관리 및 관계 향상을 통해 전반적인 삶의 질을 높이는 데 기여한다. 이를 통해 참여자는 더욱 건강하고 성숙한 삶을 위해 지속적으로 성장할 수 있는 기회를 만나는 것이다.

4. 로고아트워크 교육자의 태도

1) 사람에 예의

사람에 예의[17)]

가장 편안하고 따뜻한 눈빛, 표정으로,
그대 마음 깊숙이 있는 것을 살피고 싶소.

조각 한마디도 놓치지 않고 기울여 들으며,
그대 세계를 같이 느끼길 바란다네.

그대 고백같이 진솔한 말을 듣는 현존재로서,
보다 더 빛나는 실존재를 맞으리니.

고단한 세상 어느 지점에서 동행하는 이가 되어,
심해 청정수처럼 맑고 깊은 이해와 사랑을 나누고 싶소.

- Specific(구체성) : 목표를 명확하고 구체적으로 설정함
- Measurable(측정 가능성) : 목표 달성 여부를 확인할 수 있도록 측정 가능한 지표를 포함함
- Achievable(달성 가능성) : 현실적으로 달성 가능한 목표를 설정함
- Relevant(관련성) : 자신의 장기적인 비전이나 더 큰 목표와 관련이 있도록 설정함
- Time–bound(기한 설정) : 목표에 명확한 마감 기한을 정함

17) 최영순 마리의 실존적 시, 시의 전문성, 창의성이나 문학성을 제대로 고려하지 않고 마음의 소리에 따라 쓴 것임. 이는 단지 독자들의 Self 로고아트워크 과정에서 읽기 자료로서 활용할 수 있도록 제시하고자 하였음

‘로고아트워크’ 교육과정을 운영하는 교육자의 사람에 대한 예의는 기본 덕목이다. 이는 단순히 공손함과 배려를 넘어서 교육의 질과 효과에 영향을 미치는 존중, 즉 윤리적 태도라고 할 수 있다. 교육자의 예의는 사회적 통념 이상의 의미를 가지는데, 참여자가 창조적 작업을 통해 로고스 발견에 몰입하게 만드는 중요한 ‘도구’이다. 교육자는 참여자와 신뢰 관계를 형성하고, 그들이 안전한 공간에서 의미를 발견하고 성장하도록 돕는 존재이다. 사람에 대한 예의는 보편적인 가치와 더불어 위대한 철학자들의 통찰에서 그 뿌리를 찾을 수 있다. 로고아트워크 교육자의 기본은 교육의 철학적 토대에 대한 명확한 지식과 참여자를 염려하고 존중하는 윤리적 태도이다.

(1) 사람에 예의, 실천을 위한 요소

사람에 예의는 문화와 상황을 넘어 보편적 가치의 실천을 통해 드러난다. 이는 존중과 염려[18]로서, 로고아트워크 교육과정을 운영하는 교육자가 지속적으로 성찰해야 할 요소이다.

① **존중** : 참여자의 의견, 감정, 정체성을 있는 그대로 인정하고 수용하는 태도이다. 이는 참여자의 고유한 표현 방식을 섣불리 판단하지 않고 수용하는 태도를 포함한다.

② **염려** : 참여자의 상황과 감정을 잘 헤아려 반응하고 행동하는 것이다. 참여자가 표현을 주저할 때 침묵을 허용하고 기다려주는 것은 구체적인 염려가 될 수 있다.

③ **공감** : 참여자의 감정을 함께 느끼고 이해하려는 노력이다. 이는 단순한 동정을 넘어, 참여자의 내면으로 들어가 함께 머무르려는 의지이다.

④ **소통** : 참여자에게 명확하고 정중한 언어를 사용하고 관계의 질을 증진하는 것이다. 특히 피드백 과정에서 비판이 아닌, 참여자의 성장을 도울 수 있는 언어와 대화방식 선택이 필요하다.

⑤ **예의바른 행동** : 교육자의 정중한 인사와 감동, 감탄, 감사 표현 등 예의바른 행동은 참여자와 신뢰 관계 형성의 시작 지점이다.

⑥ **민감성** : 참여자가 불편함을 느끼지 않도록 교육자는 자기 말과 행동에 대한 민감성을 갖추어야 한다. 참여자의 문화적 배경이나 개인적 트라우마 등에 교육자의 민감성은 필수 요건이다.

18) 마르틴 하이데거. 『존재와 시간』 이기상 번역. 까치. 2025.

(2) 사람에 대한 예의의 철학적 배경 : 철학자의 통찰

철학자는 사람을 어떻게 대하고 존중할지에 대한 통찰을 통해 중요성을 역설했다. '로고아트워크' 교육자는 다양한 철학자의 이론적 기반 위에서 자기 태도를 선택하고 정립해야 한다.

① 인간 존엄성의 절대적 원칙 : 칸트

임마누엘 칸트에게 사람에 대한 예의의 근본은 사람 자체를 이성적 존재로서 존중하는 것이다. 그는 사람을 목적 달성을 위한 수단으로 여기지 않고, 항상 '목적 자체'로 대해야 한다고 주장했다.[19] 이는 로고아트워크 교육자의 태도에서 중요한 가치이다. 참여자의 작품이나 감정 표현을 단순히 '교육 성과'나 '교육 목표 달성'의 수단으로서 대하지 않아야 한다는 것이다. 참여자의 서툰 낙서와 그림 한 조각, 감정을 표현한 글 또는 작은 소리도, 그 자체로서 존엄한 존재인 사람의 목소리로 인식하고 대해야 한다.

칸트의 '너의 행동이 보편적인 법칙이 될 수 있도록 행동하라'는 정언명령은 모든 참여자를 존중해야 하는 교육자의 윤리적 의무를 명확히 하는 것이다. 이는 교육자의 존중이 참여자의 재능이나 태도 같은 조건에 따라 달라지는 '가언명령'이 아니라, 어떤 상황에서도 지켜져야 할 '정언명령'임을 시사한다.

② 조화로운 관계의 미학 : 공자

공자는 사람다움을 의미하는 '인(仁)'과 그것의 사회적 표현인 '예(礼)'를 통해 조화로운 인간관계의 필요성을 강조하였다(공자, 2018).[20] 여기에서 '인'이 주변의 타인을 사랑하고 염려하는 진실한 마음이라면, '예'는 그 마음을 구체적인 행동과 규범으로 실천하는 외적인 형식이다. 따라서 '인'이 없는 '예'는 공허한 형식주의의 함정에 빠지게 되고, '예'가 없는 '인'은 무례함으로 비칠 수 있다.

'로고아트워크' 교육의 장은 '예'를 실천하는 공간이 되어야 한다. 교육자는 시간을 잘 지키고 공간을 편안하게 정돈하는 등의 외적인 '예'를 갖추는 동시에, 참여자를 향한 진정한 관심과 사랑, 즉 '인'의 마음을 갖추어야 한다는 것이다. 교육자의 진실한 마음('인')이 담긴 정중한 태도('예')는 참여자는 안정감을 느끼고 가장 자기다움('인')을 발현하도록 이끄는 중요한 요건이다.

---

19) 씨익북스 편집부 2팀. 『칸트의 윤리학: 정언명령의 이해』 씨익북스. 2025.

20) 공자. 『인생의 절반쯤 왔을 때 읽어야 하는 논어』 박훈 옮김. 탐나는 책. 2018.

③ 공동체 안에서 성장과 행복 : 아리스토텔레스

아리스토텔레스는 덕윤리의 관점에서 사람에 예의를 바라보았다. 그는 사람을 '사회적 동물'로 규정하며, 공동체 안에서 타인과 진실한 관계를 맺으며 성장하는 존재로 보았다(아리스토텔레스, 2022).[21] 그가 강조한 진정한 우정은 상호 존중과 이해를 바탕으로 서로의 덕을 알아보고 함께 좋은 삶, 즉 행복(Eudaimonia)을 추구하는 관계이다. 여기에서 행복은 순간적인 쾌락이 아닌, 자기 잠재성을 온전히 실현하는 '자기실현적 삶'을 의미한다.

'로고아트워크' 교육자는 참여자와 진정한 우정의 관계를 지향해야 한다. 이는 단순히 친밀한 것을 넘어, 참여자의 잠재적 덕(용기, 절제, 지혜 등)을 믿는 것이다. 참여자가 작업을 통해 기쁨을 느끼고 행복에 이르도록 돕는 태도이다. 또한 교육자는 상황에 맞는 최선의 판단을 내리는 '실천적 지혜'를 발휘하여, 언제 격려하고 언제 질문하며 언제 침묵해야 할지를 아는 능력과 태도를 갖추어야 한다.

④ 공정함과 약자에 대한 배려 : 존 롤스

존 롤스는 정의론을 통해 예의를 사회적 책임의 관점에서 강조했다. 그는 "무지의 장막'이라는 독창적인 사고 실험을 통해, 개인의 사회적 지위나 배경을 모르는 상태에서 사회 규칙을 정한다면 모두에게 공정한 원칙을 선택할 수 있다고 주장했다(황경식, 2025).[22]

약자에 대한 배려와 공정함은 교육자가 그룹 활동이나 피드백 규칙을 정할 때 고려해야 할 주요 원칙이다. 교육자는 참여자가 재능 있는 존재일지, 표현을 두려워하는 존재일지 모르는 '무지의 장막' 뒤에서, 심리적으로 더 취약한 사람을 보호하고 존중하는 태도를 견지해야 한다. 특히, 사회 취약자에게 최대의 이익이 돌아가야 한다는 "차등의 원칙'은, 교육자가 취약한 참여자에게 더 깊은 염려를 보내야 할 윤리적 책임이 있음을 보여준다.

⑤ 사람을 자유로운 존재로서 존중 : 장폴 사르트르

실존주의 철학자 장폴 사르트르는 사람은 자유의지로 자기 본질을 만들어가는 존재로서 모든 선택에 책임을 져야 한다고 보았다(마틸드 라마디, 2016).[23] 그의 관점에서 예의는, 타인 역시 자기와 마찬가지로 삶을 자유롭게 선택하고 창조하는 주체로서 인정하

21) 아리스토텔레스. 『니코마코스 윤리학』 박문재 옮김. 현대지성. 2022.
22) 황경식. 『존 롤스의 정의론』 리더스 클래식. 2025.
23) 마틸드 라마디. 『장폴 사르트르』 임미경 옮김. 작은 길. 2016

고, 그들의 고유성과 자유를 침해하지 않는 것이다.

교육자는 참여자의 어떠한 표현도 섣불리 판단하거나 규정하지 않는다. 예를 들어 참여자가 '저는 그림에 재능이 없어요' 라고 말하며 가능성을 외면하는 '자기기만'에 빠져 있더라도 교육자는 이를 비난하는 대신 그 선택을 존중하며 질문할 수 있어야 한다. '지금은 그렇게 느끼고 선택하셨군요. 그 느낌을 한번 표현해 볼까요?" 라며 참여자가 작업 과정에서 스스로 의미를 발견하고 자기 본질을 만들어가는 자유로운 여정 자체를 존중하는 것이 실존적 예의의 핵심이다.

정리하자면, 감정돌봄을 위한 '로고아트워크' 교육자는 사람 존재에 대한 깊은 이해를 바탕으로, 참여자를 단순히 수단이 아닌 '목적 그 자체'로 대해야 한다. 교육자의 역할은 지식과 기법을 전달하는 것을 넘어, 참여자 스스로 문제를 해결하고 양심에 따라 선하게 살아가는 현존재로서 성장하도록 돕는 것이다. 이는 곧 칸트의 존엄성에 대한 존중, 공자의 조화로운 관계, 아리스토텔레스의 덕과 우정, 롤스의 공정성, 그리고 사르트르의 자유에 대한 통찰을 융합한 살아있는 실천 윤리이다. 이 윤리적 태도는 교육자가 반드시 성찰하고 갖추어야 지식이자 철학이라고 할 수 있다.

2) 공감적 경청

공감하는 경청[24)]

조용한 공간, 잔잔한 목소리,
마음에, 영혼에 스미는 이야기들.
기쁨과 슬픔, 옳고 그른 서사에서,
전해지는 울림에 마음 환히 열리네.

두려운 표정으로 내미는 감정
그대 내면 깊은 양심이 전하는 말,
온 정성 다해 마음과 귀 기울일 때,
그대 상처가 고스란히 내게 전하네.

---

24) 최영순 마리의 실존적 시. 시의 전문성, 창의성이나 문학성을 제대로 고려하지 않고 마음의 소리에 따라 쓴 것임. 이는 단지 독자들의 Self 로고아트워크 과정에서 읽기 자료로서 활용할 수 있도록 제시하고자 하였음

고개 끄덕이며 받는 그 순간에,
맑은 눈으로 조용히 바라보니,
그대 이야기가 내 이야기로,
환생하고 있음을 느끼네.

담담한 표정 속 아픈 이야기,
가슴 저리게 공감하는 시간,
말 없는 언어로 서로를 이해하고,
마음과 마음을 나누는 귀한 시간이네.

공감적 경청은 로저스의 인간중심상담 이론에서 내담자의 성장을 위한 상담자의 핵심 요건에서 일치성, 무조건적 긍정적 존중과 맥을 같이 하며, 상담 관계에서 주요한 방법이다(로저스, 2007).[25] 이는 참여자의 이야기를 단순히 귀로 듣는 수동적 행위를 넘어서는 그것이다, 교육자는 자기 주관적 판단을 보류하고 참여자의 세계로 들어가 그의 시선으로 세상을 바라보고, 그의 마음을 느끼려는 적극적이고 헌신적인 노력이다.

'로고아트워크' 교육자의 공감적 경청은 참여자의 창조적 표현 이면에 있는 고유한 경험과 의미를 이해하는 핵심 통로이다. 이 경청 과정에서 참여자는 진정으로 이해받고 수용받고 있다는 안전감을 느끼고, 자기실현 경향성이 온전히 발현될 수 있는 심리적 토양을 마련할 수 있다.

(1) 공감적 경청 실천 방법: 참여자의 세계에 들어가기

공감적 경청은 단순히 기술적 차원이 아니라, 여러 요건을 통합한 '태도적 가치'이다. 구체적인 실천 방법은 다음과 같다.

① 온전히 집중하며 실재하기 : 기본 단계는 교육자가 참여자와 현존하는 것이다. 이는 스마트폰을 치우는 물리적 행위를 넘어, 자기 내면에서 올라오는 생각이나 판단까지도 내려놓고 모든 의식을 참여자에게 집중하는 것이다. 이는 참여자가 전하는 내용뿐만 아니라, 목소리 톤, 표정, 자세 등 비언어적 신호에 담긴 감정까지도 놓치지 않으려는 노력이다.

25) 칼 로저스. 『칼 로저스의 사람 중심 상담』. 오제은 번역. 학지사. 2007.

② **마음 비추는 거울이 되기** : 공감적 경청의 핵심은 참여자가 자기 감정과 경험을 보다 명확히 하도록 돕는 것이다. 이는 참여자의 말을 앵무새처럼 따라 하는 것이 아니라, 말에서 핵심 감정과 의미를 포착하여 교육자의 언어로 다시 비추어주는 반영을 통해 이루어진다(최동혁, 2025).[26] 예를 들어, '아무도 저를 이해 못 해요' 라는 말에 '아, 다른 사람이 당신을 이해하지 못한다고 느끼시는군요. 그 속에서 많이 외로우셨을 것 같아요' 라고 반응하는 것이다. 이는 참여자가 자기 감정을 명확히 인식하고 더 깊이 탐색할 수 있도록 돕는 것이다.

③ **평가, 판단과 조언을 보류하기** : 공감적 경청에서 애로점 중 하나는 문제를 해결을 돕고 싶은 조급함이나 자기 가치관에 따른 판단을 보류하는 것이다. 참여자가 자기 경험을 충분히 살피고 해답을 찾아갈 수 있다는 믿음을 주는 것이 중요하다. 참여자에게는 '해결사'가 필요한 것이 아니라, 혼란스럽고 아픈 마음을 판단 없이 들어주고 함께 머물러 줄 '동반자'가 필요하다.

④ **해석 대신 질문하기** : 참여자의 말을 이해하기 어려울 때, 섣부른 해석 대신 깊은 이해를 위한 질문을 한다. 이때 '왜 그렇게 생각하세요?'와 같은 단순한 질문이 아니라 '그 상황이 당신에게는 어떤 의미였나요?' 또는 '그때 당신의 마음속에서 가장 크게 느껴졌던 감정은 무엇이었나요?'와 같은 개방형 질문을 통해 참여자가 스스로 자신의 경험에 의미를 부여하도록 돕는다.

(2) 공감적 경청의 긍정적 효과: 성장의 씨앗 뿌리기

진정한 공감적 경청이 가능할 때, 교육자와 참여자 관계는 물론 참여자 개인에게 다음과 같은 긍정적인 변화가 일어난다.

① **자기 돌봄을 위한 동맹 형성** : 참여자는 고통스럽고 취약한 부분까지도 판단 받지 않고 수용될 것이라는 신뢰감을 형성한다. 이러한 '돌봄을 위한 동맹'은 긍정적 변화를 가능하게 하는 필수 조건이다(로저스, 2009)[27]

---

26) 최동혁, 『칼 로저스의 지혜를 통해 배우는 32가지 삶의 법칙』, 루미너리북스, 2025.

27) 칼 로저스, 『진정한 사람되기: 칼 로저스의 상담원리와 실제』 주은선 번역, 2009.

② **심리적 방어의 감소** : 진정으로 이해받는 경험은 참여자의 심리적 방어를 감소시킨다. '나는 문제가 있어' 혹은 '내 감정은 이상해' 라는 자기 비난에서 벗어나, 자기 경험을 있는 그대로 바라보고 수용할 수 있게 된다.

③ **자기 인식과 수용의 증진** : 교육자라는 거울을 통해 자기 감정과 생각을 명확히 살피면서, 참여자는 자기 이해를 높일 수 있다. 이는 억압되었던 '진정한 자기'를 만나고, 타인의 기대에 맞춰 만들어진 '이상적 자기'와의 간격을 좁히는 과정이 된다.

④ **경험의 타당성 확보** : 공감적 경청 과정에서 참여자는 '당신의 감정은 타당합니다. 그렇게 느끼는 것은 당연합니다.'라는 강력한 메시지를 전달받는 것이다. 자기 경험이 존중받고 타당하다고 인정받을 때, 참여자는 비로소 자기 내면의 지혜, 즉 '유기체의 가치화 과정'을 신뢰할 수 있다(로저스, 2009).[28]

결론적으로, 감정돌봄을 위한 '로고아트워크.' 교육자의 공감적 경청은 단순히 의사소통 기술을 넘어서는 것이다. 교육자가 참여자의 잠재성을 절대적으로 신뢰하고 성장을 돕겠다는 인간중심상담 철학의 구체적인 실천 방법이다. 이는 교육자가 참여자에게 주의를 집중하는 예술적 행위로서 지속적인 훈련과 성찰을 통해 갖추어야 할 강력한 자산이라 할 수 있다.

다음은 로고아트워크 교육에서 교육자와 참여자 간에 이루어질 수 있는 공감적 경청의 구체적인 예시이다.

☐ 대화 설정

- **참여자 (P)** : 자기 작품에 대해 불만족스러움과 막막함을 느끼고 있다.
- **교육자 (E)** : 공감적 경청을 통해 참여자의 자기 탐색을 돕는다.

P : (자신의 그림을 한참 보다가 한숨을 쉬며) **"마음에 들지 않아요. 제가 뭘 하고 있는지 모르겠어요. 그냥 엉망진창인 것 같아요."**

E : **"작품이 생각처럼 나오지 않아서 속상하시군요. 지금 자신이 무엇을 표현하고 있는지 길을 잃은 듯한 막막함이 느껴져요."**(단순히 '마음에 안 드네요'를 반복하는 대신, 그 안에 담긴 '막막함'과 '길을 잃은 느낌'이라는 핵심 감정을 반영)

28) 칼 로저스. 『진정한 사람되기: 칼 로저스의 상담원리와 실제』 주은선 번역. 2009.

P : “네, 맞아요. 머릿속에는 분명 멋진 생각이 있었는데, 손으로 표현하려고 하니 완전히 다른 게 나와 버렸어요. 정말 답답해요.”

E : “머릿속의 이상과 실제 결과물 사이의 차이 때문에 큰 좌절감과 답답함을 느끼고 계시는군요. 기대가 컸던 만큼 더 실망스러울 수 있겠어요.”(‘답답함’을 인정하고, 그 원인(이상과 현실의 차이)을 연결하며, 그럴 수밖에 없는 이유(기대가 컸기에)를 덧붙여 경험을 정상화하고 타당성을 부여)

P : “네. 다른 사람들은 다 잘하는 것 같은데... 저만 재능이 없나 봐요. 이걸 계속하는 게 맞는지 모르겠어요.”

E : “주변과 비교하면서 자신이 부족하다는 생각에까지 미치게 되셨군요. 그러다 보니 이 작업 자체에 대한 의미와 확신마저 흔들리는 기분이 드는 것 같아요.”(표면적인 ‘재능’ 문제를 넘어, 그로 인해 발생한 더 깊은 내면의 흔들림, 즉 ‘의미와 확신’의 문제를 포착하여 비춰줌)

P : (고개를 끄덕이며) “...확신이 없어요. 사실은... 제 작품을 다른 사람에게 보여주는 게 두려워요. 비웃을 것 같아요.”

E : “아... 다른 사람의 시선에 대한 두려움이 마음속에 크게 자리 잡고 있었군요. 작품에 대한 불만족 이전에, 그 너머에 있는 거절당하거나 인정받지 못할 것에 대한 불안감이 지금 참여자님을 가장 힘들게 하는 핵심인 것 같아요.”(대화의 초점을 ‘작품의 완성도’에서 참여자가 정말로 마주하고 있는 ‘관계적 두려움’과 ‘인정 욕구’라는 본질적인 감정으로 심화시킴)

☐ 예시 대화의 핵심

이 대화에서 교육자는 해결책(‘이렇게 그려보세요’)이나 섣부른 위로(‘아니에요, 잘하고 있어요’)를 제시하지 않는다. 대신 참여자의 말을 거울처럼 비춰주되, 더 깊은 감정의 층위를 드러내 보여줌으로써 참여자가 스스로 자기의 어려움(예 : 작품 불만족 → 재능 부족감 → 타인의 평가에 대한 두려움)을 알아차리도록 돕는다. 이것이 바로 공감적 경청이 가진 돌봄과 성장 촉진의 힘이다.

3) 공감적 피드백

밤길을 밝히는 등대[29)]

어두운 밤, 격한 파도의 뱃길에서
LogoArtWork 교육자가 켠 등대의 불,

29) 최영순 마리의 실존적 시. 시의 전문성, 창의성이나 문학성은 고려하지 않았으며, 단지 독자들의 Self 로고아트워크 과정에서 읽기 자료로서 활용할 수 있도록 제시하고자 하였음

그의 피드백이 환한 불빛이 되어
참여자가 길을 잃지 않도록 이끌어 주길.

참여자의 가늘게 떨리는 목소리,
마음 깊은 곳에 두었던 이야기들,
교육자의 따뜻한 마음으로 듣는 경청은,
두 팔 가득 큰 포옹으로 그를 감싼다.
깊고 고요한 바다에 큰 파도처럼.

"잘하고 있어, 조금은 더 앞으로 나아가도 괜찮아."
그 한 마디는 참여자의 마음을 녹이고 세워,
상처의 깊은 늪에서 나오게 하며,
자기 존중감을 선물하는 듯하다.

참여자는 고단함과 고통을 직면하고,
고유하고 아름다운 자기라는 씨앗을 심고,
실존적 공허와 고뇌에서 떨치고 우뚝 서도록 돕는,
감정돌봄 철학, 로고아트워크 교육자가 되길.

공감적 피드백은 단순히 잘한 것과 개선할 것을 알려주는 교육적 기술이 아니다. 이는 참여자의 내면의 소리와 그의 세계를 깊이 이해하고 존중하며, 의미를 발견하고 성장하도록 돕기 위한 관계의 예술이자 돌봄의 미학이다. 평가, 판단, 조언이 아닌 깊은 이해의 손길을 내미는 이 접근법은, 참여자가 심리적 안정감을 느끼고 자기 잠재력을 탐색하고 의미를 발견하도록 이끄는 섬세하고 강력한 교육 도구 중 하나이다.

(1) 공감적 피드백의 중요성

비판적 피드백을 받게 되면 참여자는 뇌에서 위협으로 인식하고, 편도체를 활성화시켜서 '투쟁-도피-경직' 반응을 일으킨다. 이 방어적 상태에서 참여자는 교육자의 말을 왜곡해서 듣고 마음의 문을 닫으며, 진정한 학습이나 성찰이 어렵게 된다. 반면, 공감적 피드백은 참여자의 경험을 인정하고 존중함으로써 심리적 안정감을 제공할 수 있다. 이는 교육자와 참여자의 관계의 질을 증진하는 것을 넘어서, 이성적 사고를 담당하는 전두엽 피질의 활동을 촉진할 수 있다.

감정돌봄을 위한 '로고아트워크' 교육에서 교육자의 공감적 피드백은 선택이 아닌 필수이다. 이는 곧 참여자가 자유의지와 의미에 의지를 재인식하고 삶의 의미 발견 과정에서 필수적인 신경학적, 심리학적 요건이다.

(2) 공감적 피드백 실천 : 마음을 여는 대화

공감적 피드백은 체계적인 단계를 통해, 단순히 교육자의 조언을 넘어 감정노동 돌봄을 위한 효과적인 의사소통을 지향한다.

① 마음으로 듣기 : 말 너머의 의미를 향한 경청

교육자의 피드백 시작은 진정성 있는 경청이다. 이는 단순히 들리는 말을 수동적으로 받아 적는 것이 아니라, 참여자의 말, 침묵, 표정, 몸짓에 담긴 감정과 아직 표현되지 않은 욕구까지도 들으려는 적극적인 노력이다. 해결책을 제시하고 싶은 조급함은 큰 방해물이다. 그 마음을 잠시 내려놓고, 참여자가 자기 내면을 탐색하는 데 필요한 시간과 공간을 온전히 내어주는 것이 중요하다.

☐ 교육자의 실천 가이드

- 내적 질문 : 참여자의 이야기를 듣는 동안 스스로에게 질문한다. '이 말의 핵심 감정은 무엇일까?', '이 사람은 지금 어떤 가치나 욕구를 표현하고 있는가?', '말하지 않은 것은 무엇인가?'
- 외적 태도 : 몸을 살짝 참여자 쪽으로 기울이고, 부드럽게 눈을 맞춘다. 손에서 펜 등을 내려놓고, 오직 듣는 데에만 집중한다.

감정돌봄을 위한 로고아트워크 교육자는 참여자의 작품 설명 너머에 있는 작업 과정의 기쁨, 좌절, 희망, 두려움도 함께 듣는다. 작품에 대한 설명을 듣는 것이 아니라, 작품을 통해 자기 삶의 의미(Logos)를 찾아가는 참여자의 여정에 귀를 기울이는 것이다.

② 감정의 거울 되기

참여자의 표현에 담긴 감정을 잘 알아차리고, 그것을 언어로 명확하게 비추어주는 과정이다. 칼 로저스가 강조했듯, 이 과정을 통해 참여자는 자기의 복잡한 감정이 존중받

고 있다는 느낌을 받게 된다(Dave Mearns, Brian Thorne, 2012).[30]

☐ 교육자의 실천 가이드

- 감정 반영 : "그 말을 들으니 정말 답답하고 외로우셨겠어요." (감정을 직접 명명)
- 경험 재진술 : "제가 제대로 이해했다면, 열심히 노력했음에도 불구하고 결과가 기대에 미치지 못해 크게 실망하셨다는 말씀이시군요." (경험을 요약)
- 의미 반영 : "당신에게 있어서 그 작업은 단순한 그림이 아니라, 자신을 증명하고 싶었던 중요한 도전과도 같았겠네요." (경험의 의미를 추론)

로고아트워크 교육에서 참여자가 "그림이 엉망이에요" 라고 말할 때, "완벽하게 표현하고 싶은 마음이 컸는데, 뜻대로 되지 않아서 많이 속상하셨군요"라고 반응한다. 이는 '엉망인 그림'이라는 결과물에 대한 평가가 아닌, 그 이면에 있는 '높은 기대와 좌절감'이라는 참여자의 내적 경험을 비추어주는 것이다.

③ 비판 대신 관찰과 제안으로 : 비폭력 대화의 적용

공감적 피드백의 효과를 높이기 위한 중요한 전환은 평가에서 관찰 단계로 넘어가는 것이다. 마셜 로젠버그의 저서『비폭력 대화』에서 시사점을 찾을 수 있다(로젠버그, 2024).[31]

☐ 복잡한 작품에 대한 피드백

- 평가적 피드백 : "이 작품은 너무 산만하고 주제가 뭔지 모르겠어요. 핵심을 명확하게 표현해야 해요."
- 공감적 피드백 : "캔버스 중앙에 여러 색의 선들이 강하게 교차하는 것을 봅니다(관찰). 그 선들을 보니 제 안에서는 어떤 긴장감과 함께 역동적인 에너지가 느껴지네요(느낌)." "저는 이 작품에 담긴 참여자님의 고유한 이야기를 더 깊이 이해하고 싶거든요(욕구)." "혹시 이 선들이 참여자님에게 어떤 의미인지 조금 더 이야기해 주실 수 있을까요?(부탁/제안)"

30) Dave Mearns, Brian Thorne, 『인간중심상담의 임상적 적용』주은선 번역. 학지사. 2012

31) 마샬 B 로젠버그. 『비폭력 대화』 일상에서 쓰는 평화와 공감의 언어. 케서린 한 번역. 2024.

☐ 소극적 작품에 대한 피드백

- **평가적 피드백** : "왜 이렇게 작게 그렸어요? 좀 더 자신감 있게 크게 그려보세요."
- **공감적 피드백** : "이 넓은 종이의 한쪽 모서리에 작은 스케치가 있는 것을 봅니다(관찰)." "이것을 보니, 무언가 조심스럽고 소중하게 다루고 있다는 느낌이 들어요(느낌)." "저는 참여자님이 표현하고 싶은 것을 안전하게 드러내도록 돕고 싶거든요(욕구)." "혹시 이 작은 스케치에 담긴 이야기에 대해 조금 더 들려주실 수 있을까요?(부탁)"

④ 강점과 가능성에 빛 비추기: 성장의 씨앗에 물 주기

로고아트워크 교육자의 공감적 피드백은 개선점뿐만 아니라 참여자의 노력, 기여, 강점을 구체적으로 인정하고 강조함으로써 균형을 맞추어야 한다. 이는 단순히 칭찬을 넘어, 참여자가 미처 인식하지 못했던 잠재력을 발견하도록 지지하는 노력이다.

☐ 교육자의 실천 가이드

- **용기 인정** : "이런 어려운 감정을 피하지 않고 작품으로 마주한 그 용기 그 자체로서 정말 대단해요."
- **노력과 과정 인정** : "결과물도 의미 있지만, 저는 이 작품을 완성하기까지 고민하고 시도했던 그 과정이 더 가치있게 느껴져요."
- **성장과 변화 인정** : "지난번 작업에 비해, 이번에는 새로운 색을 사용하려는 도전을 하셨네요. 그 작은 변화가 제게는 큰 의미로 다가와요."

감정돌봄 로고아트워크 교육자는 참여자의 표현과 작품의 완성도보다, 참여자가 자기 고통을 마주한 용기, 새로운 시도를 한 창의성, 과정을 통해 보여준 노력 등을 발견하고 비추어준다. 이는 참여자가 결과물이 아닌 과정 속에서 자기 삶의 의미와 가치를 찾도록 돕는 태도이다.

결론적으로, 감정돌봄을 위한 로고아트워크 교육자에게 공감적 피드백은 단순히 소통 기술을 넘어, 참여자의 잠재력을 절대적으로 신뢰하고 성장을 돕겠다는 인간중심상담 철학의 구체적인 실천 방법이라고 할 수 있다. 이는 참여자가 자기 내면의 소리에 주의를 기울이고, 마음에서 감정으로 올라오는 고유한 이야기가 펼쳐질 수 있도록 안전한 무대를 만들어주는 실천적 윤리이다.

교육자에게 중요한 것은 참여자의 작품이 아니라, 공감적 피드백이라는 질 좋은 도구를

사용하여 참여자가 자유로운 온전한 자기로 존재하도록 돕는 것이다. 이러한 능력을 갖추기 위해 교육자는 꾸준한 학습과 자기 성찰이 전제가 된다. 무엇보다도, 최선을 다해 임하는 교육과정 운영과 스스로 실천하는 과정이 필요하다. 교육자에게 난해하고 현학적인 이론이 전부가 아니라는 인식 확장과 함께 이론을 구체적인 삶으로 살아낼 수 있는 용기가 있어야 한다. 즉, 이론이 자기 삶으로서 제대로 틀을 갖추려는 노력이 필요하다는 것이다.

4) 로고테라피 이론 이해

(1) 자유의지

빅터 프랭클의 위대한 저서 『죽음의 수용소에서』[32]는 저자가 나치 수용소에서의 경험한 극한 상황을 바탕으로 인간 존재의 의미와 개인의 선택 가능성에 대한 심도 있는 논의를 펼친다. 저자는 자기 경험을 통해 도출한 여러 가지 철학적 통찰을 제시하며, 개인의 자유의지로 의미를 찾는 것이 얼마나 중요한지를 강조했다. 이는 실존주의 철학적 관점과 맥을 같이 하고 있다.

프랭클은 개인은 자유의지로 삶의 의미를 탐구하는 존재[33]이며, '개인은 모두 자기 경험과 자원을 이용해 삶의 의미를 발견할 수 있다.' 라고 강조한다. 개인은 삶에서 의미를 찾아내기 위한 노력이 필수적이며, 이는 단순히 선택을 넘어서 삶의 목적, 가치와 방향성을 찾아가는 중요한 여정이라는 것이다.

또한, 개인은 어떤 상황에서도 자기 반응을 선택할 수 있는 자유의지를 강조했다. 그는 '외부 환경이나 고난이 개인의 태도 선택에 영향을 미치더라도, 결국은 자기 반응은 스스로 선택하는 것'이라고 주장했다. 이는 개인이 주어진 상황에 대해 어떻게 반응할지를 선택할 수 있는 능력이 있음을 의미하며, 이 선택이 자기라는 고유한 존재의 정체성을 형성하는 데 중요한 역할을 한다는 것이다.

개인은 피할 수 없는 고통 속에서도 태도를 선택하고 의미를 발견하고 성장할 수 있는 존재이다. 프랭클에 의하면[34] '고통은 불가피하지만, 그 속에서 의미를 찾는 것은 자유의

---

32) 빅터 프랭클. 『죽음의 수용소에서』 이시형 번역. 청아출판사. 2020.
33) 빅터 프랭클. 『무의미의 의미』 김미라 옮김. M31. 2021.
34) 빅터 프랭클. 『죽음의 수용소에서』 이시형 번역. 청아출판사. 2020.

지를 가진 개인의 선택'이고, 이 고통은 피해야 할 것이 아니라 성장으로 가는 기회가 될 수 있다고 주장했다. 이러한 프랭클의 관점은 고통이 개인이 고통에서 회복력을 키우고 강인함을 기르는데 얼마나 영향을 미치는지 잘 알려준다. 프랭클은 나치 수용소의 극한 경험을 통해 개인이 가장 절망적인 상황에서도 자유의지를 발휘할 수 있다고 하였다. 수용소 상황에서 '개인이 처한 최악의 상황에서도 자기 태도를 선택할 수 있는 존재이기에 동일한 상황에서 돼지도 될 수 있고 성자도 될 수 있다' 라고 정리하여 개인의 선택이 어떻게 존엄성으로 연결되는지를 증명했다. 이러한 깊은 통찰은 개인은 어떤 상황에서도 자기 삶의 의미를 발견할 수 있는 능력이 있는 현존재임을 보여준다. 그는 또한 '개인의 삶의 의미는 타인 또는 세상에 대한 헌신이나 자기를 넘어선 가치를 추구하면서 발견할 수 있다'고 강조했다[35]. 이는 로고테라피의 선물인 '자기초월성[36]'으로서 개인의 궁극적인 삶의 의미를 발견하는 데 필수적이며 사랑과 봉사와 같은 요소를 통해 이루어진다는 것이다.

정리하자면, 프랭클의 『죽음의 수용소에서』에서는 개인이 큰 고난 중에도 삶의 의미를 발견할 수 있음을 알려주는 큰 보물단지와 같은 책이다. 이 책을 포함해 20여권이 넘는 위대한 저서에서 실존주의 철학의 기본 개념인 자유의지 선택, 책임성을 로고테라피에서 어떻게 녹여내는지에 대해 자세히 보여준다. 그의 이론은 현대 심리학과 철학적 성찰에 큰 영향을 미쳤으며, 개인이 현존재로서 당면하는 다양하고 복잡한 문제를 어떻게 받아들이고 해결할 수 있는지 알려주고 있는 귀중한 지침이다.

(2) 의미를 향한 의지

프랭클의 로고테라피 이론에서 개인이 '자기 삶에서 의미를 찾고자 하는 의지가 기본 동기'[37]라고 주장했다. 개인의 삶에서 기본적인 욕구는 쾌락이나 권력이 아닌 '의미를 찾으려는 의지(Will to Meaning)'라는 것이다. 그는 제2차 세계대전 중 나치 아우슈비츠 수용소를 포함한 여러 수용소에서 경험을 통해 고통 속에서도 의미를 발견하는 의지가 얼마나 중요한지에 대해 깊이 체험했다. 이를 바탕으로 의미에 의지 개념을 명확화하였다. 개인은 모두 본질적으로 '의미를 향한 의지', 즉 '의미 지향성'이 있기에 자기 '삶의 의미' 발견이 가능하다는 것이다.

---

35) 빅터 프랭클. 『무의미의 의미』 김미라 옮김. M31. 2021.
36) 빅터 프랭클. 『무의식의 신』 정태현 옮김. 한남성서연구소. 2013.
37) 빅터 프랭클. 『삶의 의미를 찾아서』 이시형 역. 청아출판사. 2017.

프랭클은 현존재의 삶에서 궁극적인 목표는 행복이 아니라, 의미 있는 삶이라고 주장한다. 행복은 의미 있는 삶의 부산물이지 목적 그 자체가 아니라는 것이다. 그에 의하면 개인은 모두 '삶의 의미를 찾기 위해 태어난 존재' 이다. 개인이 자기 삶에서 의미를 발견해야 진정한 기쁨을 느낄 수 있다고 했다. 로고테라피에서 의미 추구는 단순히 외부로부터 오는 행복을 중시하던 과거의 관념과 다르다. 삶의 의미를 찾고자 하는 의지는 자기 삶의 목적을 내재화하고 개인의 정체성을 강화하는 데 필수적인 요건이다. 이에, 개인은 자기가 처한 상황에 대한 통합적인 해석이 가능하며, 이는 고통을 이겨내고 상처를 극복하는 데 필요한 지혜를 제공한다.

프랭클은 개인은 '어떤 상황에서도 태도를 선택할 수 있다'고 강조했다. 이는 개인이 통제할 수 없는 폭력적인 상황에서도 자기 반응을 선택할 수 있음을 의미한다. 개인은 의미에 의지로 태도를 선택함으로써, 외부 환경이나 상황에 의존하지 않고 스스로 삶의 의미를 발견할 수 있다. 이러한 태도 선택은 긍정적인 사고와 회복력 증진에 도움을 주며, 어려운 상황에서도 고난의 의미를 탐구하고 발견하도록 돕는다.

결국 개인에게 닥친 고통과 역경은 삶에서 피할 수 없는 현상이며, 이러한 상황에서도 '의미를 향한 의지'를 잃지 않는 것이 중요하다. 프랭클[38]은 아우슈비츠에서의 경험을 통해 개인이 고통 속에서도 의미에 의지가 생존에 밀접하게 영향을 미친다는 사실을 증명했다. 따라서, 프랭클은 '고통 속에서도 찾은 삶의 의미가 개인을 살게 한다'는 확고한 믿음이 있었으며, 고통을 극복하는 열쇠로 작용한다고 보았다. 개인이 고통을 경험하면서 그 안에서 의미를 찾는 것은 자기 상황을 주체적으로 받아들이고, 극복하고자 하는 의지로 나타날 수 있다. 즉, 개인의 고통이 자기 성장의 기회일 수 있는데, 바로 '의미에 의지'를 통해 고통을 감내하고 극복할 수 있다는 것이다. 그는 '삶의 절대적 의미에 대한 흔들리지 않는 믿음이야말로 어떻게든 삶을 견딜 수 있게 해준다'[39] 고 강조했다.

로고테라피의 중요하고 아름다운 개념 중에 자기초월성이 있다. 프랭클은 개인이 의미를 발견하는 과정에서 현존재인 자기를 발견할 수 있다고 했다. 그는 '개인이 삶의 의미를 탐구하면서 자기 정체성을 강화할 수 있고, 자기 초월이 가능함을 강조했다. 또한 그는 개

38) 빅터 프랭클. 『죽음의 수용소에서』 이시형 번역. 청아출판사. 2020.
39) 빅터 프랭클. 『그럼에도 삶에 '예'라고 답할 때』 마정현 옮김. 청아출판사 2020.

인은 양심에서 나오는 초월성의 소리를 들을 뿐 아니라[40] 이 소리가 자기에게서 나오는 것으로 여긴다고 했다. 개인은 의미에 의지로 욕구 또는 필요를 뛰어넘어 타인과 세상을 위해 헌신하는 과정에서 초월성이 발현되는 것이다. 즉, 타인과 세상을 위한 삶은 자기를 넘어서 보다 더 높은 수준의 의미를 경험하는 경로이며, 궁극적으로 자기 삶의 가치를 높일 수 있다. 따라서, 개인의 타인과 세상을 향한 사랑과 헌신은 자기 삶을 더욱 풍부하게 하고, 이는 자기 정신적 안정과 성장에 기여할 수 있다.

(3) 삶의 의미

프랭클의 로고테라피에서는 개인의 삶의 의미는 외부에서 주어지는 것이 아니라, 어떤 상황에서든 스스로 발견하고 책임져야 할 과제라고 했다.

정신과 의사이자 홀로코스트 생존자인 프랭클은 극한의 고통 속에서도 살아야 할 이유가 있는 개인이 생존 가능성이 높다는 사실을 깨닫게 되었다. 이를 기반으로 로고테라피에서 주요 개념인 '삶의 의미'에 대해 정의했다. 삶의 의미는 보편적이거나 추상적인 것이 아니라, 개인의 삶에서 구체적으로 발견되어야 하는 고유한 것이라고 보았다.

로고테라피에서는 삶의 의미를 발견할 수 있는 세 가지 경로를 제시했는데, 정리하면 다음과 같다. 첫째, 경험적 가치이다. 이는 자연에서 아름다움을 느끼거나, 예술을 감상하거나, 관계 맺는 경험을 통해 의미를 찾을 수 있다. 세상의 가치를 온전히 경험하고 받아들임으로써 삶은 의미로 채워질 수 있다. 둘째, 창조적 가치이다. 세상에서 무엇인가를 새로이 창조하거나 가치 있는 일을 함으로써 의미를 찾을 수 있다는 것이다. 이는 직업적인 성취, 예술 활동, 봉사 등 긍정적으로 세상에 기여하는 행위를 포함한다. 현재, 여기에서 하는 일을 통해 삶의 의미를 발견할 수 있다. 셋째, 태도적 가치이다. 이는 피할 수 없는 운명이나 시련에 직면했을 때, 그것을 받아들이는 태도로 의미를 발견할 수 있다는 것이다. 상황은 바꿀 수 없어도, 그 상황에 대한 자기 태도를 선택할 자유는 누구도 빼앗을 수 없는 '개인의 마지막 자유'이다. 즉, 상황이 문제가 있지만 자기가 문제가 있는 것이 아니라는 것이다. 따라서, 삶의 의미는 매 상황에 잠재해 있고, 그것을 발견하는 것은 전적으로 자기 몫이다.

프랭클은 개인이 삶에 무엇을 기대하는 것이 아니라, 자기 삶의 질문에 책임 있게 대답할 때 삶의 의미를 발견할 수 있다고 하였다. 본 장에서는 저자가 스스로에게 적용한 Self 로고아트워크 작업, 실존적 에세이와 시 작업의 경험적 및 창조적 가치와 피할 수 없는 고

40) 빅터 프랭클. 『무의식의 신』 정태현 옮김. 한남성서연구소. 2013.

통에서 찾았던 고유한 삶의 의미[41)42)43)44)]에 대해서도 함께 정리한다.

이제 로고테라피 이론에서 삶의 의미를 발견하는 세 가지 경로인 경험적 가치, 창조적 가치, 그리고 태도적 가치에 대해 보다 자세히 살펴보고자 한다.

① 경험적 가치

경험적 가치는 자연의 아름다움, 사랑, 그리고 인간관계와 같은 다양한 경험을 통해 삶의 의미를 발견하는 경로이다. 이는 세계 내 존재인 개인이 세계와 깊은 연결감을 느끼고, 다양하고 풍부한 영역에서 삶의 의미를 발견할 수 있도록 돕는다. 예를 들어, 아름다운 풍경을 감상하거나, 사랑하는 사람과의 소중한 순간을 공유하는 것 등은 모두 자기 존재의 가치를 재인식하는 소중한 경험이다. 이와 같은 경험을 개인이 매 순간을 어떻게 바라보고 해석하는지에 따라 의미가 달라질 수도 있다.

삶의 의미를 발견하는 데 있어서 경험적 가치는 핵심적이다. 이는 개인이 다양한 경험을 통해 자기 삶의 목적을 이해하고, 정체성을 형성하는 과정에서 주요하다. 본 장에서는 저자의 경험을 포함하여 정리하고자 한다. 경험적 가치는 크게 다섯 가지 측면에서 살펴볼 수 있는데, 다음과 같다.

첫째, 개인은 과거의 의미 있는 경험을 회상하며 삶의 목적을 찾을 수 있다. 이러한 과정에서 개인은 생애 사건을 돌아보고, 과거 경험을 통해 현재의 삶을 통찰할 수 있다. 이는 개인의 정체성 형성에서 중요한 역할을 하며, 자기 이해를 높이는 기회를 제공한다. 저자는 아버지와 추억과 한 아이의 엄마로서의 실존적 삶이 목표와 가치 설정에서 주요하게 영향을 미치는 것을 확인했다.

둘째, 개인은 고통과 시련의 경험에서도 의미를 발견할 수 있다. 개인에게 고통은 피할 수 없는 현실이지만, 그 안에서 의미를 찾는 노력은 자기 돌봄과 성장으로 이어질 수 있다는 것이다. 저자는 Self 로고아트워크를 실천하면서, 고난을 겪으면서 얻은 경험적 교훈이 현존재로서 삶에 긍정적인 영향을 미칠 수 있음을 깨닫게 되었다. 고통의 경험은

41) 최마리. 『엄마에게 치매가 왔다.』 놀북. 2022.
42) 최마리 공저. 『내 삶의 터닝 포인트』 인생이변하는서정. 2025.
43) 최마리 공저. 『내 삶의 버킷 리스트』 인생이변하는서점. 2025.
44) 최마리 공저. 『10시 時 들키고 싶은 시간』 글 Ego. 2023.

새로운 방식으로 자기 이해와 성장을 위한 지혜를 제공한다.

셋째, 경험의 긍정적 재구성이다. 삶의 과정에서 다양한 변화를 경험한 후, 개인은 그 경험을 통해 배운 점이나 긍정적인 결과를 인식하고 확장할 수 있는 능력을 갖추게 된다. 저자는 경험을 긍정적으로 재구성하여 신체적, 정신적 및 정서적 회복력을 증진할 수 있음을 알게 되었다. 개인은 어려운 상황에 처하게 되면 과거에 안전하게 보존된 경험을 토대로 보다 더 유연하게 대처할 수 있고, 더 성장할 수 있다.

넷째, 자연과 관계와 사회적 연결을 통한 관계 역시 경험적 가치의 중요한 부분이다. 자연에서 얻은 경험은 친밀하고 선한 감정을 불러일으키며, 사회적 유대는 개인의 삶을 더 풍요롭게 만든다. 개인은 자연과 사회에서 서로 연결되어 있고, 이런 경험이 개인의 정서적 성장에 기여할 것이다. 저자는 자연에서 아름다움을 느끼고 주변과 관계에서 얻은 따뜻한 경험이 '삶의 의미'를 발견하고 고유한 현존재로서 성장하는 데 큰 영향을 미친다는 사실을 알게 되었다.

넷째, 자기 잠재력을 최대한 발휘하고 '의미 있는 삶'의 여정에서 자기초월을 경험한다. 저자는 자기 한계를 넘어서는 헌신을 하면서 오히려 자기의 심리적, 정서적 및 영적인 성장으로 이어지는 중요한 체험을 했다. 자기 초월은 자기 한계를 넘어서며 더 깊은 존재로서 삶의 의미를 발견하게 해주는 강력한 힘이 있다.

결론적으로, 개인은 경험을 통해 고유한 존재로서 삶의 의미를 발견하고 성장할 수 있다. 개인이 다양한 경험에서 찾은 의미와 교훈은 인식의 확장과 고통으로 인한 상처에 유연하게 대처하는 방식으로 연결할 수 있다. 이러한 과정에서 프랭클의 로고테라피의 핵심 원리를 더욱 강화하는 것은 물론 개인의 삶은 더욱 풍요롭게 될 것이다.

② 창조적 가치

창조적 가치는 개인이 창의적 작업이나 활동을 통해 삶의 의미를 찾는 경로이다. 이는 개인이 창의적인 활동을 통해 숨겨진 재능을 발견하고 제대로 발휘하는 기회로 작용할 수 있다. 따라서 창의적인 활동은 자기 삶의 목적과 가치를 새롭게 발견하고, 업적으로 연결하는 기회가 된다. 이를 통해 개인은 자기 삶에 대한 보다 깊이 이해하게 된다. 예를 들어, 미술, 음악, 글쓰기 등의 창의적 작업을 통해 개인은 자기 감정과 내면의 소리를 듣고 표현하면서 동시에 삶의 의미를 발견하는 경로가 되는 것이다.

개인의 '삶의 의미' 발견에서 창의적 가치가 어떻게 발현되고 적용되는지를 다섯 가지 측면에서 살펴볼 것이다.

첫째, 창의적인 활동은 자기 표현의 기회를 제공한다. 미술, 글쓰기, 음악 등 다양한 작업은 개인이 자기 감정과 생각을 자유롭게 외부로 표출할 수 있도록 돕는다. 이를 통해 내면의 갈등이나 고통을 이해하고 수용하면서 자기 이해를 강화하는 데 중요한 역할을 한다. 저자는 스스로 적용한 로고아트워크 작업 과정, 그리고 실존적 에세이[45)46)]와 시[47)48)] 쓰기 과정에서 자기 감정을 잘 알아차리고 전문가로서 겪는 심리적 부담, 스트레스, 번 아웃, 우울감을 해소하는 경험을 자주 한다. 이를 통해 궁극적으로 업무 현장에서 유연성을 확보할 수 있다.

둘째, 문제해결 능력 증진이다. 개인은 창의적인 작업을 통해 기존 관념을 뛰어 넘어 새로운 시각으로 현상과 문제를 바라볼 수 있다. 즉, 창의적인 사고는 복잡한 문제를 해결하는 데 다양한 관점에서 접근하여 독창적이고 의미 있는 해결책을 도출할 수 있도록 돕는다. 저자는 실존적 에세이 쓰기를 통해 어려운 상황과 문제를 나열하고 정리할 수 있고, 새로운 시각으로 문제를 해결할 수 있는 기회를 얻는 경험을 자주 한다. 이 경우 글의 전문성 또는 문학성은 중요하지 않고 오롯이 자기를 있는 그대로 표현하고 양심에 따라 정리할 수 있다.

셋째, 자기초월이다. 개인의 창의적 활동은 자기 잠재력을 최대한 발휘하고 자기초월로 연결되는 경험을 한다. 이러한 경험은 새로운 도전과 성취를 통해 개인의 정체성을 재확인하고 자기 존중감을 증진할 수 있다. 즉, 창의성을 통해 자기 한계를 넘어설 때 생기는 자신감이 삶에 대한 긍정적인 태도를 형성하는 데 중요한 역할을 할 것이다. 저자의 경우 self 로고아트워크를 하고 분석하였다. 이러한 과정에서 탄생한 것이 전문가의

45) 최마리. 『삶, 소중하고 아름다운 선물』 MISSION CAMP. 2025.
46) 최마리 공저. 징검다리. 글 Ego. 2024.
47) 최영순 마리아 공저. 청주교구 가톨릭 문학 2024 창간호. 청주교구 가톨릭문인회. 2024.
48) 최마리 공저. 『10시 時 들키고 싶은 시간』 글 Ego. 2023.

감정돌봄을 위한 로고아트워크 교육과정이다. 이를 통해 아프리카에서 교육과정을 운영하며 봉사하고 헌신할 수 있었다. 창조적 가치가 자기초월로 연결된 구체적 사례이다.

넷째, 창의적인 작업은 사회적 연결을 강화하는 데 중요한 역할을 한다. 사회에서 공동의 목표를 가지고 협업하거나 창의적인 활동을 통해 서로의 의미를 공유함으로써 깊은 유대감을 형성할 수 있다. 사회적 연결은 개인에게 소속감을 주며, 경험과 감정을 나누면서 '삶의 의미'를 발견하는 데 도움을 준다.

저자는 지난 10년간 스스로에게 적용한 로고아트워크의 영향과 효과를 확인할 수 있었다. 이를 기반으로 보건의료, 복지, 교육 전문가의 감정돌봄을 위한 로고아트워크 교육과정을 개발했다. 그리고 아프리카 몇 개 국가와 우리나라에서 재능기부로 로고아트워크 교육자 과정을 운영했다. 이 과정에서 만난 아름다운 영혼을 가진 교육에서 좋은 자원이 되었다.

다섯째, 창의적 작업은 고통을 포함한 상처 극복의 강력한 도구이다. 개인이 어려운 상황에서, 창의적인 작업을 통한 자기 감정 표현은 고통을 직면하고 긍정적으로 받아들이는 도구가 된다. 자기 감정 따라 그리기, 성찰적 글쓰기, 음악 듣기 등은 개인이 자기 상황을 해석하고 이해하며 고통을 극복하고 삶의 의미 발견을 가능하게 한다[49)50)]. 이를 통해 개인의 정서적 및 심리적 회복과 성장에 기여할 수 있다는 것이다.

결론적으로, 창조적 가치는 개인의 안전한 공간을 넘어 사회적 연결성을 증진하며, 내면의 갈등과 아픔을 스스로 해결하고 의미 있는 삶을 찾아가는 여정에서 주요한 경로이다. 개인의 창의성 발현은 스스로와 공동체에서 긍정적인 영향을 미치는 중요한 요소로 작용할 것이다.

③ 태도적 가치

태도적 가치는 개인이 고난 속에서도 자기 태도를 선택할 수 있고, 그 태도가 '삶의 의미'로 연결된다는 것이다. 현재를 잘 살아내고 있는 이들의 스승인 프랭클은 '개인이 마주한 상황에서 어떤 태도로 취하고 반응할 지는 오롯이 자기 선택이다'라고 했다. '삶의

49) 최마리. 『삶, 소중하고 아름다운 선물』 MISSION CAMP. 2025.
50) 최마리 공저. 『10시 時 들키고 싶은 시간』 글 Ego. 2023.

의미' 발견에서 가장 고유하고 특별한 경로가 태도적 가치이다. 이는 저자가 보건의료, 복지, 교육 현장 전문가의 감정돌봄을 위한 로고아트워크 교육에서 참여자의 자기 돌봄을 위한 여정에서 자주 이용하는 도구이자 기법이다.

개인의 태도는 어렵고 고단한 상황에서 성장이 기회로 작용할 뿐 아니라, 자기 초월로 연결되어 타인에게 긍정적인 영향을 미칠 수 있다. 즉, 고통을 대하는 태도를 바꾸고 고통을 극복하려는 노력은 자기 내면의 성장을 넘어 타인에 대한 헌신으로 나타날 수 있다.[51)][52)]

태도적 가치는 자기 '삶의 의미'를 발견하고 이를 통해 지속적으로 성장[53)]하는 데 필수적인 요소이다. 이러한 태도는 자기와 주변과의 관계에 영향을 미친다. 이 태도적 가치는 크게 네 가지 측면으로 살펴볼 수 있다.

첫째, 자기 생각, 말과 행위를 자유의지로 선택하고 책임을 진다. 여기에서 책임성이 중요한데, 이는 자기가 처한 상황을 이해하고 태도를 선택하고, 그 선택을 기꺼이 받아들이는 자세이다. 이를 통해 자기 삶의 주체로서 자율성과 가능성의 현존재[54)]가 되는 것이다. 현존재는 삶에 답할 수 있을 뿐 아니라 자기가 처한 어떤 상황에서도 어떻게 반응할지를 결정하고 선택할 수 있다.

둘째, 고난 중에도 긍정적이며, 이는 삶의 주요 자원이 된다. 어려운 상황에서도 긍정적인 사고와 행동을 선택하고 희망과 가능성을 발견할 수 있다. 이를 통해 고통에서도 의미를 찾을 수 있다. 개인의 긍정적인 태도는 불확실한 상황에서도 성장과 발전의 기회를 발견하는 인생 여정을 더욱 풍요롭게 만들며 회복력과 내적 강인함을 키운다.

셋째, 매 순간 '의미'를 찾으려는 노력이 필요하다. 고난 속에서도 의미를 찾기 위한 노력은 심리적 안정감과 성장에 도움이 된다. 매 순간 의미를 탐구하는 성숙한 자세는 건강한 자기 이해와 인식 확장에서 주요하다. 이 과정에서 마음의 안정과 더불어 삶을 보다 더 풍요롭게 만들 수 있다.

---

51) 최마리 공저. 『내 삶의 터닝 포인트』 인생이변하는서정. 2025.
52) 최마리 공저. 『빛의 무게』. 천주교 청주교구 가톨릭 문예지. 2023.
53) 최마리 공저. 『내 삶의 버킷 리스트』 인생이변하는서점. 2025.
54) 빅터 프랭클. 『무의미의 의미』 김미라 옮김. M31. 2021.

넷째, 고통을 넘어 더 큰 목적이나 가치를 추구한다. 자기 초월은 고통이나 한계를 극복하고 타인이나 사회에 긍정적인 영향을 미치려는 의지이다. 이 과정에서 성장과 동시에 궁극적인 의미 발견의 기회를 가진다. 고통 극복을 넘어 타인과 세상에 헌신하는 자기 초월 경험은 개인의 성장을 넘어 세상과의 연결과 소통을 강화한다. 저자의 경우, 통증 극복을 위해 시작한 아프리카 방문에서 소명을 발견하고 실천하는 과정에서 신체적, 정신적, 사회적 및 영적인 건강을 회복하는 기회[55)56)]를 갖게 되었다. 피할 수 없는 고통을 태도적 가치로 극복한 사례이다.

결론적으로, 태도적 가치는 고난의 삶에서도 의미를 발견하고 성장하는 데 필수적이다. 개인이 선택하는 긍정적인 사고와 행동, 그리고 의미 발견에서 적극성과 더불어 자기 초월은 삶을 건강하고 풍성하게 만드는 그 것이다. 이 태도는 고통과 어려움 속에서도 실존하는 존재로서 지속적으로 성장할 수 있는 동력이다. 태도적 가치는 삶의 의미 발견에서 가장 고유하고 특별한 도구이다.

로고아트워크 교육에서는 개인의 피할 수 없는 고통을 부정하거나 회피하는 것이 아니라, 오히려 성취와 의미 발견을 위한 소중한 기회로 전환시키려고 노력한다. 특히, 직접 돌봄을 제공하는 보건의료 전문가 대상 감정노동 돌봄에서 주요한 주제이기에 그러하다.

㉠ **인간 실존의 3중고** : 고통, 죄책감, 죽음에 대한 성찰

'나를 죽이지 못하는 것은 나를 더 강하게 만든다.'[57)] 프리드리히 니체가 남긴 아포리즘은 개인이 고난을 통해 어떻게 더 높은 차원에 도달할 수 있는지에 대한 실존적 통찰을 담고 있다. 이 아포리즘을 인용한 프랭클은 '개인은 삶에서 피할 수 없는 현실을 마주하게 되는데, 이를 '인간의 3중고', 즉 '고통', '죄책감', 그리고 '죽음'이라고 하였다.[58)]

ⓐ 고통 : 태도적 가치를 통한 비극 극복

개인은 질병, 상실, 재난과 같은 불가피한 고통 앞에서 무력감을 느낀다. 프랭클은 바로 이 지점에서 개인의 마지막 자유, 즉 '인간 정신의 저항력'이 발현된다고 보았

55) 최마리 공저. 징검다리. 글 Ego. 2024.
56) :최마리 공저. 『빛의 무게』. 천주교 청주교구 가톨릭 문예지. 2023.
57) 프리드리히 니체. .『우상의 황혼』.
58) 빅터 프랭클. 『무의미의 의미』 김미라 옮김. M31. 2021.

다. 외부의 운명을 바꿀 수는 없을지라도, 그 운명에 어떤 자세를 취할 것인지를 선택할 자유는 누구도 빼앗을 수 없다는 것이다. 이것이 바로 프랭클이 창조적 가치와 경험적 가치를 넘어 가장 높은 차원의 가치로 제시한 '태도적 가치'이다.

프랭클은 개인에게 '시련이 운명이라면, 시련을 다른 것과 구별되는 유일한 과제로 받아들여야 한다.' 고 했다. 고통을 십자가로 지는 방식을 결정하는 것은 기회라는 것이다. 로버트 반스의 보고서[59]에서 암 진단을 받은 도로시가 "왜 나인가요?"라는 질문 대신 "왜 나는 안 되나요?"라고 되물었던 일화는, 고통을 수동적 형벌이 아닌 능동적 과제로 수용하는 태도적 가치라고 할 수 있다. 이 같은 태도는 조로증을 앓던 소녀 메리의 삶에서도 명확히 드러난다. 그녀는 신체적 심리적으로 질병의 한계 상황에 있었지만, 그녀의 영적 차원은 결코 병들 수 없었다. 메리는 자기의 실존적 조건을 초월하여 타인에게 사랑을 베푸는 행위를 통해 삶을 의미로 가득 채웠던 것이다.

ⓑ 죄책감 : 책임적 실존의 부름

죄책감은 과거 과오에서 비롯된 실존적 공허감이다. 이는 개인을 무기력과 자기혐오로 이끌 수 있지만, 로고테라피에서는 죄책감을 성장의 기회로 해석한다. 죄책감은 개인이 되어야 할 존재와 현재의 모습 사이의 괴리를 드러내는 신호이며, 이는 곧 변화의 가능성을 내포하는 것이라고 보았다. 따라서, 죄책감은 개인을 과거에 얽매는 족쇄가 아니라, 미래를 향해 더 '책임감 있는 존재'가 되도록 인도한다. 개인은 과거 과오를 직시하고 그로부터 배우며 더 나은 선택을 하는 노력을 통해, 실패조차도 삶의 의미로 전환시킬 수 있는 존재라는 것이다.

이는 '상처 입은 치유자'라는 개념과 연결된다. 로버트 반스의 사례보고서[60]에서 리처드의 죽음 이후 슬픔에 잠기는 대신, 다른 예비 엄마들을 돕는 일에 헌신했던 어머니 사례는 개인적 비극을 자기 초월적 봉사로 승화시킨 증거이다.

59) 로버트 C 반스, 국제로고테라피 포럼, 1994, 17, 20p~26p
60) 로버트 C 반스, 국제로고테라피 포럼, 1994, 17, 20p~26p

ⓒ 죽음(Death): 유한성 앞에서 발견하는 삶의 의미

죽음은 삶의 가능성을 종결짓는다는 점에서 근원적인 불안의 원천이라고 할 수 있다. 그러나 로고테라피에서는 죽음의 필연성이 삶의 의미를 파괴하는 것이 아니라, 의미를 발견하는 결정적 조건이라고 보았다. 삶이 무한하다면 개인의 대부분 선택, 결정과 행동은 연기될 것이고 모두 절실하지 않을 수 있다. 삶이 유한하기에 매 순간이 유일무이한 가치가 있고, 결국 순간의 선택은 마지막이 되는 것이다[61].

프랭클은 '지나간 것은 사라지는 것이 아니라, 가장 안전한 방식으로 보관된 것[62]'이라고 하면서, 개인이 삶에서 탐구하고 찾은 가치는 죽음조차 빼앗아 갈 수 없는 성과임을 강조[63]하였다. 로버트 반스의 보고서[64]에서 죽음을 앞둔 의사가 자기가 세상에 태어나게 한 8,000명의 생명과 환자에게 베푼 사랑을 회상한 것처럼, 인간의 삶은 그가 남긴 '의미의 흔적'으로 평가한다. 그의 미망인이 남편과의 삶을 '빼앗겼다'고 느끼지 않고 '큰 축복을 받았다'고 고백한 것은 삶의 가치가 양이 아닌 질에 있음을 보여주는 감동적인 사례이다.

프랭클의 수제자인 엘리자베스 루카스는『행복의 연금술』[65]에서 인간의 이해를 넘어서는 궁극적 의미, 즉 '초의미'에 대해 설명했다. 때로 개인은 고통의 이유를 다 알 수 없지만, 초월적 차원에서 인간 고통의 궁극적 의미를 발견할 수 있다는 것이다.

ⓛ 인간 실존의 3중고 로고아트워크 교육에 함의

프랭클의 로고테라피에서는 인간의 3중고인 고통, 죄책감, 죽음을 삶의 피할 수 없는 비극으로만 보지 않는다. 오히려 의미를 발견하고, 태도적 가치를 실현하며, 책임감 있는 존재로 거듭날 수 있는 실존적 기회로서 바라보았다. 이는 우리 인식의 혁신적인 전환이었다.

로고아트워크 교육에서는 로고테라피의 철학을 기반으로 그림 그리기와 성찰적 글

61) 빅터 프랭클.『그럼에도 삶에 '예'라고 답할 때』마정현 옮김. 청아출판사 2020.
62) 빅터 프랭클.『무의미의 의미』 김미라 옮김. M31. 2021.
63) 빅터 프랭클.『무의미의 의미』 김미라 옮김. M31. 2021.
64) 로버트 반스, 국제로그테라피 포럼, 1994, 17, 20p~26p
65) 엘리자베스 루카스 ,『행복의 연금술』이지혜 옮김. 북이십일 21세기북스. 2010.

쓰기라는 매체를 이용하여 구체적으로 경험하고 의미를 발견하는 과정이다. 참여자는 자기 고통을 시각화하고, 죄책감을 성장의 이미지로 변환하며, 죽음 앞에서 자기 유산을 그려봄으로써 추상적인 의미를 구체적인 형태로 표현한다. 이는 프랭클이 강조한 '어떤 상황에서도 자신의 태도를 선택할 수 있는 인간의 마지막 자유의지'에 응답하고, 창의적인 방식으로 해석하고 전환하는 적극적 실천 과정'이다.

정리하자면, '삶의 의미' 발견의 세 가지 경로는 인간 존재의 본질과 역할을 깊이 있게 탐구하도록 이끈다. 경험적 가치, 창조적 가치, 태도적 가치를 경로로 개인 존재의 고유함을 인식하고, 고난 속에서도 의미를 찾을 수 있음을 알게 된다. 이는 로고테라피 이론의 핵심이며, 풍부한 '삶의 의미'를 찾는 길을 제시하는 지침이다. 로고아트워크에서 주요하게 적용하는 '삶의 의미 발견'을 위한 '태도적 가치'로서 '가정법 적용', '유머', '감사', '양심', '자기초월' 등에 대해서는 본 고 부록[66]에서 구체적으로 다루었다.

로고테라피에서 정립한 인간의 '삶의 의미' 발견의 주요 경로는 로고아트워크 교육에서도 적용하는 위대한 철학이자 도구이다.

66) 참고 자료가 필요한 독자는 본 고 부록을 먼저 보는 것을 권함

감정돌봄을 위한 로고아트워크 적용 실천과 영향

3

제**3**장

감정돌봄을 위한 로고아트워크 적용 실천과 영향

1. 로고아트워크, 이론을 넘어 실천하는 자기 탐색 여정

지난 10여 년간 로고아트워크 교육과정을 개발하고 운영했다. 그 과정에서 수많은 참여자와 함께하며 그들의 아름답고 소중한 영혼의 풍경을 마주한 시간이었다. 자기 삶이라는 광활한 캔버스 앞에서 붓을 들기 주저하던 이들이 읽고 그리기와 쓰기를 통해 고유한 의미를 발견하는 과정은, 저자에게 깊은 학문적 울림과 교육자로서의 사명감을 일깨워주었다.

이러한 경험이 축적될수록, 이론과 실제를 아우르는 체계적인 교재, 즉 로고아트워크 교육을 위한 '나침반'의 필요성이 더욱 절실해졌다.

그러나 교재 집필에서는 '어떻게 이 살아있는 과정을 온전히 전할 것인가?'라는 본질적인 질문에 늘 부딪혔다. 로고아트워크의 정수는 잘 다듬어진 이론이 아닌, 한 인간이 자기 실존과 정직하게 대면하는 치열한 과정 그 자체에 있기 때문이다. 많은 참여자가 남긴 작품과 기록은 그 과정의 소중한 증거이지만, 그것은 단순한 연구 자료가 아닌 그들의 우주가 담긴 성이자 영혼의 지도와 같았다. 이를 교육적 예시라는 명분으로 책에 싣는 것은 살아있는 생명을 박제하는 것과 같은 윤리적 침범이 될 수 있다는 문제의식이 있었다.

결국 실제 사례가 없는 교재는 뼈대만 앙상한 이론의 나열에 그칠 수 있다는 딜레마에 봉착하게 된 것이다. 오랜 고민 끝에 저자는 렌즈를 밖이 아닌 안으로 돌려, 자기를 가장 정직한 교육 재료이자 살아 숨 쉬는 하나의 사례 연구로 삼아야 한다는 결론에 이르게 되었다. 이는 이론을 가르치는 교육자를 넘어, '상처 입은 치유자'로서 앎과 삶을 일치시키는 과정을 스스로 증명해야 한다는 양심의 요청에 따른 것이었다. 그러나 자기를 온전히 내보여야 한다는 이 선택과 결정은 저자에게 학문적, 개인적으로 커다란 용기가 필요한 일이었음을 고백한다.

이 장에서 제시하는 self 로고아트워크의 사례 보고서는 바로 그 선택과 결정의 결과물이다. 차가운 흙을 뚫고 새싹이 돋아나던 2025년 이른 봄에 시작하여 한여름의 절정을 지나 늦여름의 문턱에 들어선 8월까지, 저자가 직접 겪어낸 6개월간의 자기 탐색 과정에서 양심의 소리에 귀 기울이며 그 어떠한 미화나 생략도 없이 고스란히 담았다.

여기에는 선명하게 드러나는 감정과 망치로 머리를 얻어맞은 듯한 깊은 깨달음의 환희뿐만 아니라, 한치 앞도 보이지 않았던 혼돈의 밤과 미숙한 자기 위안, 그리고 예상치 못한 눈물의 순간까지 가감 없이 기록되어 있다. 따라서 이는 정답을 제시하는 완벽한 가이드북이 아니라, 한 인간이 의미를 찾아가는 여정이 얼마나 서툴고 흔들리는 것인지 볼 수 있을 것이다. 그럼에도 불구하고, 이 로고아트워크가 얼마나 가치 있고 소중할 수 있는지를 보여주는 '날것 그대로의 기록'이라고 감히 말할 수 있다.

이 진솔한 기록은 먼저 길을 떠난 순례자의 여행일지와 같은 역할을 할 수 있을 것이다. 저자가 어디서 넘어지고 길을 잃었는지를 보며, 독자들은 자기 삶에서 겪는 어려움이 보편적인 과정의 일부임을 이해하고 위로를 얻을 수 있길 바란다. 즉, 저자의 발걸음은 독자가 따라 걸어야 할 정답이 아니라, 각자 고유한 의미의 별을 찾아 떠나는 항해의 '안전한 출발점'을 제시하는 것이다.

결론적으로 이 장에서는 이론의 항구를 떠나 실제의 바다로 나아가도록 독자들을 초대하는 것이다. 이 기록을 통해 독자들은 자기의 삶이라는 가장 위대한 작품을 만들어갈 용기를 얻고, 실제 여정을 시작할 수 있을 것으로 기대한다.

2. 로고아트워크 영향 분석을 위한 자문화기술지

자문화기술지(Autoethnography)는 연구자 자기의 삶을 가장 내밀한 연구의 텍스트로 삼아, 그 경험의 결을 따라 자기가 몸담고 있는 사회와 문화의 본질을 꿰뚫어 보는 질적 연구 방법이다. 이는 스스로의 이야기인 '자서전(auto)'과 한 사회의 삶의 방식을 기록하는 '문화기술지(ethnography)'가 만나 탄생한 것으로, 지극히 개인적인 서사를 통해 가장 보편적인 문화적 통찰에 이르고자 하는 하나의 지적 여정이라 할 수 있다. 즉, 자문화기술지 연구는 '나'의 경험으로 문화를 이야기하는 심층적 탐구이다.

전통적인 문화기술지가 타자의 문화를 이해하기 위해 외부자의 시선을 유지한다면, 자문화기술지는 그 인류학적 시선을 과감하게 자기에게로 돌리는 데서 출발한다. 이를 통해 외부 관찰로는 결코 포착할 수 없는 내밀하고 복합적인 진실을 드러내는 '내면의 목소리'를 확보하는 것이 이 연구의 핵심이라고 하겠다.[1)]

1) 자문화기술지의 깊이와 특징

자기 서사를 통한 성찰이 특징인 자문화기술지는 단순히 과거를 회상하는 것을 넘어, 자기의 경험과 감정, 내면의 갈등을 세밀하게 복원하고 정직하게 직시하는 과정이다. 연구자는 마치 소설가처럼 문학적 기법을 동원하여 자기의 이야기를 생생하게 재구성하며, 독자로 하여금 그 경험의 시공간으로 깊이 몰입하게 만든다.

(1) 개인적 서사와 문화적 맥락의 직조

자문화기술지는 '나'의 이야기가 결코 나만의 것이 아니라는 철학에 기반한다. 한 개인의 상처, 기쁨, 성공과 좌절의 경험은 그가 속한 시대와 사회의 가치, 신념, 모순을 비추는 거울이다. 예컨대, 한 여성 연구자가 겪는 경력 단절에 대한 자문화기술지는 한국 사회의 가부장적 문화와 유리천장이라는 거대 담론을 해독하는 가장 생생하고 아픈 텍스트가 될 수 있다.

(2) 연구자 자신의 '취약성'을 도구로

이 연구에서 연구자는 객관적인 관찰자가 아니라, 연구의 중심에 놓인 참여자 그 자체이다. 따라서 연구 과정에서 느끼는 혼란, 윤리적 딜레마, 상처의 재경험과 같은 '취약성'은 숨겨야 할 약점이 아니라, 오히려 문화를 더 깊이 이해하게 하는 중요한 분석 도구가 된다. 이는 전통적 연구의 객관성 기준에 비추어 주관적이라는 비판을 받기도 하지만, 그 어떤 방법론보다 진솔하고 깊이 있는 인간적 이해를 가능하게 하는 원동력이기도 하다.

2) 자문화기술지의 연구 과정

(1) 경험의 발굴

연구자는 자기의 삶에서 문화적 분석의 가치가 있는 결정적 순간이나 인생의 전환점을 연구의 출발점으로 삼는다.

---

1) 김명찬. 「자문화기술지의 이해와 실제」 솔과학. 2025.

(2) 기억의 고고학

잊혔던 기억의 파편들을 끌어올리고, 일기, 사진, 편지와 같은 개인적 기록물을 발굴하며 자기의 경험적 자료를 다각적으로 수집한다. 이 과정은 흩어진 퍼즐 조각을 맞추어 하나의 거대한 그림을 완성해나가는 고고학적 탐사와 같다.

(3) 의미의 해석과 연결

수집된 개인의 서사를 반복적으로 읽고 성찰하며, 그 안에 숨겨진 문화적 패턴과 의미의 그물망을 발견한다. 이 단계에서 관련 이론과 선행 연구를 참조하며 자기의 개인적 서사를 더 넓은 학문적 대화의 장으로 이끌어낸다.

(4) 이야기로서의 완성

마지막으로, 분석과 해석의 결과를 독자의 마음에 울림을 줄 수 있는 하나의 완성된 이야기로 엮어낸다. 이는 단순히 정보를 전달하는 것을 넘어, 독자의 공감과 성찰을 이끌어내는 것을 목표로 한다.

결론적으로, 저자가 self 로고아트워크 실행 영향을 분석하기 위해 자문화기술지를 선택한 것은, 작업이라는 행위 속에 담긴 개인의 고뇌와 성찰, 그리고 사회와의 상호작용이야말로 해당 분야의 문화를 이해하는 가장 핵심적인 열쇠라고 보았기 때문이다. 결국 이 연구는 개인의 로고스가 탄생하기까지의 과정을 기록하는 것을 넘어, 작업물에 깃든 한 인간의 영혼과 그를 둘러싼 시대의 풍경을 함께 그려내는, 하나의 생생한 증언이 될 것이다.

3. 자문화기술지 연구 : Self 로고아트워크 보고서 이용

1) 인비보 코딩(in-vivo coding) 분석

자문화기술지 연구에서 자기 자료를 분석하는 기법으로서 인비보 코딩은 자기 경험과 학문적 탐구를 연결하는 방법론이다. 이는 연구자가 과거 자기 내면의 소리에 귀를 기울여, 기록에 담긴 생생한 언어를 이용하여 분석하는 접근법이다. 저자의 Self 로고아트워크 기록 분석을 위해 초기 접근에서, 기록자의 본래 목소리를 온전히 보존하기 위한 '인비보 코딩'을 선택했다. 이 기법은 기존 이론을 경험에 적용하는 대신, 기록된 언어 자체를 분석의 기초 단위로 삼는다. 이를 통해 개인의 기록은 그 본질을 유지하면서 풍부한 자료의 집합체로 전환된다.

결론적으로 '인비보 코딩'은 자문화기술지 연구의 결정적인 첫 단계이다. 이는 연구자의 취약성을 존중하고, 분석 결과가 경험의 반영이 되도록 보장하며, 자기 서사를 학술적 지식의 원천으로 만들 수 있다.[2)]

저자의 Self 로고아트워크 기록에서 추출한 인비보 코드를 심층적으로 분석한 결과, 이 자료는 단순한 자기 기록을 넘어 한 개인이 전문적 소명과 내면의 고통 사이에서 의미를 찾아가는 여정을 담고 있음이 드러난다. 코드를 통해 드러난 핵심적인 의미의 축은 '소명과 고통의 공존', '상처의 의미 있는 전환', 그리고 '통합적 자기 정체성의 확립' 이라는 세 가지 서사로 수렴된다.[3)]

(1) 소명과 고통의 공존: 빛과 그림자의 기록

"나의 기록은 타인과 세상을 향한 깊은 소명 의식과 그 이면에 존재하는 개인적 고통이라는 두 개의 축이 끊임없이 교차하는 장"이다. 한편으로 "나는 사람을 사람으로 보는 눈"을 가진 "유능한 전문가"를 넘어 "성찰하는 전문가"가 되고자 하는 강한 열망을 드러낸다. "나는 누군가의 좋은 옷걸이도 우산도 되고 싶다"는 다짐은 세상에 대한 헌신과 타인의 성장을 돕고자 하는 교육자로서 정체성을 분명히 보여준다. 그러나 이 밝은 소명의식의 그림자 속에는 "심각한 우울이다" 라고 고백할 수밖에 없는 깊은 고통과 "에너지 고갈이 심각했기에" 찾아오는 무력감이 존재한다. 특히 "내게 열등감은 건강 문제이다" 라는 코드는 저자의 전문적 활동을 위협하는 실존적 취약성을 명확히 보여준다. 이처럼 코드는 빛을 향한 열망과 그로 인해 짙어지는 그림자를 동시에 기록하며, 소명을 다하려는 삶에 내재한 실존적 긴장을 드러낸다.

(2) 상처의 의미 있는 전환

저자는 고통을 성장의 자양분으로 삼고자 한다. 'Self 로고아트워크 사례 보고서'에서 핵심은 외부로부터 오는 고통과 상처를 의미 있는 성장의 계기로 전환하려는 의지이다. 저자는 "나르시시스트와 거리두기"를 결심하고, "모욕과 상처가 성장으로 연결되길" 바라며 고통의 의미를 적극적으로 탐구한다. 이 과정은 단순히 고통을 견디는 것을 넘어, "원인이 아닌 이

2) 김명찬. 「자문화기술지의 이해와 실제」 솔과학. 2025.
3) 최영순 마리. Self 로고아트워크(LogoArtWork) 보고서. 2025.

유를 찾아본다"는 능동적인 태도로의 전환을 통해 이루어진다. 이러한 전환의 정점에는 "내 상황이 비참하지 내가 비참하지 않다"는 선언이 있다. 이는 빅터 프랭클의 로고테라피 이론을 내면화하여, 피할 수 없는 고통 앞에서 자기 태도를 선택할 수 있는 인간의 자유를 실천하는 모습이다. 결국 "어려움과 고통이 내 성장의 자양분임을 믿고 선택하기로 한다"는 코드는 상처를 성장의 서사로 재해석하는 것으로서, 작업의 핵심 주제를 보여주는 것이다.

(3) 통합적 자기 정체성의 확립

"나로 바로 서기" 위한 고통과 성찰 여정은 마침내 분열된 자기를 넘어 통합적 정체성을 확립하는 과정으로 귀결된다. "나는 누구인가?" 라는 근원적 질문에서 시작한 탐구는 "내 안의 나를 신뢰하기로 선택한다"는 자기 확신으로 이어진다. 수많은 내적, 외적 혼란 속에서도 "나는 나이다. 나는 나로 살 것이다" 라고 선언하며 자기 고유성을 지키려는 의지를 다진다. 이러한 과정은 "희망, 열망, 열정 – 통합" 이라는 코드로 구체화 되어, 마침내 "숲을 만드는 나무처럼: 헌신과 자기초월의 삶" 이라는 자기 존재 이유를 발견하게 된다. 그리고 이 여정의 끝에서 "그게 나, 최영순 마리이다" 라는 선언은, 소명과 고통, 상처와 성장을 모두 끌어안은 통합된 자기로서 세상 앞에 바로 서겠다는 실존적 결단이다. 이처럼 '인비보 코드'를 통해 살펴 본 기록은 한 개인이 자기 삶에서 의미를 발견하고 고유한 존재로 거듭나는 과정을 생생하게 보여준다.

[표 3-1] **인비보(in-vivo) 코딩 결과**

회기	주제	인비보 코드(In-vivo Code)
1	삶의 의미를 발견하라.	"빛과 그림자 의미없는 희생과 의미있는 희생을 분별할 것", "내 시간은 귀하고 소중하고 아름답다", "빛과 그림자를 구분하는 능력이 생성되길 바란다"
2	내가 먼저 충분히 성숙해야 한다.	"내가 먼저 충분히 성숙해야 한다", "밤에 횃불같이 빛나는 열망", "내 이론이 효력을 발휘하려면, 내가 먼저 충분히 성숙해야 한다", "영혼을 머리를 무겁고 둔한 망치에 땅 맞은 기분이다"
3	세상에 그저 존재하는 것은 없다.	"사랑이 없이는 안된다", "사람을 변화시키려면 먼저 그들을 사랑하라는 말이 이렇게 깊이 와닿을 수가 없다", "타인은 지옥이다", "마음이 1cm 정도는 더 자랐으려나"
4	석공의 작품은 100번 이상 망치질이 만든 결과이다.	"나는 누군가의 좋은 옷걸이도 우산도 되고 싶다", "내 상황이 비참하지 내가 비참하지 않다", "내 길을 소처럼 낙타처럼 그렇게 뚜벅 뚜벅 천천히 갈 것이다"
5	칠흑같이 어두운 밤길을 인도하는 별이 되길	"이것이 진정 가능할까에 대해 고민하고 반성하며 때론 두려웠던 것 같다", "이들이 가는 그 길에 빛나는 별처럼 비추는 이로 살고자 하는 염원을 담았다"

회기	주제	인비보 코드(In-vivo Code)
6	단단하고 튼튼한 나무같은 이로 남고 싶다.	“내게 열등감은 건강문제이다”, “내가 더 큰 도구가 되어야 하고 그리하고 싶다”, “민들레 홀씨처럼 퍼져나가야 할 교육과정이다”
7	아... 참으로 참으로 행복하다	“감동... 감탄... 감사”, “희망은 우리의 고유한 선택입니다”, “우리는 거대한 물결을 일으킬 준비가 된 것이다”
8	에토파토스	“에토파토스”, “윤리(ethos)와 감정(pathos)의 합성어”, “도덕적 감수성과 실천적 공감의 결합”, “이 작업이 내겐 통합이다”
9	유일하고 유한한 존재	“유일하고 유한한 존재”, “내 삶의 롤모델”, “유한한 인간이나 유일한 인간으로서 이 세상에서 맡은 소임을 다하고 가야는데”
10	일과 사랑 안의 가치	“나는 내 지식이 타인을 향해 열려있을 때 기쁜 사람이다”, “가치있는 인생을 산다”
11	의미를 간직한 별	“타인의 의미를 비추는 거울이 되게 하소서”, “별처럼 머물되, 그 빛이 타인을 위한 것이기를”
11-(2)	의미를 간직한 별	“타인의 의미를 비추는 거울이 되게 하소서”, “별처럼 머물되, 그 빛이 타인을 위한 것이기를”
12	행복한 아침!! 행복한 계획	“내 작은 지식이 그들의 삶의 의미 발견에 작은 빛이 되길 소망한다”, “누군가의 태양이고 싶은 열망은 처음이다”, “좋은 선생 행복한 선생으로 남고 싶다”
13	아침! 온 몸이 아프다. 어떤 의미가?	“나를 죽이지 못하는 것은 나를 더 강하게 만든다”, “내가 꼰대인가”, “원인이 아닌 이유를 찾아본다”
14	희망, 빛, 의미는 어디에나 언제나 존재한다.	“희망, 빛, 의미는 어디에나 언제나 존재한다”, “프랭클에 비하면 내 이 고통쯤이야... 먼지보다도 더 못하다”, “의미를 발견하도록 도와주는 사람이고 싶다”
15	성찰하는 어른으로	“자기도 타인도 탓하지 않는 자세”, “하느님이 저 예민한 이들을 내게 보내신 이유가 있을터인데”
16	성찰하는 어른으로..	“모욕을 대하는 태도”, “사람을 향한 존중”, ‘유능한 전문가’를 넘어 ‘성찰하는 전문가’다”
17	모욕과 상처가 성장으로 연결되길	“상처 – 성장”, “국제보건의 진정한 위기”, “사람을 사람으로 보는 눈”
18	바른 눈높이	“극한 스트레스”, “내 과한 욕심, 사심이 아니었을까”, “내 태도를 변화시키는 것이 필요한 시점임을 시사한다”
19	어차피 자유의지로 선택했으니...	“내면의 열정과 외면의 겸손함, 온유함, 고요함의 조화”, “에너지 고갈이 심각했기에”, “다양한 이들의 부족한 지점을 맞춤형으로 채워주는 교육자로”
20	존재 이유	“앞만보고 또 보고 갈 수 있을까.. 절대 아니다”, “과거는 스승이고, 창의성을 발휘할 수 있는 시작점이다”, “나와 타인에 대해 조금은 여유로운 교육자가 되기로”
21	태양, 태양같은 눈으로 사랑의 마음으로	“눈이 태양 같지 않으면 태양은 결코 빛날 수 없으리니”, “내 안의 나를 신뢰하기로 선택한다”, “사람은 걸어온 길이 바로 그 존재이다”

회기	주제	인비보 코드(In-vivo Code)
22	다시 인간존재로, 성장 가능성을..	"자기중심주의는 자신에 대한 불안을 낳음으로써 스스로 자기 자신에게 복수한다", "자기초월성을 가지고 있다고", "미움이 아닌 측은지심으로 바라보기로 한다"
23	매사 최선을....	"열정 + 연결 + plus", "열정이 연결이 되어야 plus라는 의미이다", "거리두기가 맞다"
24	나르시시스트들과 거리두기	"나르시시스트들과 거리두기", "내 에너지를 아름다운 별들에게만 쏟기로 한다", "별이 아닌 쓰레게들에게 나눌 시간도 에너지도 없다는 사실을"
25	지식과 지혜, 그 심오한 차이	"지식은 밖의 것을 안으로 끌어들이는 것이고, 지혜는 안이 것을 밖으로 내놓는 것이다", "나르들에게 통제 당하지 않으리라", "지식과 지혜를 모아.. 지성으로.... 성숙함으로"
26	마키아벨리즘적 사고를 하는 이들에 대한 우려	"비판적 성찰적 로고아트워크가 필요한 시점이다", "HSP인 나는 참으로 마음이 아프다", "누구도 나를 함부로 할 자격이 없다. 나를 지키는 나이기로 다짐한다"
27	반응과 선택하는 현존재	"똑 같은 상황에서도 다른 반응을 할 수 있는 존재가 인간이다", "나는 현존재로서 반응하고, 내 반응에 책임을 지기로 결정한다", "어려움 고통이 내 성장의 자양분임을 믿고 선택하기로 한다"
28	측은지심	"측은지심", "스스로 원하지 않는 이를 도울 수도 변화시킬 수도 없다", "내 소중하고 아름다운 꿈을 이루기 위해 희생 헌신과 측은지심을 갖기로 한다"
29	NO 파시즘, But 자유의지	"파시즘적 사고를 하는 이들을 경계해야 한다", "내 마음의 고유하고 순수한 양심의 목소리에 귀 기울이길 간절히 바란다"
30	자유의지	"하나가 꼭 반드시 옳은 것이 아님을", "타인의 자유의지를 어떻게 인정하고 받아줄지에 대해"
31	본래 자기, 현존재	"나는 누구인가?", "나는 나로서 존재할 때 가장 편안하고 균형잡힌 사고를 할 수 있다", "나를 의심하지 않고 신뢰한다"
32	배려, 심려, 염려	"심각한 우울이다", "속은 점점 망가지고", "내 삶을 더 자세히 밝히고 싶은 것이라고", "밝히 보는 존재, 현존재.. 나이다"
33	연구자의 위치, 고민	"집단지성", "공부는 늘 기쁨이다", "앎, 기쁨이다"
34	태양, 그리고 감사	"희망 열망 열정 – 통합", "이 것이 나야.. 나라구", "희망으로 통합을 이룬다는 그 것이다"
35	교육자로서 참여자의 잠재력을 알아보기	"사람을 잘 돕는, 기르는 사람이고자 소망한다", "자기 감정을 돌보지 못하는 상황", "내면의 잠재력을 알아차리고 치유와 성장을 할 수 있길"
36	사람과 사람의 좋은 관계에서 배운다.	"숲을 기르는 나무처럼: 헌신과 자기초월의 삶", "세상에 대한 헌신", "'나'라는 한계를 뛰어넘는 것이다", "그게 나, 최영순 마리이다"

2) 감정(Emotion) 코딩 분석

자문화기술지 연구에서 감정 코딩은 저자가 자기 삶의 경험(데이터)에 나타난 감정을 체계적으로 식별하고 분석하는 연구 방법이다. 이는 단순히 감정을 나열하는 것을 넘어, 정서적 여정을 지도로 그려 개인의 경험이 어떻게 더 넓은 문화적 맥락에 의해 형성되고 그것을 반영하는지 이해하는 과정이다. 주요 목표는 '자기(auto)'를 '문화(ethno)'와 연결하는 것이다. 자기 감정을 코딩함으로써, 자기 주관적인 느낌을 분석 가능한 데이터로 전환할 수 있다.

이를 통해 다음과 같은 핵심 질문에 답을 구할 수 있다. '해당 상황이나 문화 속에 있다는 것은 어떤 느낌인가?', '저자의 감정적 반응(분노, 기쁨, 좌절 등)은 그가 속한 공동체나 전문 분야에서 규칙, 가치, 긴장을 어떻게 반영하는가?', '강렬한 감정으로 특징지어지는 어떤 핵심적인 순간이 경험의 전환점이 되었는가?' 등이다.

정리하자면, 감정 코딩은 연구자가 자기 마음을 체계적으로 탐색하여, 개인적이면서도 문화적으로 의미가 있는 실제 자료에 기반한 틀을 구축하는 도구이다

저자의 감정 지도인 로고아트워크에 나타난 내면의 서사를 살펴본다. 'Self 로고아트워크' 기록에 기반한 감정 코딩은 그의 삶의 여정이 그려낸 복잡한 감정의 지도를 눈앞에 펼쳐놓는 작업이다. 코딩화한 감정은 단순히 흩어진 점들이 아니라, 하나의 서사를 이루며 전문적 소명과 실존적 고뇌가 어떻게 서로를 밀고 당기는지, 그리고 그 긴장 속에서 어떻게 의미를 발견하는지를 보여준다. 이 감정 지도는 '기쁨과 소진의 길항 작용', '어두운 감정과의 직면', 그리고 '감사를 통한 재 탄생' 이라는 세 가지 주요 흐름을 보여준다.[4)]

(1) 기쁨과 소진의 길항 작용

저자의 기록 속 감정은 극적인 양가성을 띤다. 한편에는 "기쁨", "행복", "성취감" 과 같은 긍정적 정서가 자리한다. 특히 교육자로서 "좋은 나눔" 에서 오는 "상쾌함" 이나 "순수한 청년들" 과 함께할 때 느끼는 만족감은 자기 소명이 어디에 뿌리내리고 있는지 명확히 보여준다. 그러나, 그 기쁨의 이면에는 "에너지 고갈", "지침", "극심한 피르" 라는 소진의 감정이 짙게 깔려 있다. 동료 연구자들과 관계에서 비롯된 "모욕감", "혐오감", "답답함" 은 소명을 실천하는 과정이 결코 순탄하지 않음을 보여주는 증거이다.

---

4) 최영순 마리. Self 로고아트워크(LogoArtWork) 보고서. 2025.

이처럼 감정 코드는 "기쁨"이라는 빛과 "소진"이라는 그림자가 끊임없이 길항하며 삶을 구성하고 있음을 드러낸다.

(2) 어두운 감정과의 직면

저자의 기록은 편안한 감정만을 담아두는 공간이 아니었다. 오히려 "두려움", "절망", "슬픔", "서러움" 과 같은 어두운 감정을 정직하게 마주하고 성찰하는 장이었다. 특히 "심각한 우울이다" 라는 코드는 어떠한 자기기만도 없이 자기 취약성을 있는 그대로 인정한 순간을 보여준다. 이러한 부정적 감정을 회피하지 않고 명명하는 행위, 즉 "속이 좁은 나는 상처였다" 라고 기록하는 것은 치유의 첫걸음이었다. 감정 코딩을 통해 '그림자 감정'의 패턴을 확인하는 것은 고통의 순간이 어떻게 내면의 성찰을 촉발했는지를 객관적으로 보여주는 것이다.

(3) 감사를 통한 재탄생

저자의 기록에서 주목할 점은 깊은 고통의 경험 이후에 "감사" 의 감정이 반복적으로 등장하는 것이다. 여기서 감사는 단순히 좋은 일에 대한 반응이 아니라, 힘겨운 상황에서도 의미를 발견하려는 의지이자 선택이다. "깨달음" 과 "성취감" 이 고된 성찰 끝에 찾아오고, 마침내 "편안함" 과 "자기애" 라는 감정에 도달하는 과정은 감정의 연금술과 같다.

결론적으로 저자의 '로고아트워크' 자료를 이용한 감정 코딩은 삶이 단선적인 행복이나 불행으로 규정될 수 없음을 보여준다. "기쁨"과 "고통", "절망"과 "감사"가 공존하며 서로 영향을 주며 현재의 자기를 만들었다. 이 감정의 지도는 한 인간이 자기 내면을 정직하게 탐구하며 고유한 의미를 찾아가는 여정에 대한 기록이다.

[표 3-2] 감정(Emotion) 코딩 결과

회기	감정 표현 (자료[5] 인용)	감정 코드
1회기	"기쁘게 희생할 수 있다고 생각한다"	기쁨, 헌신
1회기	"비통한 자기연민 감정이 계속되는 것을 본다"	비통, 자기연민
2회기	"참 기운이 없고 불편하다. 맑고 산뜻하지 못한 감정이다"	불편함, 무기력
2회기	"영혼을 머리를 무겁고 둔한 망치에 땅 맞은 기분이다"	충격, 깨달음

5) 최영순 마리. Self 로고아트워크(LogoArtWork) 보고서. 2025.

3회기	"마음마저 개운하다. 날씨와 더불어... 좋은 나눔 덕분이기도 하다"	상쾌함, 감사
4회기	"때론 지치고 상처를 받기도 한다"	지침, 상처
5회기	"기대반 우려반이었다"	기대, 우려
5회기	"가슴 떨리고 따뜻해지고 있었다"	설렘, 따뜻함
6회기	"교육 과정을 완성하지 못하고 끝내게 될까 두렵고 두렵다"	두려움
7회기	"아... 참으로 참으로 행복하다"	행복
7회기	"기쁘고 벅찬 이 순간"	기쁨, 벅참
9회기	"국가 리더가 나오길 바라는 간절함이 있다"	간절함
9회기	"성취감 있고 기분 좋은 사건이다"	성취감, 7 쁨
10회기	"참으로 민망한 현상이 벌어졌다"	민망함
10회기	"주변에 폐를 끼칠까 걱정이니"	걱정, 불안
11회기	"기쁘고 행복한 순간이었다. ... 조금 아쉬운 마음이었다"	기쁨, 행복, 아쉬움
12회기	"순수하고 사려깊고 지적 호기심 많은 청년들이 있어서 좋다"	기쁨, 만족
13회기	"피곤하고 아프다.... 속이 좁은 나는 상처였다"	피로, 상처
15회기	"나도 사람이라 피곤하고 힘겹고 두렵다"	피로, 힘겨움, 두려움
16회기	"지독히 모욕적이었다"	모욕감
16회기	"당혹하고 부끄럽게 했다"	당혹감, 수치심
17회기	"반은하는 내 자신이 싫었다"	자기혐오
18회기	"극한 스트레스"	스트레스
19회기	"내 에너지 고갈이 심각했기에... 절망했다"	에너지 고갈, 절망
21회기	"역겨웠다..한심했다... 슬프고 무기력했다"	혐오감, 경멸, 슬픔, 무기력
23회기	"역겹고 부담을 넘어 지치고 있었다. 감사함 없이... 숨이 막혔다"	혐오감, 부담, 지침, 답답함
25회기	"말도 안되는 누명과 모함에 숨이 막혔다"	억울함, 답답함
26회기	"HSP인 나는 참으로 마음이 아프다. 자주 고갈된다"	마음의 고통, 고갈
28회기	"솔직히 짜증이 났다"	짜증, 분노
30회기	"다소 언짢은 일이 생겼다"	언짢음
31회기	"나는 나로서 존재할 때 가장 편안하고... 나는 나를 사랑한다"	편안함, 자기애
32회기	"어찌 이리 기운이 없을까... 무기력할까... 너무 너무 아프다"	무기력, 고통
32회기	"심각한 우울이다"	우울
32회기	"슬프다. 서럽다. 참으로 참으로 한심하다"	슬픔, 서러움, 자책

33회기	"하루가 길었으나 행복했다. 공부는 늘 기쁨이다"	행복, 기쁨
34회기	"내 쳐진 기분 탓일지..."	침체, 우울감
35회기	"중국의 관심이 부담이었으나, 한편 다행이고 감사했다"	부담감, 안도, 감사
36회기	"마음이 따뜻해지고 충족감을 느낍니다"	따뜻함, 충족감

3) 가치 코딩(Values coding) 분석

가치 코딩(Values coding)은 저자의 관점과 행동을 형성하는 근본적인 원칙을 식별하기 위해 사용하는 질적 분석 방법이다. 이는 저자의 가치(무엇을 중요하다고 믿는가), 신념(무엇을 사실이라고 여기는가), 태도(어떤 관점이나 자세를 취하는가)의 표현을 포착하여 세계관을 파악하는 것이다. 가치 코딩의 목표는 개인의 이야기 뒤에 숨겨진 '왜'를 이해하는 것이다. 다른 코딩 방법이 '무슨 일이 일어났는지' 또는 '어떻게 느꼈는지'에 집중하는 반면, 가치 코딩은 그것이 이끄는 동기, 원칙, 도덕적 틀을 발견하기 위한 탐색 과정이다.

가치 코딩은 자문화기술지 등의 연구에서 개인의 서사, 인터뷰, 일기 등을 분석하는 데 유용하다. 이러한 핵심 가치를 식별함으로써, 한 개인이 어떻게 자기 세계를 이해하고, 자기 행동을 해석하며, 어려움을 극복하는지 이해할 수 있다. 예를 들어, 'Self 로고아트워크' 기록에서 봉사라는 가치가 반복적으로 나타나는 것을 식별하면, 저자가 직업적, 개인적 어려움에도 불구하고 왜 끈기를 유지했는지를 설명하는 데 도움이 된다.[6)]

저자의 'Self 로고아트워크' 기록의 가치 코딩(Values Coding)은 자기 삶을 지탱하는 근본적인 신념 체계, 즉 세계관을 선명하게 드러내는 과정이었다. 자료 곳곳에 흩어져 있던 자기 다짐과 신념, 판단의 근거들은 코딩을 통해 하나의 의미 있는 구조로 재편하었다. 분석 결과, 저자의 삶은 '의미를 향한 헌신과 자기초월', '역경을 통한 성장', 그리고 '진정성이라는 내면의 나침반'이라는 세 가지 핵심 가치를 중심으로 움직이고 있음을 알 수 있었다.

(1) 의미를 향한 헌신과 자기초월

저자의 기록에서 가장 일관되게 나타나는 가치는 자기 만족을 넘어선 더 큰 목적에 기여하고자 하는 열망이다. 이는 "봉사", "지지", "사회적 유용성" , 그리고 "교육과 멘토십"과

6) 최영순 마리. Self 로고아트워크(LogoArtWork) 보고서. 2025.

같은 코드로 구체화된다. "나는 누군가의 좋은 옷걸이도 우산도 되고 싶다"는 소망은 단순히 감정 표현을 넘어, 타인의 삶을 지지하는 존재가 되고자 하는 저자의 가치관을 보여준다. 이러한 헌신의 가치는 궁극적으로 '자기초월' 이라는 지향점으로 수렴한다. "사람을 잘 돕는, 기르는 사람이고자 소망한다. 세상에 헌신이고 자기초월이다"라는 마지막 기록은 저자의 모든 활동이 '나'라는 경계를 넘어 세상과 연결될 때 비로소 완성된다는 깊은 신념을 드러낸다.

(2) 역경을 통한 성장이라는 신념

저자의 가치 체계에서 고통과 역경은 피해야 할 대상이 아니라 성장을 위한 필수적인 자양분으로 인식한다. "회복탄력성"과 "역경을 통한 성장" 이라는 코드는 삶에서 어려움을 마주하는 태도를 보여준다. "나를 죽이지 못하는 것은 나를 더 강하게 만든다"는 니체의 말을 인용하는 것은, 시련을 통해 더 단단해질 수 있다는 믿음이 내면 깊이 자리 잡고 있음을 보여준다. 또한 "성찰"과 "평생학습" 이라는 가치는 성장이 저절로 이루어지는 것이 아니라, 끊임없는 배움과 자기반성을 통해서 가능하다는 신념을 뒷받침한다. 즉, 자기 세계관에서 "성숙"이란 고통스러운 성찰 과정을 거쳐 얻어지는 것이다.

(3) 진정성이라는 내면의 나침반

다양한 외적 갈등과 내적 혼란 속에서 저자의 선택을 이끄는 것은 '진정성' 과 '진실성' 이라는 내면의 나침반이다. "타인의 천박하고 거친 평가보다. 내 안의 나를 신뢰하기로 선택한다"는 다짐은 외부의 인정보다 내면의 목소리를 따르겠다는 가치 판단을 보여준다. 이러한 진정성의 가치는 "자기 존중"과 "양심" 이라는 코드로 이어지며, 타인과 관계에서도 "인간 존엄"과 "타인의 자유의지 존중" 이라는 원칙으로 확장된다. "나는 나로서 존재할 때 가장 편안하고 균형잡힌 사고를 할 수 있다"는 기록은, 진정성이야말로 저자의 삶에서 균형과 평화를 유지하는 핵심 원리임을 보여준다.

결론적으로 가치 코딩을 통해 분석한 저자의 기록은 "의미 있는 헌신", "역경을 통한 성장", "진정성"이라는 세 개의 기둥 위에 세워진 하나의 철학적 틀과 같다. 이 가치는 저자의 행동과 감정을 이끌고, 고통의 순간에도 의미를 발견하며, 궁극적으로 '최영순 마리'라는 존재를 규정하는 핵심 요소이다.

[표 3-3] 가치 코딩(Values coding) 결과

회기	가치 표현 (인용)	가치 코드
1	"의미있는 것을 위해 기꺼이 희생할 수 있는 마음가짐이 그 것이다"	의미 있는 헌신
2	"어떤 진리가 효력을 발휘하려면, 먼저 그것의 수혜자가 충분히 성숙해야 한다"	개인의 성장, 책임
3	"사람을 변화시키고 싶다면, 먼저 그들을 사랑하는 법을 배워라"	사랑, 공감
4	"나는 누군가의 좋은 옷걸이도 우산도 되고 싶다"	봉사, 지지
5	"이들이 가는 그 길에 빛나는 별처럼 비추는 이로 살고자 하는 염원"	안내자 역할, 영감
6	"내가 더 큰 도구가 되어야 하고 그리하고 싶다"	사회적 유용성, 봉사
7	"희망은 우리의 고유한 선택입니다"	희망, 주체성
9	"에토파토스적인 국가 리더가 나오길 바라는 간절함이 있다"	윤리적 리더십
10	"유한한 인간으로서 이 세상에서 맡은 소임을 다하고 가야는데"	의무, 책임
11	"나는 내 지식이 타인을 향해 열려있을 때 기쁜 사람이다"	개방성, 지식 나눔
12	"좋은 선생 행복한 선생으로 남고 싶다"	교육, 멘토십
13	"나를 죽이지 못하는 것은 나를 더 강하게 만든다"	회복탄력성
16	'유능한 전문가'를 넘어 '성찰하는 전문가'다	성찰, 윤리
17	"최고의 자질은, 바로 '사람을 사람으로 보는 눈'"	인간 존엄성, 존중
18	"그들의 눈높이를 고려하는 연구자가 되길 바란다"	공감, 관점 수용
19	"내 자유의지로 선택한 일, 그에 대한 책임을 다하는 실존재"	책임, 자유의지
21	"타인의 천박하고 거친 평가보다, 내 안의 나를 신뢰하기로 선택한다"	자기 신뢰, 진정성
22	"사람이 수단이나 도구가 아닌 목적으로 대하는 평화로운 세상"	인본주의, 평화
26	"누구도 나를 함부로 할 자격이 없다. 나를 지키는 나이기로 다짐한다"	자기 존중, 경계 설정
27	"어려움 고통이 내 성장의 자양분임을 믿고 선택하기로 한다"	역경을 통한 성장
28	"타인을 행복하게 하고 싶다면 측은지심을 실천하고..."	연민, 자비
29	"내 마음의 고유하고 순수한 양심의 목소리에 귀 기울이길"	양심, 진실성
31	"나는 나로서 존재할 때 가장 편안하고 균형잡힌 사고를 할 수 있다"	진정성, 균형
33	"공부는 늘 기쁨이다"	평생 학습
36	"사람을 잘 돕는, 기르는 사람이고자 소망한다. 세상에 헌신이고 자기초월이다"	봉사, 헌신, 자기초월

4) 종단적 코딩(Longitudinal coding) 분석

종단적 코딩(Longitudinal coding)은 경험, 주제, 관점이 시간의 흐름에 따라 어떻게 변하는지 추적하고 이해하기 위해 사용하는 질적 분석 방법이다. 자료 집합을 한 장의 사진으로 보는 것이 아니라 한 편의 영화를 보듯 일련의 사건으로 분석한다. 즉, 종단적 코딩의

목표는 진화, 발전, 변화를 지도로 그리는 것이다. 이는 일기, 저널, 동일인과 반복 인터뷰, 또는 어느 해의 문서와 같이 일정 기간에 걸쳐 수집된 자료를 분석하는 데 적합하다. 이 방법은 다음과 같은 질문에 답하는 데 도움이 된다. “주요 사건 이후 한 개인의 업무에 대한 태도는 어떻게 변했는가?”. “한 프로젝트는 어떤 발전 단계를 거쳤는가?”, “한 개인의 삶의 이야기에서 ‘회복탄력성’과 같은 핵심 주제는 어떻게 나타나고 진화했는가?” 등이다.

‘Self 로고아트워크’ 기록을 이용한 종단적 코딩은 관점이 초기의 이상적인 “소명”(초기)에서 강렬한 “투쟁”(중기)을 거쳐, 마침내 더 통합되고 회복력 있는 “자기초월”(후기)의 감각으로 어떻게 전환되었는지를 보여준다.

Self 로고아트워크 보고서 종단적 코딩 분석 결과, 시간의 흐름에 따라 흩어져 있던 기억의 다양한 조각을 엮어 한 편의 성장 서사를 완성하는 일이었다. 종단적 분석을 통해 드러난 저자의 여정은 이상을 세우던 초기, 시련을 통과하던 중기, 그리고 마침내 모든 경험을 통합하던 후기로 이어지는 뚜렷한 변화의 궤적을 그린다. 이는 한 개인이 자기 소명을 어떻게 발견하고, 지키며, 마침내 자기 자신과 온전히 하나가 되는지를 보여주는 기록이다.

(1) 초기(1-12회기) : 소명의 청사진을 그리다.

기록 초기, 저자의 언어는 세상에 대한 긍정적이고 이타적인 소명으로 가득 차 있다. “나는 누군가의 좋은 옷걸이도 우산도 되고 싶다” 는 다짐과 “칠흑같이 어두운 밤길을 인도하는 별이 되길” 바라는 염원은 자기 역할이 타인을 향한 봉사와 지지에 있음을 분명히 밝혔다. 이 시기 그의 세계는 ‘봉사’와 ‘교육’, ‘윤리적 리더십’이라는 가치 위에 세워졌다. 그러나, 그 이면에는 “내가 먼저 충분히 성숙해야 한다” 는 자기 성찰적 목소리와 이 길을 제대로 걸어갈 수 있을지에 대한 조용한 ‘두려움’이 공존했다. 이는 아직 현실의 저항을 직접 만나지 않은, 이상적이지만 연약했던 소명의 청사진이었다.

(2) 중기(13-26회기): 시련의 터널을 통과하다.

기록의 중기에 들어서면서 외부 세계와의 격렬한 충돌로 인한 고통의 언어로 채워진다. 직무 현장과 관계에서 겪는 “모욕감”과 “절망”, 그리고 그로 인한 극심한 “에너지 고갈” 은 초기 이상을 뒤흔드는 시련이었다. 세상은 그가 그리고자 했던 청사진처럼 움직여주지 않았다. 그러나 이 고통은 그를 무너뜨리는 대신, 내면의 저항과 새로운 가치를 일깨우는 전환점이 되었다. 저자는 "나를 죽이지 못하는 것은 나를 더 강하게 만든다" 는 신념 아래, 외부의 부당함으로부터 자기를 지키기 시작했다. "나르시시스트들과 거리두기" 를 결심하고, 마침내 "누구도 나를 함부로 할 자격이 없다. 나를 지키는 나이기로 다짐한다" 고 선언했다. 이 시기를 통해 "회복탄력성"과 "자기 존중", 그리고 "진실성"이라는 가치가 내면에 단단히 뿌리내렸다.

(3) 후기(27-36회기): 상처를 통합하여 자기로 서다.

후기에는 고통의 시간을 통과하며 단련되어 자기의 초기 소명을 보다 더 깊고 성숙한 차원으로 통합하는 시기이다. "어려움과 고통이 내 성장의 자양분임을 믿고 선택하기로 한다" 며 과거 상처를 더 이상 외면하지 않고 자기 일부로 끌어안는다. 중기의 치열했던 저항은 "나는 나로서 존재할 때 가장 편안하다"는 조용한 '자기애'와 '편안함'으로 전환한다. 그리고 통합의 끝에서, 저자는 다시 초기의 소명으로 돌아온다. 하지만 이제 그것은 막연한 이상이 아닌, 시련을 통해 검증된 신념이다. "사람을 잘 돕는, 기르는 사람이고자 소망한다. 세상에 헌신이고 자기초월이다. 그게 나, 최영순 마리이다" 라고 정의한다.

저자의 마지막 문장은 모든 경험—기쁨과 소명, 상처와 저항, 그리고 성찰과 통합—을 아우르는 최종적인 선언이다. 그의 시간에서 길어 올린 이 이야기는 결국 자기가 누구인지를 증명하는 길이 되었다.

[표 3-4] 종단 코딩(Longitudinal coding) 결과

단계	회기	핵심주제	주요 감정	핵심 가치	요약 해석
초기	1-12	소명의 설정과 이상	기쁨, 행복, 감사, 두려움, 우려	봉사, 개인적 성장, 윤리적 리더십	교육자이자 조력자로서의 높은 이상을 설정하지만, 그 실현 가능성에 대한 두려움과 자기 성찰의 필요성을 인식하는 시기이다.
중기	13-26	시련의 심화와 내적 저항	모욕감, 혐오감, 절망, 지침, 에너지 고갈	회복탄력성, 자기존중, 경계 설정, 진실성	외부와의 갈등이 극대화되며 심한 정서적 고통을 겪는다. 이에 맞서 자신의 존엄성을 지키기 위해 저항하고 내면의 가치를 시험받는 시기이다.
후기	27-36	통합과 자기초월	편안함, 자기애, 충족감, 감사, (잔존하는) 우울	진정성, 자기초월, 연민, 균형	과거의 상처와 시련을 성장의 자양분으로 통합한다. 단련된 가치를 바탕으로 초기의 소명을 더욱 깊이 있는 자기초월의 단계로 승화시키는 시기이다.

자료 I Self 로고아트워크(LogoArtWork), '로고스를 그리고 쓰는 시간'

Self 로고아트워크(LogoArtWork) 보고서

<table>
<tr><td>회기</td><td>1회기</td><td rowspan="2">주제</td><td rowspan="2">삶의 의미를 발견하라</td></tr>
<tr><td>년,원,일,시</td><td>25. 4. 6. 오후 8시</td></tr>
<tr><td>Logo-Reading</td><td colspan="3">엘리자베스 루카스의 행복의 연금술, "제1장 삶의 의미를 발견하라." 중에서.
이제 이 세상에서 자아실현은 더 이상 인간이 추구해야 할 모든 것이 될 수 없다. 이제 우리는 책임감을 배워야 할 때이다. 세상에서 일어나는 모든 일에 공동의 책임을 지고 있다. 의미없는 무분별한 희생정신에서 해방되는 동시에 이제껏 존재한 적이 없는 무언가로 그 빈자리를 채워야 한다, 의미있는 것을 위해 기꺼이 희생할 수 있는 마음가짐이 그 것이다. 이기주의는 무분별한 희생정신이 빠져나간 자리를 대신할 수 없다. 개개인에게 부여된 삶의 의미를 발견하도록 돕고, 나아가 그것을 실현시킬 의무가 있다. 이로써 인간은 좋은 일을 실천할 수 있는 능력을 갖추게 된다.</td></tr>
<tr><td rowspan="2">Art-Work</td><td colspan="3">제목 : 빛과 그림자 - 의미없는 희생과 의미있는 희생을 분별할 것</td></tr>
<tr><td colspan="3">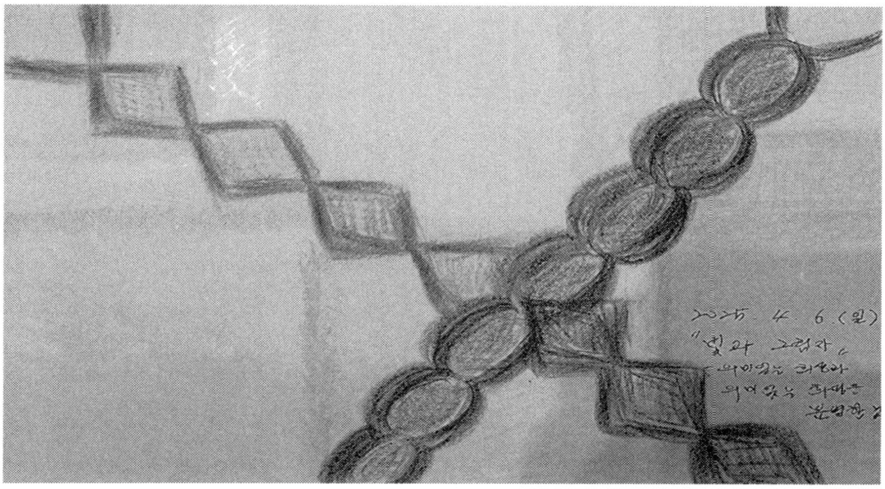</td></tr>
<tr><td>Reflection</td><td colspan="3">실존주의자로서 늘 자유의지로 선택하고 행동한다. 그러나 때론 그 선택이 자기기만이 아니었을까를 돌아보게 된다. 로고아트워크 교육과정을 운영하면서 스스로 기쁘게 희생할 수 있다고, 그 것이 내 삶의 의미있는 일이라고 생각한다. 그러나, 엘리자베스 루카스의 설명처럼 치료과정에서 흔히 볼 수 있듯이 심각한 자기관찰과 성찰에 빠져있는 사람이 느끼는 감정은 현실세계와 괴리된 경우가 다반사이다. 하찮은 일들에 근심, 자아도취적 갈망, 극도로 미화된 죄책감, 비통한 자기연민 감정이 계속되는 것을 본다.
이러한 비통한 상황의 홍수를 막는 방법은 "책임감"이라는 댐을 쌓는 것이다. 홍수가 날 때쯤이면, 댐을 쌓기에도 이미 늦어버린다는 루카스의 글을 상기한다.
내 시간은 귀하고 소중하고 아름답다. 내 희생 역시 그러하다.
해서, 이제부터 나는 내 의미있는 희생과 의미없는 희생을 분별할 능력을 갖추길 바란다. 그렇게 빛과 그림자를 구분하는 능력이 생성되길 바란다.</td></tr>
</table>

Self 로고아트워크(LogoArtWork) 보고서

<table>
<tr><td>회기</td><td>2회기</td><td rowspan="2">주제</td><td rowspan="2">내가 먼저 충분히 성숙해야 한다.</td></tr>
<tr><td>년,월,일,시</td><td>25. 4. 7. 오전 11시 20분</td></tr>
<tr><td>Logo-Reading</td><td colspan="3">엘리자베스 루카스의 행복의 연금술, 제2장 자기 배꼽을 초월해 세상을 보라. 중에서 : 자식을 지극히 사랑하는 부모는 자기 배꼽을 초월해 세상을 보는 인류에게 큰 도움을 주는 사람이다.
인류는 생존을 위해 세 가지, 정신적 안정감, 평화유지 능력, 절제가 필요하다. 정신적 안정감은 급속하고 위협적인 변화에 대처하게 돕는다. 평화유지 능력은 낯선 환경에서도 평화롭게 생존하게 돕는다. 절제는 필요시 물러설 줄 알며, 비도덕적 유혹을 물리친다.

– 어떤 진리가 효력을 발휘하려면, 먼저 그것의 수혜자가 충분히 성숙해야 한다. : 크리스티안 모르겐수테른</td></tr>
<tr><td rowspan="2">Art-Work</td><td colspan="3">제목 : 밤에 횃불같이 빛나는 열망 ;
내 이론이 효력을 발휘하려면, 내가 먼저 충분히 성숙해야 한다,</td></tr>
<tr><td colspan="3">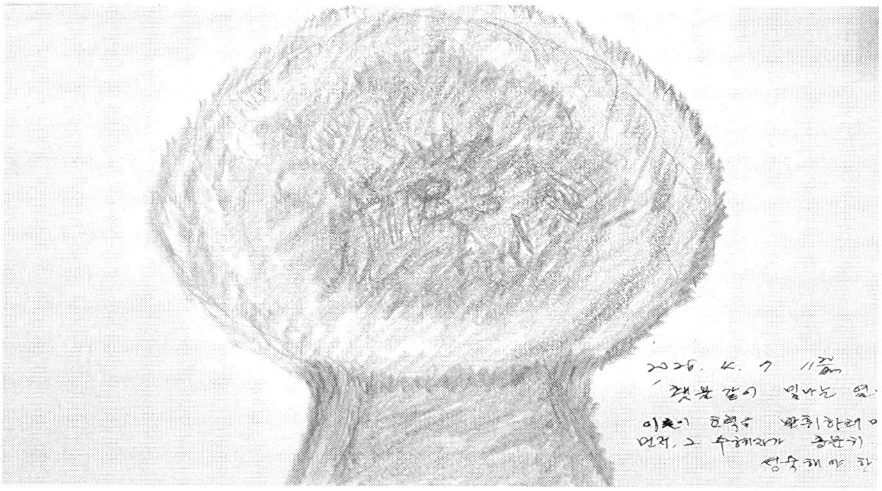
</td></tr>
<tr><td>Reflection</td><td colspan="3">아침!! 참 기운이 없고 불편하다. 맑고 산뜻하지 못한 감정이다. 내가 해결할 수 없는 많은 문제가 산적했다. 열심히 쓰고 정리하며 로고아트워크 이론이 빛나길 바라지만 여전히 많이 부족하다. 인간 존재의 감정돌봄 대안이 되길 강하게 염원한다. 칠흑같이 어두운 밤 타오르는 횃불처럼 빛나길 바란다, 그러다 발견했다. 루카스의 저서에서. 어떤 진리가 효력을 발휘하려면, 먼저 그것의 수혜자가 충분히 성숙해야 한다.
그래, 그래 맞다. 내가 만든 로고아트워크 이론의 확실한 효과를 검증하려면 우선 먼저 내가 충분히 성숙해야 한다는 사실을. 영혼을 머리를 무겁고 둔한 망치에 땅 맞은 기분이다.
작은 일에 근심, 실망, 분노하고 불안, 불평, 불만하지 않길, 그저 감동, 감탄, 감사하길......
매일 매일 꾸준히 self logoartwork를 하고, 점검하고 또 점검하는 과정에서 보다 충분히 성숙하길...</td></tr>
</table>

Self 로고아트워크(LogoArtWork) 보고서

<table>
<tr><td>회기</td><td>3회기</td><td rowspan="2">주제</td><td rowspan="2">세상에 그저 존재하는 것은 없다.</td></tr>
<tr><td>년,월,일,시</td><td>25. 4. 7. 오전 11시 20분</td></tr>
<tr><td>Logo-Reading</td><td colspan="3">엘리자베스 루카스의 행복의 연금술, 제3장 이유없이 존재하는 것은 없다.
사람을 변화시키고 싶다면, 먼저 그들을 사랑하는 법을 배워라(페스탈로찌) 심리치료에 종사하는 이들 스스로 긍정적인 인생관과 가치기준을 지녀야 한다. 그것만으로도 치료효과를 불러올 수 있다. 즉, 치료자의 인생관을 치료방법으로 활용해 참여자의 인생철학을 변모시킬 수 있다.
오로지 삶을 긍정적으로 바라보는 태도와 자기 임무를 끝까지 다하려는 태도가 암울한 시간에 동반자가 될 것이다.</td></tr>
<tr><td rowspan="2">Art-Work</td><td colspan="3">제목 : 사랑이 없이는 안된다. : 이유없이 존재하는 것은 없다.</td></tr>
<tr><td colspan="3">
</td></tr>
<tr><td>Reflection</td><td colspan="3">어제까지 흐리던 날씨가 오늘은 맑고 밝다. 마음마저 개운하다. 날씨와 더불어 어제 청주동행 멤버들과 좋은 나눔 덕분이기도 하다. 고맙고 감사하다. 그간 마음속 묘한 찌꺼기 같은 근심 우려가 많이 해결된 것이다.
아무리 작은 존재일지라도 이유없이 존재하는 것은 없다는 말이 더 와닿는 밤 시간이다. 사람을 변화시키려면 먼저 그들을 사랑하라는 말이 이렇게 깊이 와닿을 수가 없다.
이제 그렇게 천천히 시작하면 될 것이다. 실존주의적 시각에서 인간 존재의 자유의지를 이해한다는 이론적 시각에서 아직 머물렀던 것이 아닐까 반성한다.
타인은 지옥이다. 그들도 나를 잘 모르고 나도 그들을 잘모르는 것이다. 거기서부터 출발해야 했다.

오늘도 조금 조금 더 성장했다. 아마 마음이 1cm 정도는 더 자랐으려나.....</td></tr>
</table>

Self 로고아트워크(LogoArtWork) 보고서

<table>
<tr><td>회기</td><td>4회기</td><td rowspan="2">주제</td><td rowspan="2">석공의 작품은 100번 이상 망치질이 만든 결과이다.</td></tr>
<tr><td>년,월,일,시</td><td>25. 4. 8. 오후 1시 11분</td></tr>
<tr><td>Logo-Reading</td><td colspan="3">엘리자베스 루카스의 행복의 연금술, 제3장 아홉 번의 실수가 한번의 성공을 만든다. 실수의 장점은 같은 잘못을 두 번 저지르지 않게 해준다(에디슨). 문제가 있는 이들의 공통점은 그들이 스스로 변화시킬 수 없는 숙명을 타고났다는 것이다. 그렇다면 그들이 가진 문제점을 판단하고 평가하는 관점을 달리하면 된다. 인간은 자신이 가진 문제점이 자신에게 미치는 영향력을 조절할 수도 있는 것이다. 이 때 중요한 것은 부담 요소에 내포된 위험성을 보다 현명한 상황판단 및 평가를 통해 제거하는 것이다. 현명한 사람이란 이처럼 능동적으로 희망의 여지를 마련할 줄 아는 사람이다. 치료자는 참여자가 불건강한 사고 방식을 버리고 보다 현명한 시각을 취하도록 돕는 사람이다.</td></tr>
<tr><td rowspan="2">Art-Work</td><td colspan="3">제목 : 우리는 때론 옷걸이도 필요하고, 우산도 필요하다, 나는 누군가의 좋은 옷걸이도 우산도 되고 싶다.</td></tr>
<tr><td colspan="3">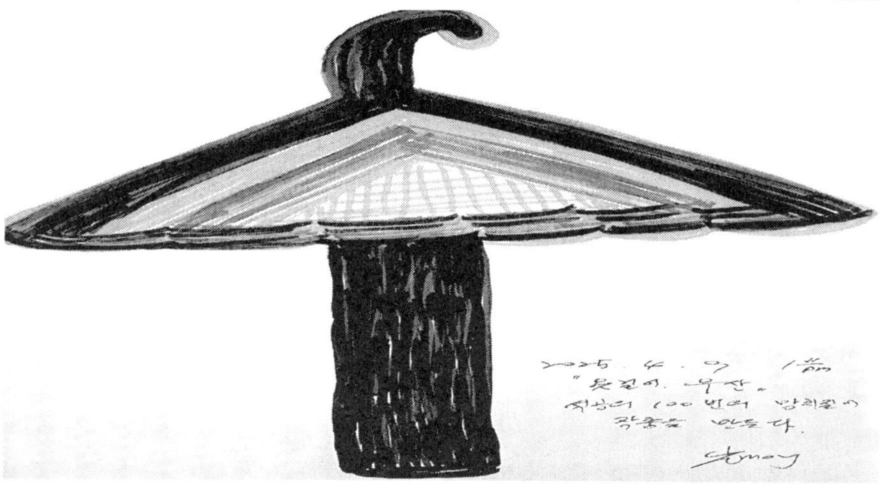
</td></tr>
<tr><td>Reflection</td><td colspan="3">모든 것이 불가능해 보일 때에도 포기하지 않는 의지가 있다면 이룰 것이다. 루카스의 글은 마력이 있다. 치료자, 교육자가 어떻게 살아야 할지를 인도한다. 내게 옷걸이, 우산이 필요하듯이 나도 누군가의 옷걸이이자 우산이고자 한다. 나는 내가 스스로 선택한 길을 가면서, 때론 지치고 상처를 받기도 한다. 그럴 때엔 "내 상황이 비참하지 내가 비참하지 않다"는 스승 빅터 프랭클의 글을 떠올린다. 내가 바꿀 수 없는 피할 수 없는 상황은 있으나, 내 태도는 스스로 선택할 수 있다는 것이다. 의미있고 아름다운 말이다. 살면서 이 말을 잊지 않길 바라고 바란다. 때론 내가 비록 많이 부족하더라도 나는 내 길을 소처럼 낙타처럼 그렇게 뚜벅뚜벅 천천히 갈 것이다. 그리하여 마침내 내가 발견한 로고스를 실현할 것이다. 나는 귀하고 아름답고 소중한 존재이다. 비록 가끔 길을 헤메이더라도 그 길을 절대 잃지 않을 것이다.
온전한 나로 존재하기 위해...
내가 할 수 있는 일을 완수하기 위해.... 완수하는 그 날까지...</td></tr>
</table>

Self 로고아트워크(LogoArtWork) 보고서

<table>
<tr><td>회기</td><td>5회기</td><td rowspan="2">주제</td><td rowspan="2">칠흑같이 어두운 밤길을 인도하는 별이 되길 ..</td></tr>
<tr><td>년,월,일,시</td><td>25. 4. 11. 오후 3시 11분</td></tr>
<tr><td>Logo-Reading</td><td colspan="3">희망동행_로고아트워크 2급 과정 첫 번째 워크숍 : 워크숍 자료집을 만들며 기대반 우려반이었다. 혹시 지나치게 어려운 이론을 개발하고 도입하려는 것은 아닌지 비판 반성도 함께였다. 그러나 청주에서 워크숍 장소인 말티재로 향하는 그 길이 꿈이었고 축복이었다. 귀하고 고운 봄꽃들의 향연.. 어서오라.. 잘왔다.. 그렇게 손짓하는 듯 했다. 이렇게 아름다운 곳에서 아름다운 이들과 함께한다는 사실에 가슴 떨리고 따뜻해지고 있었다. 자연에서 받은 경험적 가치를 충분히 누리고 있었다.
그렇게 모두 모였고, 따뜻한 에너지를 느낄 수 있었다. 비대면 당시에 제대로 교류할 수 없었던 감정을 고스란히 느낄 수 있었다.
고맙습니다. 감사합니다. 사랑합니다....</td></tr>
<tr><td rowspan="2">Art-Work</td><td colspan="3">제목 : 칠흑같은 밤 빛나는 별처럼 아름답게 비추고 싶다.</td></tr>
<tr><td colspan="3"></td></tr>
<tr><td>Reflection</td><td colspan="3">교육과정 20회기 중 순간 순간 이것이 진정 가능할까에 대해 고민하고 반성하며 때론 두려웠던 것 같다. 내가 봉사하고 재능기부를 한다고 타인에게도 그것을 당연히 요구할 수 있을지에 대한 고민이 컸던 것 같다.
그러나, 워크숍 첫회기 실존주의 철학 관점 자유의지, 반응, 선택, 책임을 이야기하며 동행하고자 하는 의지를, 전문가로서 자기를 향한 책임, 그리고 사회적 책무를 다하고자 하는 아름다운 모습을 다시 한번 더 확인했다.
그래.. 이것이면 되는 것이지... 이렇게 출발하면.. 이런 마음이 모인다면 충분히 가능하겠지...
그리고 이 워크숍에서 무엇을 기대하는 가를 주제로 진행한 아트웍에서 희망을 열망을 보았다.
이들은 모두 그동안 잘 드러나지 않은 보석이었다. 이들 내면의 보석을 어떻게 다듬고 셋팅하는가는 온전히 이들의 자유의지이다.
그렇다면 나는 그 길에서 무엇을 할 것인가? 해서 나는 노란색으로 별을 그린 것이다. 이들이 가는 그 길에 빛나는 별처럼 비추는 이로 살고자 하는 염원을 담았다.</td></tr>
</table>

Self 로고아트워크(LogoArtWork) 보고서

<table>
<tr><td>회기</td><td>6회기</td><td rowspan="2">주제</td><td rowspan="2">단단하고 튼튼한 나무같은 이로 남고 싶다.</td></tr>
<tr><td>년,월,일,시</td><td>25. 4. 11. 오후 5시 11분</td></tr>
<tr><td>Logo-Reading</td><td colspan="3">희망동행_로고아트워크 2급 과정 첫 번째 워크숍 : 2회기 의미 발견의 3가지 가치이자 경로에 대해 정리하고, 우리가 당면한 부족함, 또는 열등감 등에 해결과제에 대한 태도적 가치에 대해 나누는 시간을 갖기로 했다.
내게 열등감은 건강문제이다. 때론 최영순 마리의 로고아트워크 교육과정을 완성하지 못하고 끝내게 될까 두렵고 두렵다. 교육과정을 개발 운영하기 시작했으면 그 이론을 이어 갈 전문가가 필요하다. 그 전문가를 양성하는 기간을 건강하게 밝고 맑고 존엄하게 잘 버텨야 한다. 그 것이 내가 해결해야 할 과제이고 숙제이다.
건강.. 신체적, 정신적, 영적으로 건강할 수 있길 기도한다.</td></tr>
<tr><td rowspan="2">Art-Work</td><td colspan="3">제목 : 늘 든든하고 뿌리가 튼튼한 나무로 존재하고 싶다.</td></tr>
<tr><td colspan="3">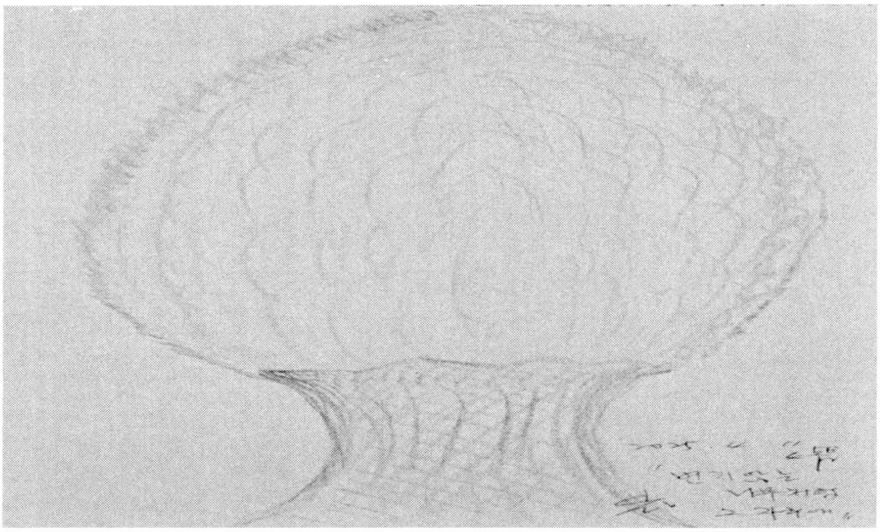</td></tr>
<tr><td>Reflection</td><td colspan="3">내 삶의 문제, 큰 열등감은 건강문제이다. 잘 컨트롤 할 수 없는 방광 장.. 변실금, 요실금... 그리고 심각한 신경인성 통증 지독하고 야속한 저림 증상... 등 부위 심각한 골다공증...
그럼에도 불구하고 실존주의 철학 기반 로고아트워크 교육과정을 대중화하려는 열망은 점점 커지고 있다. 아프리카 학생들의 열망.. 청주 교육과정에서 만난 멤버들의 열망...
이 교육과정은 분명히 사람의 내면을 변화시키는 도구이다. 그러나 많은 전문가들 전문가주의적 사고방식이 대중화를 어렵게 한다. 자신이 어렵게 공부해 얻은 지식을 재능기부로 봉사로 나누고자 하는 의지가 상당히 부족하다. 그들 사고가 위험하고 두렵다.
해서 부족하지만, 나 혼자서라도 나서야 했다.
이제 교육자 교육과정에 참여한 이들에게서 나와 같이 사고하고 봉사할 수 있는 전문가를 찾아 교육해야 한다. 그렇게 민들레 홀씨처럼 퍼져나가야 할 교육과정이다. 내가 더 큰 도구가 되어야 하고 그리하고 싶다.
그러려면 이들과 더 건강하게 더 오래 존재해야 한다. 욕심이 아니길..</td></tr>
</table>

Self 로고아트워크(LogoArtWork) 보고서

<table>
<tr><td>회기</td><td>7회기</td><td rowspan="2">주제</td><td rowspan="2">아... 참으로 참으로 행복하다.</td></tr>
<tr><td>년,월,일,시</td><td>25. 4. 12. 오전 11시</td></tr>
<tr><td>Logo-
Reading</td><td colspan="3">어젯밤 희망동행_로고아트워크 교육자 2급 과정 첫 번째 워크숍에서 반드시 정리해야 할 "향후 발전적인 방향 설정"이라는 과제를 제시했다. 밤새 나눈 결과는 내 예상보다 더 질 높고, 기대 이상.. 1,000 %를 초과한 결과였다.
그렇게 희망동행. 로고아트워크 단체가 만들어졌다.
이렇게 그 시작이 한발 한발 더 앞으로 앞으로 나아가고 있었다. 우리는 거대한 물결을 일으킬 준비가 된 것이다.
감사하고 감사했다.</td></tr>
<tr><td rowspan="2">Art-
Work</td><td colspan="3">제목 : 꽃보다 더 아름다운 마음을 모아 모아 꽃보다 아름답고 존엄한 존재</td></tr>
<tr><td colspan="3"></td></tr>
<tr><td>Reflection</td><td colspan="3">감동... 감탄... 감사.... 이 길에 들어서길 참 잘했다..

희망을 찾아 옮기는 첫 발걸음

희망동행, 그 첫 길에 선 우리
의미를 탐구하며 조금씩 나아갑니다.
삶의 본질을 더하는 여정에서,
희망은 우리의 고유한 선택입니다.

기쁘고 벅찬 이 순간,
우리 마음은 귀하고 곱습니다.
각자 다르게 빛나는 불꽃,
서로에게 빛을 비추며 나아갑니다.

불확실한 내일을 기쁘게 열고자
지금 여기에서 열정으로 채우며,
함께할 그 길이 행복이고
우리의 궁극적인 의미입니다.

존재 이유를 함께 찾으며
우리의 자유의지, 반응과 선택을 만끽합니다.
마음 속 깊은 곳에서 들리는 희망,
그 아름답고 소중한 여정을 시작합니다.</td></tr>
</table>

Self 로고아트워크(LogoArtWork) 보고서

<table>
<tr><td>회기</td><td>9회기</td><td rowspan="2">주제</td><td rowspan="2">에토파토스</td></tr>
<tr><td>년,월,일,시</td><td>25. 4. 19. 오후 2시</td></tr>
<tr><td>Logo-Reading</td><td colspan="3">목요일 수업 준비를 하면서, 대화형 AI 4.5에게 학습을 시켰다. 착함, 옳음, 바름, 신실함, 진정성, 영성을 모두 포괄한 통합적인 단어를 찾아내고 싶었다. 그렇게 10회 정도 학습을 시켜서 찾아낸 단어가 한글로는 윤리, 열정이고 영어로는 에토파토스였다.
에토파토스적인 보건의료전문가 대상 교육과정에 대한 고민을 시작한다. 그리고 에토파토스적인 국가 리더가 나오길 바라는 간절함이 있다. 오늘은 에토파토스를 주제로 칼럼을 써 보려고 한다.</td></tr>
<tr><td rowspan="2">Art-Work</td><td colspan="3">제목 : 에토파토스적 교육자로서 그러한 교육자를 양성할 수 있길 바란다.</td></tr>
<tr><td colspan="3"></td></tr>
<tr><td>Reflection</td><td colspan="3">에토파토스는 ‘윤리(ethos)’와 ‘감정(pathos)’의 합성어로, 단순한 감정이입이 아닌 도덕적 감수성과 실천적 공감의 결합을 의미한다. 고통받는 타인의 현실 앞에서 감정적으로 공명하고, 그 공명이 윤리적 책임과 실천으로 이어지는 내면의 반응 능력이다.
사실 이 개념은 단순한 신조어가 아니라, 오랫동안 찾고자 했던 질문의 결과이다. ‘선함’, ‘옳음’, ‘바름’, ‘신실함’, ‘진정성’, 그리고 ‘영성’까지를 아우르며 인간의 내면을 가장 깊이 있게 설명할 수 있는 단어를 찾고 있었다. 이 개념을 정의하기 위해 많은 자료를 검토했고, Open AI의 GPT-4o 와 수차례의 대화를 거쳐, 마침내 '에토파토스'라는 개념어를 발견하고 이를 글로 정리하게 되었다.

이러한 리더를 생각하며 그렸다. 둥근 만다라 원이 여러개 만들어지고 있었다. 이 작업이 내겐 통합이다.
에토파토스란 단어와 그 개념을 생각할수록 성취감 있고 기분 좋은 사건이다.
이런 리더를 양성할 수 있길 바란다.</td></tr>
</table>

Self 로고아트워크(LogoArtWork) 보고서

<table>
<tr><td>회기</td><td>10회기</td><td rowspan="2">주제</td><td rowspan="2">유일하고 유한한 존재</td></tr>
<tr><td>년,월,일,시</td><td>25. 4. 25. 오후 5시</td></tr>
<tr><td>Logo-
Reading</td><td colspan="3">프란체스코 교황님 장례일이었고, 60세 내 동생 우영의 결혼식이 있었다. 내 긴 인생에서 가장 존경했던 프란체스코 교황님!! 그 참신, 혁신, 청빈, 유연함.. 아니 어쩌면 그 분 인생 자체가 내 삶의 롤모델이었다.
특히, 가난하고 고통받는 이들을 위해 기도하신 분이셨다. 콘클라베가 시작되었다고 들었다. 이 프란체스코 교황님보다 더 훌륭한 분이 선출되길 바란다.
이제 하늘에 가신 프란체스코 교황님의 안식을 빈다. 나보다 나은 많은 이들이 기도하겠지만, 부족한 나라도 괜찮다고 하실 것을 알기에 기도한다.
우리나라 나이 63세(남편은 61세라고 한다)가 된 나는 조금씩 더 겸손하고 더 순수하고 더 청빈하고 더 나누길 소원한다.</td></tr>
<tr><td rowspan="2">Art-
Work</td><td colspan="3">제목 : 유일하고 유한한 인간 존재로서 어떻게 살 것인가?</td></tr>
<tr><td colspan="3"></td></tr>
<tr><td>Reflection</td><td colspan="3">우리 인간 존재에게는 아무도 피할 수 없는 고통, 죄책감, 죽음이 있다.
영원하고 싶은 마음도 길게 살고 싶은 마음도 없다. 그저 언제 떠나도 아무 미련이 없다. 그럼에도 아직은 이리 잘 살아있기에 더 열심히 기도하고 더 열심히 나누고 더 열심히 교육하고 더 많이 쓰길 바란다.
최근 체중이 늘고 혈압이 조금 올라갔다. 운동도 조금씩 할 수 있길 바라는데.. 운동할 시간을 내질 못하는 이 못난 행동을 어째야 할지.. 참으로 민망한 현상이 벌어졌다.

유한한 인간이나 유일한 인간으로서 이 세상에서 맡은 소임을 다하고 가야는데.. 참으로 걱정이다, 개인적으로 가장 무서운 질병 세가지를 꼽으라면 정신분열증, 치매, 뇌졸중이다.
뇌졸중으로 쓰러져 주변에 폐를 끼칠까 걱정이니 운동을 해야는데... 어째얄지 참으로 어째얄지 모르겠다.</td></tr>
</table>

Self 로고아트워크(LogoArtWork) 보고서

<table>
<tr><td>회기</td><td>11회기</td><td rowspan="2">주제</td><td rowspan="2">일과 사랑 안의 가치</td></tr>
<tr><td>년,월,일,시</td><td>25. 4. 29. 오후 10시</td></tr>
<tr><td>Logo-Reading</td><td colspan="3">인간 본성에 따라 일과 사랑 관점에 차이가 있다는 엘리자베스 루카스의 논문을 읽었다. 인간 본성에 대해 근본적으로 다른 두 가지 관점을 제시한다. 이 관점이 우리 삶의 양식, 특히 일과 사랑을 이해하는 방식에 중대한 영향을 미친다는 점에 대해 논한다.
첫 번째 관점은 지그문트 프로이트로부터 시작되어 많은 심리학 학파가 받아들인 것으로, 인간을 '모나드', 즉 외부와 분리된 닫힌 시스템으로 파악한다. 한편 빅터 프랭클이 제시하는 두 번째 관점은 인간을 모나드와는 달리 세상을 향해 열려 있는 존재로 본다. 이는 인간만이 지닌 '영적 차원' 덕분에 가능하며, '의미에 대한 의지'가 인간 행동의 가장 근원적인 동기라고 주장한다. 이 관점에서 의미는 단순히 주관적인 만족을 넘어 외부 세계에 존재하는 객관적인 가치와 연결성을 갖는다.</td></tr>
<tr><td rowspan="2">Art-Work</td><td colspan="3">제목 : Value in Love and Work</td></tr>
<tr><td colspan="3"></td></tr>
<tr><td>Reflection</td><td colspan="3">어제 드디어 희망동행 로고아트워크 멤버들과 무의미의 의미 책 읽기 22회기와 1박 2일 워크숍을 끝냈다. 기쁘고 행복한 순간이었다.
그 기쁨을 그리고 싶었으나, 지쳐서 누워버렸다. 조금 아쉬운 마음이었다.
그리고, 오늘 교원대 김혜원 교수님을 만나 내 인생 두 번째 박사안 교육학 박사 논문에 대해 논의했다. 욕심을 줄이고 내용도 범위도 줄이고 조금 더 찬천히 가보기로 했다.
그리고 루카스의 논문을 읽으면서, 나는 사랑과 일의 가치를 어디에 두는지 명확하게 알게 되었다.
나는 내 지식이 타인을 향해 열려있을 때 기쁜 사람이다. 그런데 감사하게도 내겐 그런 기회가 많이 허락된다.
가치를 추구하고 의미를 발견하는 장이 마련되는 나는 정말 가치있는 인생을 산다. 인간 존재로서 본질을 채워가는 데 이보다 더한 아름답고 존엄한 장이 있을까 싶다.
스스로에게 감사하고 감사하다.</td></tr>
</table>

Self 로고아트워크(LogoArtWork) 보고서

<table>
<tr><td>회기</td><td>11회기</td><td rowspan="2">주제</td><td rowspan="2">의미를 간직한 별</td></tr>
<tr><td>년,월,일,시</td><td>25. 5. 2. 오후 1시 48분</td></tr>
<tr><td>Logo-Reading</td><td colspan="3">인도네시아 삼팡지역병원 증축 타당성 조사 중이다. 우리 팀은 교육훈련 분야를 맡았다. 아프리카에서 출생해 국제보건 현장에 처음으로 방문한 청년들의 사려 깊음이 아름다웠다. 그들 배려가 고맙고 감사했다. 현재, 경제적으로 여유가 없는 내가 잘할 수 있는 것으로 그들을 돕고 싶었다.
우선 먼저, 삼팡병원 교육훈련 계획 수립을 위한 제반 서류를 검토하고 병원 방문 당시 질문할 리스트를 작성하기로 했다.
그리고 빅터 프랭클의 책을 읽고 토론하는 작업을 할 생각이 있는지 물었고, 그들은 매우 좋다고 했다. 그들과 읽어 내려간 책이 빅터 프랭클이 1977년에 쓴 의미를 향한 절규(Unhered crying for meaning)이다. 그렇게 독서와 토론을 하는 과정과 이후에 그들이 드디어 목소리를 내기 시작했다. 그리고 눈물을 보였다.</td></tr>
<tr><td rowspan="2">Art-Work</td><td colspan="3">제목 : 인도네시아 수라바야에서 의미를 간직한 별</td></tr>
<tr><td colspan="3"></td></tr>
<tr><td>Reflection</td><td colspan="3">삶의 의미를 밝혀주는 별이 되기를 소망하며 드리는 기도

존재의 근원이신 주여!!
저를 이 어두운 세상에 작은 빛으로 써주소서.
제가 만나는 이들 마음에
그들만의 고유한 의미를 발견할 수 있는
조용한 등불이 되게 하소서.

타인의 고통 앞에서 침묵하지 않고,
그들의 질문 앞에서 함께 머물며,
정답보다 공감을 건네는 이가 되게 하소서.

그들이 삶의 여정에서 길을 잃었을 때,
제가 잠시나마 별처럼 머물러
그들 삶의 북극성을 다시 찾을 수 있도록 이끌게 하소서.
저 자신도 흔들리는 존재임을 기억하되,
그 흔들림 속에서도 진정성을 잃지 않게 하시고,
진리와 사랑에 기반한 말과 침묵으로
존재의 무게를 함께 견디는 동행자가 되게 하소서.

하루하루의 삶이
자기를 드러내는 도구만이 아니라
타인의 의미를 비추는 거울이 되게 하소서.
별처럼 머물되,
그 빛이 타인을 위한 것이기를
진심으로 바라며 기도드립니다.</td></tr>
</table>

Self 로고아트워크(LogoArtWork) 보고서

<table>
<tr><td>회기</td><td>12회기</td><td rowspan="2">주제</td><td rowspan="2">향복한 아침!! 행복한 계획</td></tr>
<tr><td>년,월,일,시</td><td>25. 5. 4. 오전 11시</td></tr>
<tr><td>Logo-Reading</td><td colspan="3">행복한 아침!!
인도네시아 수라바야 호텔 조식에 가지가 나왔다. 참 맛있었고 기분이 좋아지고 있었다. 어제는 조금 피곤했었던 것 같다. 로고디플로마 5월 세미나 6시간, 그리고 삼팡병원에서 보건의료전문가 대상 인터뷰 자료 검토, 청년들과 읽은 빅터 프랭클의 의미를 향한 절규 제1장 그리고 이어진 토론.. 순수하고 사려깊고 지적 호기심 많은 청년들이 있어서 좋다. 그러나 잘 모르는 그들에게 쉽게 설명하는 것이 조금은 부담이다.
그러나, 실존주의 철학 기반 로고테라피와 인간중심상담이론을 설명하고 토론하는 작업은 늘 행복하다. 총 10장으로 나누어진 Unheard Cry for Meaning을 10일 동안 거쳐 모두 읽고 토론하기로 했다. 그리고 사례보고서 작성을 권유했고, 토론에 대한 피드백에 더해 라이팀에 대한 피드백도 진행하기로 했다. 내 작은 지식이 그들의 삶의 의미 발견에 작은 빛이 되길 소망한다.</td></tr>
<tr><td rowspan="2">Art-Work</td><td colspan="3">제목 : SUN beyond LOVE</td></tr>
<tr><td colspan="3">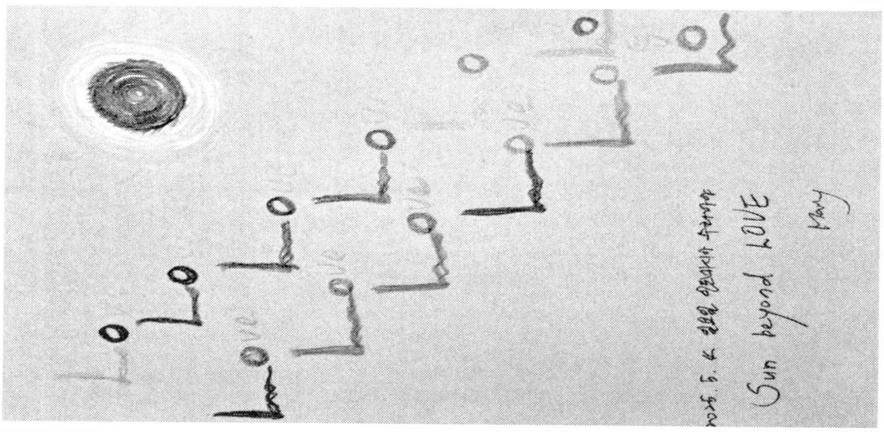
</td></tr>
<tr><td>Reflection</td><td colspan="3">아침식사하며 청년들과 나눈 대화는 좋았다. 그들..청년다운 세계관.. 그리고 인식..
그러나 빠르게 흡수하는 지적 호기심과 의식 확장 능력..
아름답고 귀한 이들이다.
나는 그들의 태양이 될 수 있을까.. 그가 삶의 의미를 발견하는 과정에서 오랫동안 함께할 수 있을까..
그렇게 내 부족한 지식이지만 강한 열망이 강력한 희망과 열망을 간직한 태양처럼 그들의 내면에 아직 발현되지 않은 순수한 사랑을 비추길 소원한다.
누군가의 태양이고 싶은 열망은 처음이다.
내가 눈 감을 때, 잘 살았노라고.. 감사했노라고 할 제자가 한명이라도 있길 바란다. 내 이론이 누군가를 통해 이 세상에 널리 퍼지길 바라고 기도한다.
그런 누군가를 만나는 여정에서 아름다운 청년들이 있다. 그들의 성장을 기대하며 기쁘게 기다린다. 좋은 선생 행복한 선생으로 남고 싶다.</td></tr>
</table>

Self 로고아트워크(LogoArtWork) 보고서

<table>
<tr><td>회기</td><td>13회기</td><td rowspan="2">주제</td><td rowspan="2">아침! 온 몸이 아프다. 어떤 의미가?</td></tr>
<tr><td>년,월,일,시</td><td>25. 5. 9. 오전 7시</td></tr>
<tr><td>Logo-
Reading</td><td colspan="3">“나를 죽이지 못하는 것은 나를 더 강하게 만든다.” 망치를 든 철학자 프리드리히 니체.
나는 그의 철학적 성찰로 이룬 큰 통찰.. 부족하고 부족한 내게로 내게로 전해지는 깊은 울림이 감사하다...

그럼에도 난 오늘 피곤하고 아프다.... 속이 좁은 나는 상처였다.</td></tr>
<tr><td rowspan="2">Art-
Work</td><td colspan="3">제목 : 백인백색 만인만색</td></tr>
<tr><td colspan="3">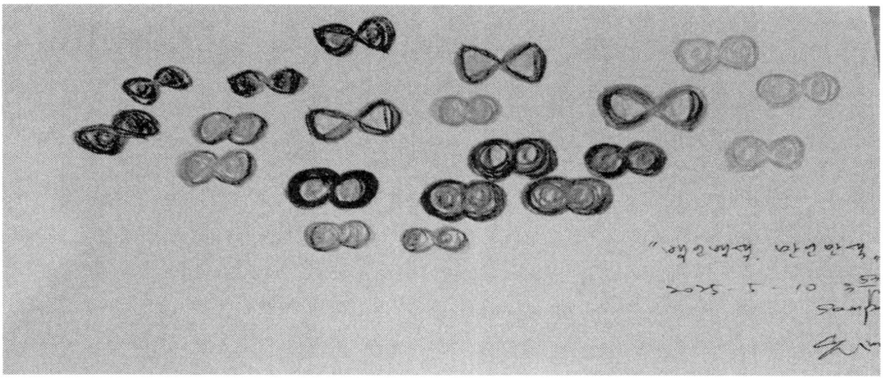</td></tr>
<tr><td>Reflection</td><td colspan="3">밤새 수면 중에도 불편했다.
인간의 고집과 예민함을 보며 참으로 불편했다. 어려서들 그럴까. 쓸데없는 고집이라는 생각은 단지 내 생각이겠지. 내가 꼰대인가.
그들을 보며 많은 고민, 생각이 많다.

어제 비가 왔고, 저녁에 무엇을 하는 것이 귀찮았다. 영어 speaking 을 좀 더 잘하고 싶었다. 점점 엉망이 되는 발음을 어찌할 것인가. 창피하다.
일찍 약을 먹고 잠들었다.
그러나 오전 1시에 일어났다. 다시 잠 들었고... 3시에 일어나 손빨래를 했다.
몇 가지 손빨래를 하며 생각한다.
그들로 인해 나를 매우 잘 돌아볼 수 있다고.
저들을 내게 보낸 이유가 분명 있을거라고.
반면교사! 나는 61세가 넘도록 여태까지 살아오면서 내 예민함으로 얼마나 많은 이들을 불편하게 했을까
내 예민함 내 날카로움 내 강박적 성향~ 자주 울고 자주 불평하고 짜증내고... 이 모두 내 안의 모습이다.
이순이 넘은 나이에 저들이 내곁에 있게된 이유가 분명 있으리라.
원인이 아닌 이유를 찾아본다.

백인백색 만인만색이다.</td></tr>
</table>

Self 로고아트워크(LogoArtWork) 보고서

<table>
<tr><td>회기</td><td>14회기</td><td rowspan="2">주제</td><td rowspan="2">희망, 빛, 의미는 어디에나 언제나 존재한다.</td></tr>
<tr><td>년,월,일,시</td><td>25. 5. 9. 오전 7시</td></tr>
<tr><td>Logo-Reading</td><td colspan="3">이른 새벽에 일어나 삼팡을 떠날 준비를 했다. 많이 피곤하다.
오프라 윈프리의 방송을 찾아 힘을 얻을 내용을 찾아 듣는다.
그리고 빅터 프랭클을 생각한다.
프랭클에 비하면 내 이 고통쯤이야... 먼지보다도 더 못하다.</td></tr>
<tr><td rowspan="2">Art-Work</td><td colspan="3">제목 : 의미는 어디에나 존재한다. 다만 발견하지 못할 뿐</td></tr>
<tr><td colspan="3">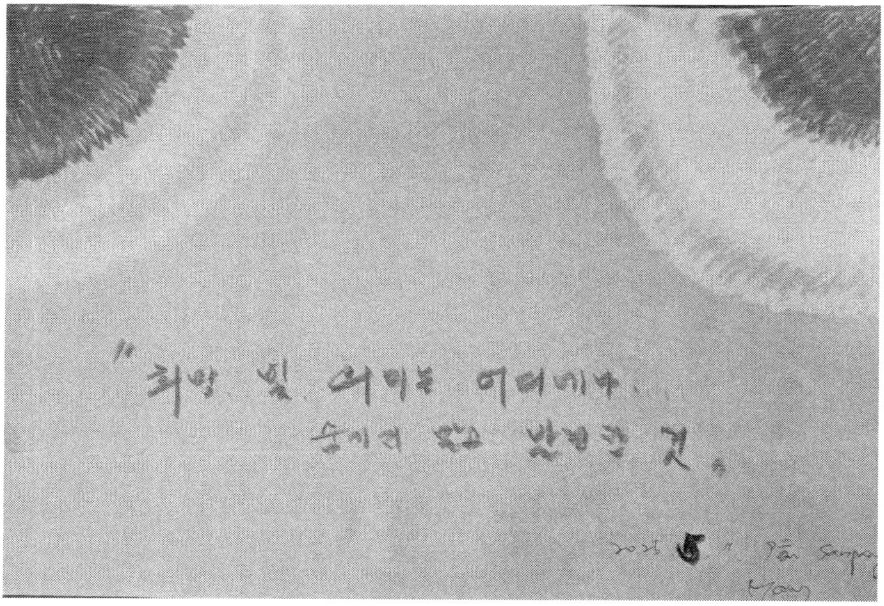</td></tr>
<tr><td>Reflection</td><td colspan="3">희망, 빛, 의미는 어디에나 언제나 어떤 상황에서도 존재한다.
다만 그것을 찾지 못하는 인간이 있을 뿐이다.
부족하지만, 나는 그런 의미를 발견하도록 도와주는 사람이고 싶다.
그리하여 고통받는 이들이 조금은 편한해지길 바라고 기대한다.
나는 비록 작은 존재이지만, 내가 도움을 주는 존재들은 더 큰 사람으로 성장하길 바라는 아침이다.
오늘 삼팡 바하기아 호텔을 떠나 수라바야 MERCURE GRAND 호텔로 옮긴다. 아마 도로의 가장 긴 다리를 2시간 이상 걸릴 것이다.

그러나, 가면서 아름답고 시원한 바다를 볼 생각하니 기분이 좋아진다.
바다는 날 다시 살고 싶게 만드는 마력이 있다.</td></tr>
</table>

Self 로고아트워크(LogoArtWork) 보고서

<table>
<tr><td>회기</td><td>15회기</td><td rowspan="2">주제</td><td rowspan="2">성찰하는 어른으로..</td></tr>
<tr><td>년,월,일,시</td><td>25. 5. 14. 오전 6시</td></tr>
<tr><td>Logo-
Reading</td><td colspan="3">타인에 대한 이해.. 그럴 수도 있다는 신뢰... 그리고 인간에 예의 없는 이들에 대한 태도.. 많은 생각을 했다.
안셀름 그륀 신부님의 “참 소중한 나” 책을 자주 본다.

어떤 청년은 미래를 어떻게 설계할지 몰라서 무기력하고, 어떤 청년은 자기와 싸움에서 무기력을 체험한다. 자기 자신을 이기지 못할 때마다 고통스러워 하지만 어떻게 할지 모른다.</td></tr>
<tr><td rowspan="2">Art-
Work</td><td colspan="3">제목 : 평화</td></tr>
<tr><td colspan="3">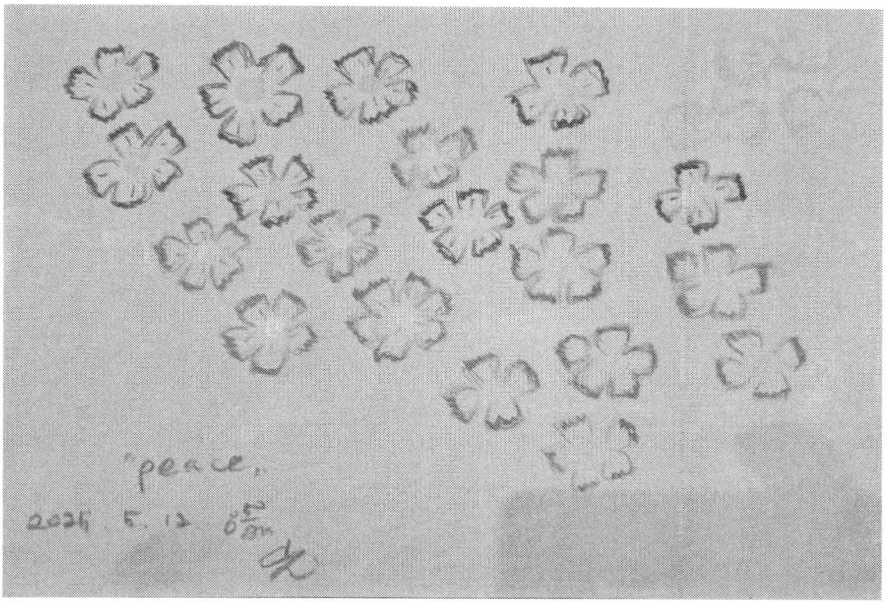
</td></tr>
<tr><td>Reflection</td><td colspan="3">자기도 타인도 탓하지 않는 자세... 타인으로 인해 내 격마저 떨어트리지 않는 존재...
스스로 부끄럽지 않은 인간 존재로 실존하고 싶다.
청년들을 만나면서, 안셀름 그륀 신부님의 책 참 소중한 나에 대해 많이 생각한다. 하느님이 저 예민한 이들을 내게 보내신 이유가 있을터인데.. 아직은 그 의미를 찾을 수 없다. 나도 사람이라 피곤하고 힘겹고 두렵다.
내가 무엇을 도울 수 있을지, 저들의 무기력과 두려움 불안에서 벗어나게 할 수나 있을지 모르겠다.
그럼에도. 그들도 나도 평화로운 마음으로 세상을 마주하고 조금이라도 앞으로 앞으로 나아가길 바란다.</td></tr>
</table>

Self 로고아트워크(LogoArtWork) 보고서

회기	16회기	주제	성찰하는 어른으로..
년,월,일,시	25. 5. 15. 오전 6시		
Logo-Reading	그는 회의 시작 전에도 후에도 심지어 사과 상황에서도 내게 지독히 모욕적이었다. 내게 왜? 마치 다른 정부에서 온 낙하산들이 내게 보였던 악인 태도였다. 박사이고 교수이고 연구자라는 이에게서 저런 천박하고 악한 모습을 본다는 사실이 나를 무척 당혹하고 부끄럽게 했다. 거짓이다. ODA 프로젝트도, EDCF 프로젝트도 해선 안되는 사람이라고 판단했다.		
Art-Work	**제목 : 모욕을 대하는 태도**		
Reflection	국제보건 전문가에게 요구되는 도덕성과 윤리적 태도: 기술을 넘어 인간으로 21세기 국제보건의 최전선은 기술력이나 자원 동원 능력만으로 설명되지 않는다. 그 무엇보다 중요한 것은 현장에 서 있는 전문가의 '도덕성'과 '윤리적 태도'이다. 국제보건은 단순한 보건의료 지원을 넘어, 전 지구적 건강 불평등을 직면하고 치유하는 실천이기 때문이다. 국제보건 현장은 종종 고통과 결핍, 그리고 생존의 경계에 놓인 인간들과 만나는 자리다. 이러한 공간에서 전문가가 지녀야 할 가장 근본적인 덕목은 '사람을 향한 존중'이며, 이는 곧 도덕성과 윤리성으로 구체화된다. 단지 원조의 대상으로 사람을 바라보는 시선을 넘어, 동등한 인격체로 마주하고 경청하며, 그들의 삶과 문화, 역사를 이해하려는 태도야말로 진정한 국제보건의 출발점이다. 특히 윤리적 감수성은 정책이나 프로그램 기획 단계부터 요구된다. '누구를 위한 개입인가', '현지의 가치와 문화는 어떻게 고려되는가', '지속가능성과 자율성은 보장되는가'와 같은 질문은 단지 형식적인 검토 항목이 아닌, 전문가 내면의 도덕적 성찰에서 출발해야 한다. 전문가가 자의적 판단이나 서구 중심의 시각에서 벗어나려는 노력 없이 실행되는 사업은 현지인의 삶에 상처를 남길 수 있다. 또한, 국제보건의 윤리는 책임의 문제이기도 하다. 현장에서는 예상치 못한 윤리적 딜레마에 직면하는 경우가 많다. 치료 자원이 부족한 상황에서 누구를 먼저 살릴 것인지, 특정 질병에 대한 개입이 특정 집단의 낙인이 되지 않도록 어떻게 배려할 것인지 등 수많은 갈등 상황이 존재한다. 이때 필요한 것은 기계적인 매뉴얼이 아니라, 전문가 개인의 성찰력과 윤리적 통찰이다. 국제보건은 인도주의적 사명과 과학적 전문성을 동시에 요구하는 영역이다. 이 균형을 유지하려면, 인간의 존엄에 대한 철학적 신념과 도덕적 감수성이 바탕이 되어야 한다. 기술은 도구일 뿐이며, 궁극적으로 그 도구를 어떻게, 누구를 위해 사용할 것인가는 인간됨의 문제이다. 국제보건 전문가에게 있어 윤리적 태도란, 단순한 직업적 규범을 넘어, 타인의 고통에 응답할 줄 아는 인간적 성숙을 뜻한다. 그것은 숫자로 표현되지 않는 책임감이며, 외면할 수 없는 인간의 연대감이다. 따라서 국제보건의 미래는 지식과 기술의 진보만이 아니라, 윤리의식과 도덕성의 성숙에 달려 있다. 이제 우리에게 필요한 것은 '유능한 전문가'를 넘어 '성찰하는 전문가'다. 그 성찰은 곧, 인간의 고통 앞에서 스스로를 겸허히 낮추고, 진정한 도움을 고민하는 윤리적 태도에서 시작될 것이다.		

Self 로고아트워크(LogoArtWork) 보고서

<table>
<tr><td>회기</td><td>17회기</td><td rowspan="2">주제</td><td rowspan="2">모욕과 상처가 성장으로 연결되길</td></tr>
<tr><td>년,월,일,시</td><td>25. 5. 17. 오후 3시</td></tr>
<tr><td>Logo–Reading</td><td colspan="3">5월 15일 이래 그 모욕과 상처에서 의미를 찾고자 한다. 그러나 이번에는 이해할 수도 납득할 수 없는 상황이었다. 이념적인 적대감일까.. 그것이 아니면 이해할 수가 없다.
선의도 가르침도 없는 그 모욕에서.. 삼팡과 수라바야에서 얻는 이 큰 상처를 어떻게 태도적 가치로 전환해야 할지...
내가 혹시 저런 태도를 취한 적이 없는지... 나는 혹시 의도하지 않고 저렇게 상처를 준 적이 없는지... 생각하는 기회를 갖기로 한다.
그리하여 내가 괜찮아지길 바란다.. 저렇게 격이 낮은 이들에게 반응하는 내 자신이 싫었다.</td></tr>
<tr><td rowspan="2">Art–Work</td><td colspan="3">제목 : 상처 - 성장</td></tr>
<tr><td colspan="3"></td></tr>
<tr><td>Reflection</td><td colspan="3">칼럼을 썼고, 의학신문에 보냈다.
국제보건 전문가에게 요구되는 윤리적 태도: 기술을 넘어 인간으로

지난 12년간 국제보건 현장에서 '무엇인가 특별하고 의미 있는 일'을 찾으려 노력하며 현재에 이르고 있다. 그 여정은 단지 업무의 연속이 아니라, 인간 존재와 고통, 책임, 윤리의 의미를 끊임없이 마주하는 수업이자 의미를 지향하는 삶이었다. 개인적으로 설립한 비영리단체 AASH(아프리카아시아희망연대) 활동은 물론, KOICA, KOFIH, 한국연구재단, 수출입은행 등 다양한 국제보건 프로젝트에 참여하며 아프리카와 아시아의 수많은 사람들과 눈을 맞추고 손을 잡았다.
이 여정에서 국적과 인종, 언어를 넘어선 감동과 감사의 순간을 자주 경험했다. 그러나 동시에 늘 마음 한편엔 '2% 부족함'이라는 그 어떤 것이 자리했다. 그것은 단지 내면의 죄책감이나 내 이상주의적 사고 때문만은 아니었다. 현장에서 마주하는 일부 전문가의 '인간에 대한 예의 없음'에서 비롯된 실존적 고통이었다. 전문성은 있어 보이지만 인간의 존엄성에 대한 예민한 감수성이 없는 태도는, 기술이라는 허울일 뿐 타인의 삶을 침해한다. 어쩌면 폭력이 되는 상황에 대한 경험마저 있다. 이 지점이 바로 '국제보건의 진정한 의기'이다.</td></tr>
</table>

| | 기술과 자원의 한계를 넘어서는 윤리적 태도가 필요하다.
21세기 국제보건은 기술력이나 자원의 투입만으로 설명되지 않는다. 오히려 그 무엇보다 중요한 것은 그 현장에 서 있는 '사람'의 도덕성과 윤리적 태도다. 국제보건은 단순한 보건 의료서비스 지원이 아니라, 전 지구적 차원에서 건강 불평등에 맞서는 실존적 응답이며, 궁극적으로는 인간과 인간이 만나는 자리이기 때문이다.
그 현장에서 전문가가 가져야 할 가장 근본적인 덕목은 '사람을 향한 예의와 존중'이다. 이는 단지 공손한 말투나 예의 바른 태도를 넘어, 그 사람의 삶과 문화, 역사를 동등한 존재로서 이해하려는 실존적 존중이다. 우리가 만나게 되는 대상은 도움의 대상이기 이전에, 고유한 서사를 지닌 인간이다. 국제보건 전문가가 이 인식을 놓친다면, 아무리 많은 자원과 기술을 동원하더라도 그것은 어떤 의미도 없는 효율 중심의 시스템에 불과하다.

윤리적 감수성은 국제보건 계획의 시작점이다.
국제보건의 윤리성은 단지 현장에서만 발현되는 것이 아니다. 오히려 정책과 프로그램을 기획하는 첫 단계부터 '윤리적 감수성'이 개입되어야 한다. "이 개입은 누구를 위한 것인가?", "현지의 문화적 맥락은 고려되었는가?", "이 정책이 장기적으로 지속 가능하고 자율적인가?"라는 질문은, 단순한 행정적 검토 항목이 아니라, 전문가 내면의 도덕적 성찰에서 비롯되어야 한다.
이 성찰이 없는 개입은 때때로 현지인의 삶을 더욱 취약하게 만들기도 한다. 예를 들어, 특정 질병에 집중된 캠페인이 해당 지역사회에 낙인 효과를 유발하거나, 국제기구의 자의적 판단이 현지 주민의 자율성과 의사 결정권을 약화하는 경우는 빈번하다. 이는 단순한 실수나 오판이 아니라, 무사고, 즉 윤리적 태도 부재에서 비롯된 구조적 폭력이다. 그런 점에서 국제보건 전문가의 '윤리적 감수성'은 단순한 덕목이 아니라, 인간 삶의 존엄을 지키는 최소한의 조건이다.

현장 속 딜레마, 윤리적 태도는 선택의 나침반이다.
현장에서는 교과서나 매뉴얼로는 해결할 수 없는 수많은 윤리적 딜레마가 발생한다. 예컨대 치료 자원이 절대적으로 부족한 상황에서 누구를 우선시할 것인지, 특정 약물이나 치료법이 부작용이나 문화적 거부감을 유발할 수 있는 경우 어떻게 조정할 것인지, 또는 자원 지원이 장기적으로 지역보건시스템에 어떤 영향을 미칠지를 고민해야 한다.
이러한 상황에서는 '전문성'보다 '성찰력'이 더 중요하다. 윤리는 결국 선택의 문제이며, 그 선택은 전문가의 내면 나침반, 즉 인간에 대한 이해와 책임 의식에 의해 좌우된다. 단순한 절차적 정당성이나 수치화된 효율성을 넘어서, 한 사람의 삶에 미칠 영향을 고민할 수 있는 인간적 깊이가 필요한 이유다.

인도주의와 기술의 균형 위에 서는 전문가가 필요하다.
국제보건은 과학적 근거와 기술적 전문성을 바탕으로 한다. 하지만 그 모든 기술은 결국 인간을 위한 것이며, 도구는 언제나 '누구를 위해, 어떻게 사용되는가?'에 따라 그 의미가 달라진다. 그렇기에 국제보건 전문가에게 요구되는 역량은 지식과 기술을 넘어, 철학적 신념과 윤리적 태도에 기반한 인간 이해다. 윤리적 태도란 단지 직업적 의무를 지키는 데 그치지 않는다. 그것은 타인의 고통 앞에서 응답할 줄 아는 성숙한 인간성이다. 그것은 숫자나 지표로 환산되지 않지만, 진정한 변화의 출발점이 되는 힘이다. 국제보건의 현장은 결국 타인의 고통을 마주하는 공간이며, 그 고통을 어떻게 대하느냐에 따라 전문가의 품격이 결정된다. |

	우리는 유능한 전문가를 넘어, 성찰하는 전문가가 되어야 한다. 국제보건의 미래는 단지 기술의 진보나 자원의 확대에 달려 있지 않다. 오히려, 인간 존재에 대한 철학적 이해, 타인에 대한 윤리적 감수성, 그리고 구조적 불평등에 응답하려는 도덕적 결단력이 그 미래를 결정지을 것이다. 이제 우리에게 필요한 것은 '유능한 전문가'를 넘어선, 성찰하는 전문가이다. 그 성찰은 자신의 위치와 권력을 자각하는 데서 시작된다. 누군가의 고통 앞에서 겸허히 낮아지고, 지원이 진정한 도움이 되기 위해 자신이 무엇을 바꾸어야 하는지 질문할 수 있는 용기, 바로 그 지점에서 국제보건이 시작되어야 한다. 지원을 기술은 단지 인간의 손에 들려 있는 도구에 불과하다. 그 도구를 어떻게, 왜 사용하는가? 고민하는 것이 바로 우리 인간 존재의 몫이다. 해서, 국제보건 전문가에게 최고의 자질은, 바로 '사람을 사람으로 보는 눈', 그리고 '고통 앞에서 경청하고 공감하고 성찰하는 것임을 강조하고 싶다. 오늘도 그 기본으로 돌아가려고 마음을 다해 노력하고자 한다. 기술적 지원을 넘어, 인간으로.

Self 로고아트워크(LogoArtWork) 보고서

<table>
<tr><td>회기</td><td>18 회기</td><td rowspan="2">주제</td><td rowspan="2">바른 눈높이</td></tr>
<tr><td>년,월,일,시</td><td>25. 7. 15. 오전 11시 24분</td></tr>
<tr><td>Logo-Reading</td><td colspan="3">빅터 프랭클 저서 '태초에 의미가 있었다!! '를 다시 읽기 시작한다.
태초에 의미가 있었는데, 아직도 불안, 불편함, 고통 속에 머무는 이유가 무엇일까... 생각하는 시간이다.</td></tr>
<tr><td rowspan="2">Art-Work</td><td colspan="3">제목 : 바른 눈, 바른 눈높이</td></tr>
<tr><td colspan="3">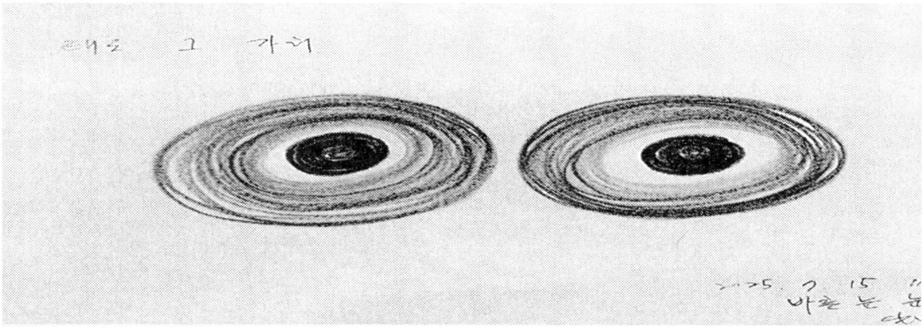</td></tr>
<tr><td>Reflection</td><td colspan="3">프로젝트 제안서, 업무 진행이 매끄럽지 못하다. 신경쓰다 두통이 심해 집중했다, 조금 거리를 두다를 반복한다.

2025년 5월 인도네시아 수라바야 삼팡병원 건립 타당성 조사 방문 이후 노트북에 있던 자료가 모두 지워져 극한 스트레스로 'self 로고아트워크'을 접어두었다. 로고아트워크 교육자 자기분석. 로고아트워크를 미뤄두고 두 달 이상 방황한 듯 하다.
오늘부터 다시 로고아트워크 교육자로서 자기분석을 시작하기로 한다. 유튜브에서 고른 첼로 연주를 들으며,

그리기 시작했다.
핑크 색연필에 마음이 갔다.
내겐 극도의 스트레스가 있음을 시사한다.
무엇을 그릴까 고민하다, 큰 동그라미 두 개를 그렸다.
그리고 갑자기 두 눈이라는 생각을 하기 시작했다.
이어서 핑크색 눈에 검은색 눈동자를 선명하게 그렸다.
제목을 생각했다. 바른 눈이라고 쓰는데, 갑자기 눈높이가 생각났다.

그래 맞다.
배경도 이력도 경력도 모두 다른데
어찌 모두 같기를 바랄까~
그것은 내 과한 욕심, 사심이 아니었을까....
숨차더라도 그들의 눈높이를 고려하는 연구자가 되길 바란다.

그리하여, 내가 좀 더 편안해지길... 사람으로 인한 스트레스에서 조금 해방되길....
인간 본성이 당장 변하기 어렵고, 교육으로 변화시키는 것도 상당한 한계가 있음을....

내 태도적 가치를 발현해야 한다면
사람에 바른 눈을 가지고 눈높이에 맞추는 것이다.
그 무엇보다도 내 태도를 변화시키는 것이 필요한 시점임을 시사한다.</td></tr>
</table>

Self 로고아트워크(LogoArtWork) 보고서

회기	19회기	주제	어차피 자유의지로 선택했으니...
년,월,일,시	25. 7. 16.. 오전 12시 24분		
Logo-Reading	내 자유의지로 죽을 때까지 읽고, 쓰고, 가르치는 일을 선택했으니, 그에 대한 책임을 다하는 실존재, 현존재가 되기.. 그리하여, 이 세상 떠나는 그 순간까지 기쁘고 평화롭길 바란다..		
Art-Work	**제목 : 내면의 열정과 외면의 겸손함, 온유함, 고요함의 조화** 		
Reflection	최근 역량이 못미치는 연구자들과 프로젝트를 계속할 수 있을지에 대해 심각하게 고민했다. 내 에너지 고갈이 심각했기에 그러했다. 인도네시아에서, 그리고 돌아와서 연구원들이 제 역할에 맞는 성과를 내지 못함에, 그리하지 않음에 절망했다. 결국 중요한 보고서 최종 정리를 혼자서 할 수밖에 없는 상황에 처했다. 그렇게 몇 주 심각하게 고민하다 정리했다. 내 자유의지로 선택한 일, 어차피 죽을 때까지 쓰고 공부하고 가르쳐야 하는 사람이라면, 각자 유일하고 특별한 다양한 연구자들을 위한 대안을 내어 보기로. 그리고, 사람 특성에 맞게 업무를 주고 과정 과정에서 자세히 가르쳐보기로 했다. 지난 2주간 코이카 4년 프로젝트 제안서를 쓰면서, 아이디어가 없는 연구진에게는 아이디어를, 글쓰기가 안되는 연구자에겐 글쓰는 방법을, 꼼꼼히 보지 못해 실수하는 연구자에겐 같이 보면서 정리하는 방법을 도입했다. 그렇게 오늘까지 120장 제안서를 완성했는데, 결과물은 상상 이상이었다. 그렇게 또 다시 개발도상국가를 지원하는 프로젝트를 계속 가보기로 했다. 다양한 이들의 부족한 지점을 맞춤형으로 채워주는 교육자로~~ 이제부터 앞으로는 연구에 대한 내 안의 넘치는 열정으로 혼자 빠르게 처리하지 않기로.. 고요함 온유함 겸손함으로 평화롭고 즐거운 연구가 되길 기도한다. 내 안의 강한 열정과 외면의 겸손함, 온유함, 고요함이 멋진 조화를 이루길..		

Self 로고아트워크(LogoArtWork) 보고서

<table>
<tr><td>회기</td><td>20 회기</td><td rowspan="2">주제</td><td rowspan="2">존재 이유</td></tr>
<tr><td>년,월,일,시</td><td>25. 7. 7. 오전 4시 35분</td></tr>
<tr><td>Logo-
Reading</td><td colspan="3">빅터 프랭클 '태초에 의미가 있었다.' 80p 등대를 돌아보며 중에서…
막스 쉘러가 언젠가 말했다. 우리는 등대를 보고 갈 길을 정한다.. 그게 무슨 뜻인가 하면 항구를 떠나 망망대해로 항해하는 뱃사람은 등대 불빛을 보고 나아간다. 그러나 그 쪽은 등대가 있는 쪽이 아니다. 오히려 반대방향이다. 하지만 올바른 길은 뒤의 등대를 보고 나간다.
최근 많은 시간이 남지 않았다는 사실을 받아들여야 한다는 생각에서 자주 성급해지곤 했다. 막연한 불안을 직면하지 못했다.
인명은 제천인 것을… 이유없는 붕안에 먹히지 않기를
이제 나는 좀 더 여유롭고 치밀하게 돌아봐야 한다.
다른 어디쯤 있는지… 어디에 머무는지… 어디에 서 있는지… 어느 방향으로 가는지…
이를 통해 우리는 어디로 가고 있는지, 항해를 가늠하게 되는 것이다.
우리의 경우 옳게 의미를 찾아 따라가고 있는지…</td></tr>
<tr><td rowspan="2">Art-
Work</td><td colspan="3">제목 : 앞도 보며 뒤도 돌아보며 올바른 방향으로…
성장으로 가는 길</td></tr>
<tr><td colspan="3"></td></tr>
<tr><td>Reflection</td><td colspan="3">대해를 항해하는 배처럼 앞만보고 또 보고 갈 수 있을까.. 절대 아니다.. 등대를 보면서 앞으로 나아가지만, 등대는 곧 뒤에 있게 된다. 그렇다면 뒤의 등대 불빛이 없이 앞으로 나아갈 수 있을까..
우리에게는 경험이다.. 우리 과거에 온전히 보존된 경험 그 가치가 귀함을…경험적 가치가 있어야. 시작할 수 있음을…
성찰에서 과거는 스승이고, 창의성을 발휘할 수 있는 시작점이다.
많은 경험을 할 수 있음을 그 귀한 경험에 감사하는 시간이다.
경험적 가치가 창의적 가치로, 그리고 피할 수 없는 상황에서 태도를 수정해서 의미를 찾는 그 귀한 배움이 감사하다.
그렇게 조금은 성장한다..
나와 타인에 대해 조금은 여유로운 교육자가 되기로…</td></tr>
</table>

Self 로고아트워크(LogoArtWork) 보고서

<table>
<tr><td>회기</td><td>21회기</td><td rowspan="2">주제</td><td rowspan="2">태양, 태양같은 눈으로 사랑의 마음으로</td></tr>
<tr><td>년,월,일,시</td><td>25. 5. 14. 오전 6시</td></tr>
<tr><td>Logo-
Reading</td><td colspan="3">태초에 의미가 있었다. P 59
“갈증은 물이 존재한다는 확실한 증거이다.”
같은 맥락에서 의미는 반드시 존재한다. 의미는 물과 같은 것, 우리 인간 존재에게 깊이 뿌리박힌 강한 열망 의미에 의지가 있기에 그러하다.
어떻게 의미에 의지가 우리를 온전히 사로잡는지에 대해 스스로에게 질문해야 한다.
우리가 대면하고 있는 상황 속에서 누구라 할 것 없이 즉각 하나의 의미, 의미체를 찾는다는 사실은 증명할 수 있다.
의미에 의지를 인간 속에 깊이 깊이 심어 놓은 장본인이 자연이라면, 이 자연이 그 때 무엇인가를 생각하지 않았을리가 없다.”

“눈이 태양 같지 않으면
태양은 결코 빛날 수 없으리니....(괴테)”</td></tr>
<tr><td rowspan="2">Art-
Work</td><td colspan="3">제목 : 나는 나이다... 내 의미는 영원할 것이다. 내가 죽더라도...</td></tr>
<tr><td colspan="3"></td></tr>
<tr><td>Reflection</td><td colspan="3">새벽부터 일 일 또 일...
그러다 보니...
어찌 그리 타인을 수단으로 보고 이용하려는 연구자 원로들이 많은지...그럴 잔머리 굴릴 시간에 시간에 제대로 일을 하지.. 참 한심하기 그지 없는 인생들.. 불쌍하다...

그저 대충 숟가락 하나 걸치고 뭉게는 이들 참.. 그리고 뒷 말, 험담.. 꼴값...
그저 역겨웠다..한심했다...</td></tr>
</table>

	학생이면 가르쳐보기라도 하지.... 참으로 슬프고 무기력했다. 그러다 읽은 괴테의 문장 "눈이 태양같지 않으면 태양은 결코 빛날 수 없으리니..." 나는 그런 태양같은 눈을 갖고 싶다는 생각을 하는 시간이었다. 태양같은 최상의 밝은 눈으로 의미에 의지를 잃고 싶지 않다. 그리고 로고아트워크 그저 원을 그리고 싶었다. 그리다보니 양파인지... 연꽃인지 잘 모르겠다. 양파이더라고 연꽃이더라도 그 가장 깊은 속에서 가득담긴 붉은 진한 열망 열정이 하나씩 벗겨지고 피어나더라도 가장 깊은 곳은 여전히 남는다는 사실이다. 그게 내겐 양심이고, 선함이고, 사랑이다. 나는 그런 존재이다. 나는 날 의심하지 않을 것이다. 타인의 천박하고 거친 평가보다, 내 안의 나를 신뢰하기로 선택한다. 나는 나이다. 나는 나로 살 것이다. 누구도 함부로 날 컨트롤하게 두지 않을 선택을 한다. 오늘의 시: 사람은 걸어온 길이 바로 그 존재이다 이름이 아니라 살아온, 걸어온 궤적이 그 사람이다. 정치도, 정책도, 연구도, 가르침도 말과 행동 이전의 그의 삶이 말한다. 침묵했던 순간, 견디고 버텼던 자리, 외면하지 않았던 고통이, 자기초월이 지금 그의 정치, 정책, 철학이 되는 것이다. 사람은 살아온, 그리고 현재 사는 길이 말하고 자기 부정없이 말한 대로 살아낸 역사 그 자체이다.

Self 로고아트워크(LogoArtWork) 보고서

<table>
<tr><td>회기</td><td>22회기</td><td rowspan="2">주제</td><td rowspan="2">다시 인간존재로, 성장 가능성을..</td></tr>
<tr><td>년,월,일,시</td><td>25. 5. 20. 오전 11시</td></tr>
<tr><td>Logo-Reading</td><td colspan="3">엘리자베스 루카스
하루 하루가 선물입니다. P 14 중에서

“프랭클은 신경증에 사로잡혀 있는 이들은 결국 스스로 보복을 당한다고 했다.
자기중심주의는 자신에 대한 불안을 낳음으로써 스스로 자기 자신에게 복수한다. 그 결과 즐거움도 얻지 못하고, 타인의 인정도 받지 못한다.
그뿐인가. 자기 단속이 허술해져 창피를 당하게 되고, 어떤 식으로든 상처를 입게 되여, 사랑과 보호를 받는데 실패하게 된다.
이렇게 신경증이 되는 이들은 그것의 당연한 결과로서 퇴행적 행동, 공격적 성향, 우울증을 보인다.
따라서 로고테라피에서는 의지를 찾고자 하는 인간의 의지를 집중해서 살펴보고, 강화시켜 자기 존재를 초월할 수 있도록 돕는데 중점을 두어야 한다.

그러기 위해서는
1. 참여자의 육체적 정신적 자질과 재능 등 참여자의 자기 초월 가능성과 능력이 있는지 살펴보아야 한다.
2. 참여자의 주변과 환경에서 초월할 가능성이 있는 과업, 즉 참여자의 소질과 재능을 살려주는 참여자 자신의 진정한 과업을 찾아야 한다.”</td></tr>
<tr><td rowspan="2">Art-Work</td><td colspan="3">제목 : 인간의 의미에 의지가 있는지 살피고, 함께 찾는다.</td></tr>
<tr><td colspan="3"></td></tr>
<tr><td>Reflection</td><td colspan="3">사람은 모두 자기초월 가능성이 있는 존재이다. 다만 그 것을 발견하는 방법을 모르거나, 의지가 없어서이다.</td></tr>
</table>

	자기중심적이고 이기적이라 제 역할을 제대로 못하는 연구자들이 많아.. 자주 아니 갑자기 몰리는 프로젝트 보고서가 많기에 많지도 않은 내 에너지가 자주 고갈되고, 결국 극도로 피곤하다. 이기적, 자기중심적인 이들은 사람을 목적이 아닌 도구 또는 수단으로 여기는 천박하고 불쌍한 어른아이이다.. 그 들에게 전하고 싶은 말이다. "이세상에 존재하는 개인은 모두 각자 유일하고 특별한 인간 존재이다. 이런 귀하고 아름다운 사람은 절대로 절대로 목적이어야 함을 명심하기를~" 어른아이들이 진정한 사람으로 성장할 수 있기를 바란다. 그렇게 낙서처럼 장난처럼 그린 내 그림이 말해준다. 사람은 모두 깊은 내면에 발현되지 못한, 또는 발현되지 않은 의미, 즉 자기초월성을 가지고 있다고... 해서.. 극히 이기적이고 자기중심적인 이들 각각에 맞는 자기초월 가능성을 찾아보기로 한다. 그렇게 조금이나마 자기초월 가능성이 있다면, 그의 삶의 의미를 찾는 경로 세 가지 가치를 가르치고 찾아가도록 도와야 한다. 그리고 변화 성장 가능성을 찾아 보기로 한다. 미움이 아닌 측은지심으로 바라보기로 한다, 그게 이 세상을 조금이나마 다만 조금이나마 나아지게 하고, 앞으로 가게 하는 동력이 되지 않을까 한다. 그것이 오늘 또는 영원한 내 삶의 의미이다. 사람이 수단이나 도구가 아닌 목적으로 대하는 평화로운 세상이 되길..

Self 로고아트워크(LogoArtWork) 보고서

<table>
<tr><td>회기</td><td>23회기</td><td rowspan="2">주제</td><td rowspan="2">매사 최선을....</td></tr>
<tr><td>년,월,일,시</td><td>25. 7. 22. 오후 1시</td></tr>
<tr><td>Logo-Reading</td><td colspan="3">내가 잘 알 수 없는 세계 무속 관련 드라마 보다 들은 대사...
"네가 잘못한 벌이 네가 가장 사랑하는 사람에게 간다면 얼마나 아플까...."
아... 맞아.. 그렇다. 이 단순한 대사에서 현타!!

날 무조건 이용하려는 이들에게 질리고 있었다. 참기엔 지나치게 선을 넘는 이가 많이 역겹고 부담을 넘어 지치고 있었다.
감사함 없이 이용만 하려는 태도에 숨이 막혔다. 어찌 자기 인생을 그리 사는지.. 참...참....</td></tr>
<tr><td rowspan="2">Art-Work</td><td colspan="3">제목 : 열정 + 연결 + plus</td></tr>
<tr><td colspan="3">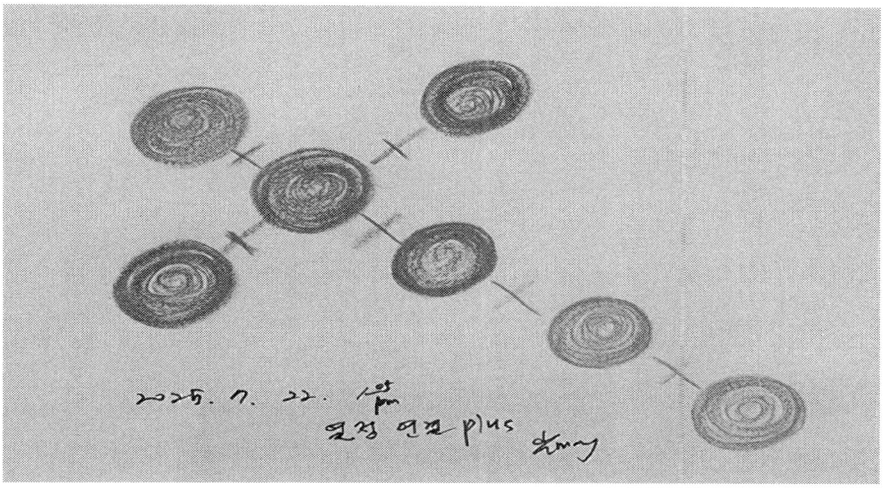
</td></tr>
<tr><td>Reflection</td><td colspan="3">답답한 마음에 그리기 시작했다. 조그만 점을 그렸고 원으로 채우고 있겼다.
그렇게 몇개 원을 잘 줄 맞추어 잘 정리해서 그리고 보니 깔끔한데 무언가 허전했다.
허전함을 무엇인가 채우고 싶었다.
그런데 원을 연결하면서 plus를 만들고 있었다.
원은 연결되었고 plus가 되었다.

연결을 쓰려다 열정을 쓰고 연결 플러스를 쓴다.
열정 연결 plus이다.
열정이 연결이 되어야 plus라는 의미이다.
열정을 연결해서 플러스를 만들고 싶은 것이다.
열정을 연결만으로 뺏기지 않겠다는 의미이다.
거리두기가 맞다.
나는 내 열정이 연결되고 플러스가 되길 바란다.</td></tr>
</table>

Self 로고아트워크(LogoArtWork) 보고서

<table>
<tr><td>회기</td><td>24회기</td><td rowspan="2">주제</td><td rowspan="2">나르시시스트들과 거리두기</td></tr>
<tr><td>년,월,일,시</td><td>25. 7. 23. 오전 9시</td></tr>
<tr><td>Logo-Reading</td><td colspan="3">요즘 점점 늘어나고 있는 나르시시스트에 대해 고민 중이다. 프로젝트에서 끊임없이 타인을 착취하고 의존하는 이들이 힘들다.
유튜브에서 이러저러한 자료를 찾아보다가, 거리두기를 하기로 한다.</td></tr>
<tr><td rowspan="2">Art-Work</td><td colspan="3">제목 : 아름다운 작은 별과 별이 모여 큰 힘을 발휘하는 큰 별이 된다.</td></tr>
<tr><td colspan="3">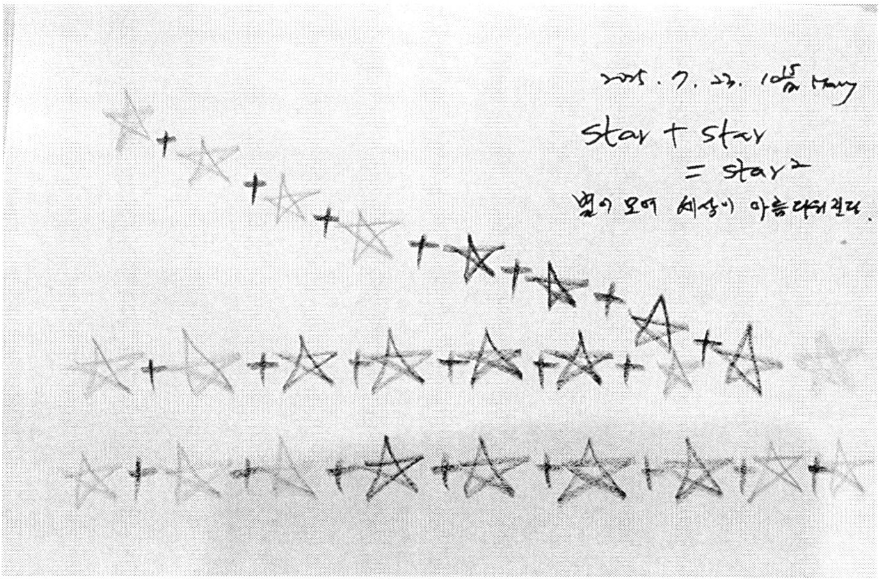
</td></tr>
<tr><td>Reflection</td><td colspan="3">지난 주 목 금 중재원 감정 조정위원 인터뷰를 했다. 머리가 아프고 숨이 막혔다.
연구자 같지 않은 연구자들.. 거기에 나르시시스틱하기까지 하니.. 참으로 지치고 지친다.
요즘 점점 늘어나고 있는 나르시시스트에 대해 고민 중이다. 프로젝트에서 끊임없이 타인을 착취하고 의존하는 이들이 힘들다.
일은 못하고 험담.. 남 탓할 시간이 있다는 사실을 어떻게 받아들여야 할지..
유튜브에서 이러저러한 자료를 찾아보다가, 나르시시스트들과 거리두기를 하기로 한다.

담담한 마음으로 로고아트워크!!!
아름다운 작은 별과 크고 작은 별들이 모여서 큰 힘을 발휘할 수 있는 큰 별이 된다.
내 에너지를 아름다운 별들에게만 쏟기로 한다. 별이 아닌 쓰레게들에게 나눌 시간도 에너지도 없다는 사실을..
그리하여 이 세상에 큰 별이 많아지길 바란다. 그 길에 역할을 하기로 한다.</td></tr>
</table>

Self 로고아트워크(LogoArtWork) 보고서

<table>
<tr><td>회기</td><td>25회기</td><td rowspan="2">주제</td><td rowspan="2">지식과 지혜, 그 심오한 차이</td></tr>
<tr><td>년,월,일,시</td><td>25. 7. 24. 오전 11시</td></tr>
<tr><td>Logo-Reading</td><td colspan="3">무슨 책에서 나왔을지..
언젠가 딱 꽂힌 문장..

"지식은 밖의 것을 안으로 끌어들이는 것이고, 지혜는 안의 것을 밖으로 내놓는 것이다..."</td></tr>
<tr><td rowspan="2">Art-Work</td><td colspan="3">제목 : 지식 + 지혜 = 지성..... 아름다움.. 성숙</td></tr>
<tr><td colspan="3">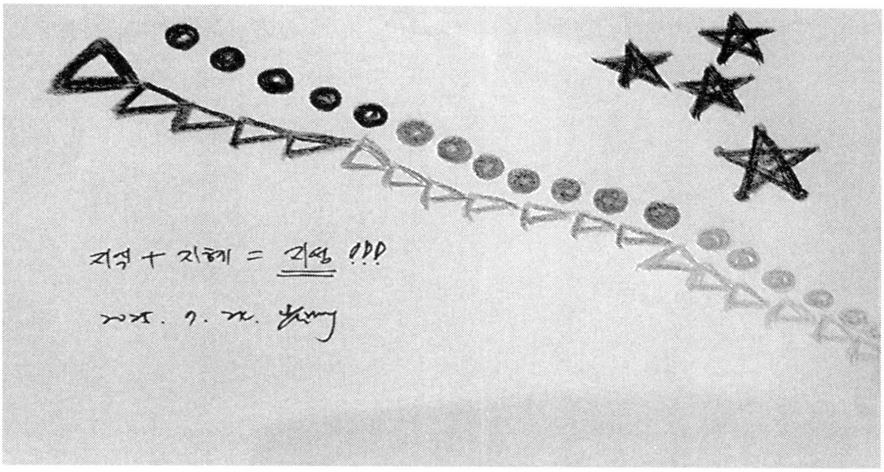
</td></tr>
<tr><td>Reflection</td><td colspan="3">어제 서울에서 참으로 피곤했고,.. 말도 안되는 누명과 모함에 숨이 막혔다. 그리고 늦은 시간에 청주집에 도착해 밤새 뒤척였다.. 숨이 쉬어지지 않아 이렇게 혼자 죽을 수도 있겠다는 생각이 들 정도였다.
그러나 아침은 왔고, 나는 또 나의 모습으로 살기로 한다.
그럼에도 순간 순간 드는 생각..
도대체 도데체 내 인생은 이리도 가도 가도 늘 고단하고 자난하고 험난한지..
그럼에도 불구하고 오늘로 그만 떨치기로 한다. 나르들에게 통제 당하지 않으리라..
명리학에서 나는 신사일주이고 61세부터 70세..무진대운이다.
무진(무토+ 진토) 금 기운이 과한 내 기운을 묻어두는 강력한 기운으로 해석한다.
그래도 26년 남편 선거년도와 선거일이 병오이니.. 무장 다행이다.
남편을 위한 선거공약용 책을 쓰기로 한다. 올 9-10월에는 올인을 해야겠다..
내 지식과 지혜를 모아 지성을 발휘해야 한다.
내가 가진 정책 개발 능력과 글쓰기 능력을 최대한 발휘해 보고자 한다.
목표를 설정했으면 절대 승리를 위해 돌진하라시던 안의원님 말씀을 명심하기로 한다.
그래.. 가보는 거야.. 지식과 지혜를 모아.. 지성으로....성숙함으로..</td></tr>
</table>

Self 로고아트워크(LogoArtWork) 보고서

<table>
<tr><td>회기</td><td>26회기</td><td rowspan="2">주제</td><td rowspan="2">마키아벨리즘적 사고를 하는 이들에 대한 우려</td></tr>
<tr><td>년,월,일,시</td><td>25. 7. 25. 12시 30분</td></tr>
<tr><td>Logo-
Reading</td><td colspan="3">성과를 위해 타인의 희생을 무조건 요구하는 이들...마키아벨리즘...
나르시시스트와 유사한 행태이다. 위험한 인간들이다.
사람을 목적이 아닌 수단 도구로 보는 이들이다. 사람에 예의가 없는 이들이다. 참 많은 인간이 그런 행태를 보인다.
나는 그들과 다른가...
비판하고 성찰해야 한다. 비판적 성찰적 로고아트워크가 필요한 시점이다.</td></tr>
<tr><td rowspan="2">Art-
Work</td><td colspan="3">제목 : 열정이 연결되어 내적 힘을 기르고 힘을 키워 통합적인 존재로</td></tr>
<tr><td colspan="3"></td></tr>
<tr><td>Reflection</td><td colspan="3">새벽부터 노르웨이와 볼리비아에서 온 연락들...
이들은 자기는 타인에게 매우 좋은 사람이고 싶고, 반드시 필요한 싫은 소리는 누군가에게 제안해 의견 조율을 하게 하고 성과는 기져가고 싶은 이들이다. 그리고 결과가 자기 의견과 다르면 뒷담화 험담을 한다. 나라는 인간이 그리 능력이 있지 않음에도 무한한 능력을 발휘하길 바라는 이들에게 지친다. HSP인 나는 참으로 마음이 아프다. 자주 고갈된다.

이제 그만 모두 내려놓아야 하는지... 내게 로고테라피와 로고아트워크가 없었다면 이리 힘든 상황에서 분노, 화를 폭발하지 않을 수가 없었을 것이다. 로고아트워크, 특히 감정 따라 그리기와 성찰적 글쓰기를 하지 못했다면, 이 억압적이고 폭력적인 험한 이 세상에서 스스로 지키지 못했을 것이다. 스스로 달래고 위로하고 극복할 수 있는 힘을 주는 로고아트워크에 감사한다. 나를 위한 로고아트워크이다.
멘탈 지키고 살게 해준 로고아트워크에 무한 감사한다.
이런 교육과정이 많은 이들에게 도움을 줄 수 있길 바라고 기도한다.
내 열정이 내게 힘을 주고 power가 되어 통합에 큰 역할을 하길 바란다. 나는 나이다. 내 존재 자체로 유일하고 특별하고 귀하고 소중하고 존엄하다.
누구도 나를 함부로 할 자격이 없다. 나를 지키는 나이기로 다짐한다.</td></tr>
</table>

Self 로고아트워크(LogoArtWork) 보고서

<table>
<tr><td>회기</td><td>27회기</td><td rowspan="2">주제</td><td rowspan="2">반응과 선택하는 현존재</td></tr>
<tr><td>년,월,일,시</td><td>25. 7. 26. 오후 3시</td></tr>
<tr><td>Logo-Reading</td><td colspan="3">장자 이야기이다.
장자가 어떤 암자에 문을 두드렸는데, 먼저 한 곳에서 감자(거절)를 받고 이곳은 물이 얕아서 배를 댈 수가 없다고 했다. 다음에 문을 두드렸으나 또 감자(거절)를 당했다.
그러나 처음 암자에서의 반응과 달리 장자는 이 곳은 나를 내칠 수도 있고 받아들일 수도 있고, 죽일 수도 있고 살릴 수도 있다.
모 철학자의 강의에서 들은 내용이다. 그러나 정확하게 기억하는 지는 잘 모르겠지만 그 당시 느낌 감동이 있다.</td></tr>
<tr><td rowspan="2">Art-Work</td><td colspan="3">제목 : 삶에 대한 사랑은 초의미이다. 사랑은 자기초월의 최고봉이다.</td></tr>
<tr><td colspan="3">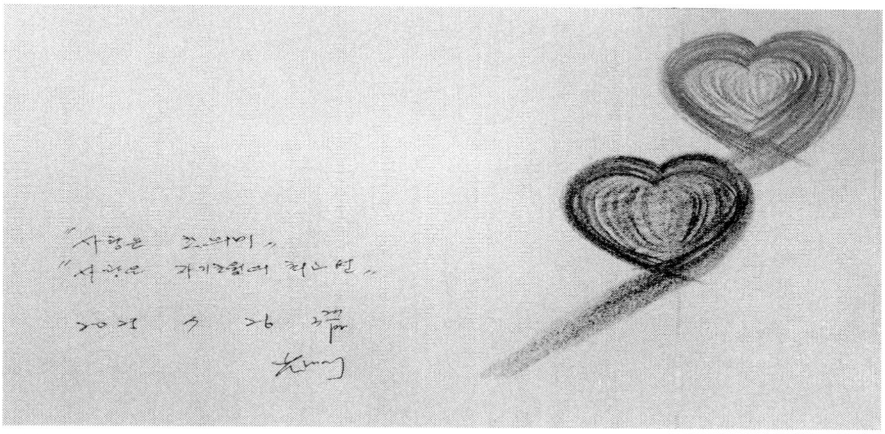</td></tr>
<tr><td>Reflection</td><td colspan="3">똑 같은 상황에서도 다른 반응을 할 수 있는 존재가 인간이다.
고통은 외부에서 오지만 자기초월은 내 안에서 이루어져 외부로 향한다.
그렇다면, 거절의 고통(괴로움)을 어떻게 받아들일지는 오롯이 나의 몫이다.
내게 온 고통을 직면하고 내게 온 의미를 찾아야 한다. 그것이 로고아트워크 교육자의 아름다운 반응이고 선택이다.
현재 겪는 어려움을 그저 외면하지 않고 받아들이고, 내 안에서 교훈과 의미를 찾아야 한다. 안셀름 그린 신부님 말씀처럼 “하늘이 큰 일을 주기 전에 시험하는 것이다”라고 반응하기로 한다. 실존재는 어려움에 대한 반응도 선택할 수 있다는 사실이다.
내가 포기하지 않으면 절대 누구도 내게 포기하도록 강요할 수 없다.
나는 현존재로서 반응하고, 내 반응에 책임을 지기로 결정한다.
어려움 고통이 내 성장의 자양분임을 믿고 선택하기로 한다. 의식의 확장이다.
이렇게 메타인지를 통해 통합을 이룰 것이다.
내가 개발한 로고아트워크 교육과정도 그렇게 확대 확장해 나가기로 한다.</td></tr>
</table>

Self 로고아트워크(LogoArtWork) 보고서

회기	28회기	주제	측은지심
년,월,일,시	25. 7. 27. 오전 11시		
Logo-Reading	"타인을 행복하게 하고 싶다면 측은지심을 실천하고, 자기를 행복하게 하고 싶어도 측은지심을 실천하라". - 달라이 라마- 정확한 번역인지는 모르겠으나, 측은지심에 대해 생각하는 일요일 아침이다. 정체성 혼동으로 일관성 없이 흔들리는 이들을 불쌍히 여기고, 그들에 의해 힘든 나에게 측은지심을 갖길 바란다. 인간 존재를 불쌍히 여기는 마음으로 본다면, 많은 무분별하고 무례한 이들을 모두 이해할 수는 없으나 불쌍히 여기기로 노력할 수 있게 된다.		
Art-Work	**제목 : 희망이 꿈이 되고, 이 꿈을 위해서 희생 헌신과 측은지심이 필요하다,**		
	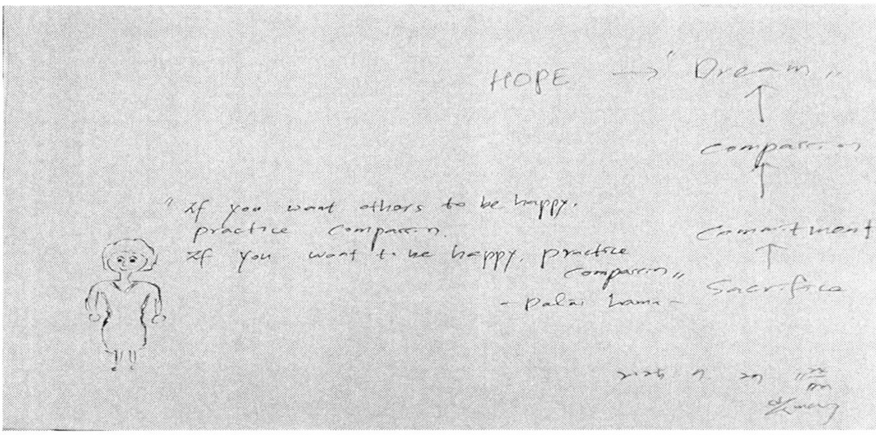		
Reflection	일요일 아침 남편과 브런치 카페에 왔다. 자기와 또는 타인과 철석같은 약속을 수시로 뒤집는 이가 톡으로 연락을 했다. 처음엔 의아했고 당혹했고 한심했다. 솔직히 짜증이 났다. 그런 감정으로 잠시 머물다가, 가진 유일한 도구인 검정 볼펜을 꺼내 그리고 썼다. 희망이 꿈이 되는데, 그 꿈을 이루기 위해서는 희생 헌신 측은지심이 차례대로 발현되어야 한다는 의미이다. 측은지심을 가지되 자유의지에 의한 반응이고 선택이어야 한다. 일관성 없음에 같이 흔들려서는 안된다. 그저 불쌍한 마음으로 바라보는 것이다. 도울 수 있다면 도와야겠지만, 스스로 원하지 않는 이를 도울 수도 변화시킬 수도 없다. 현재 내 꿈이 무엇일까? 먼저, 개발도상국 대상 ODA와 Loan 지원 프로젝트에서 최고 전문가가 되는 것이다. 다음으로, 내가 개발한 LogoArtWork 교육과정 체계화 전문화를 통해 많은 이들에게 도움이 되는 교육과정으로서 확장 확대를 하는 것이다. 내 소중하고 아름다운 꿈을 이루기 위해 희생 헌신과 측은지심을 갖기로 한다. 오늘의 로고스는 측은지심이다. "측은지심!!!!"		

Self 로고아트워크(LogoArtWork) 보고서

<table>
<tr><td>회기</td><td>29회기</td><td rowspan="2">주제</td><td rowspan="2">NO 파시즘, But 자유의지</td></tr>
<tr><td>년,월,일,시</td><td>25. 7. 28. 오후 1시</td></tr>
<tr><td>Logo-Reading</td><td colspan="3">파시즘 책 저자의 강의를 들었다.
파시즘적 사고의 특성은 자기 이익을 위해 언제든지 태도를 바꾸는 것이다. 그들의 사고 말 행동에서 정합성과 일관성이 없고, 그럼에도 스스로 문제의식이 없다는 지점이다.
그들은 항상 개인의 자유의지를 침해하고 자기 아닌 누군가를 적으로 규정한다. 부정적인 에너지를 만들어서 통치와 통제를 하고자 한다.
파시즘적 사고를 하는 이들을 경계해야 한다. 위험하다.
이들은 언제나 폭력을 독점하고 행한다. 죄의식이 없이. 타인의 자유의지를 억압하고 침해한다. 저기기만인지도 모른채....</td></tr>
<tr><td rowspan="2">Art-Work</td><td colspan="3">제목 : 그럼에도, 내 마음의 고유하고 순수한 양심의 목소리에 귀 기울이자.</td></tr>
<tr><td colspan="3">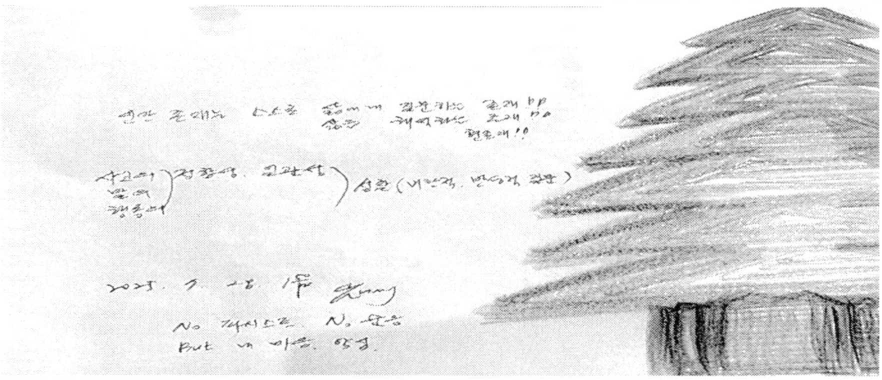</td></tr>
<tr><td>Reflection</td><td colspan="3">나는 어떤가 질문하며 그림을 그렸다. 그저 낙서처럼 시작했는데, 단단한 튜리 나무가 완성되고 있었다. 단단한 뿌리를 만들고 싶어서 자꾸 덧칠하며 그렸다.
인간은 모두 스스로 자기 삶에게 질문할 수 있는 존재이다. 즉, 스스로 자기 삶을 해석할 수 있는 존재이다. 실존재!! 현존재!!
자기 물음에 절실하되 절대 분열하면 안된다.

자신이 자기 이익과 기분만 생각하는 파시즘적 사고인지에 대해 비판적 반성적 사고를 통한 질문과 성찰을 해야 한다. 파시즘적 사고는 논리적 일관성 정합성이 결여되었다는 점을 기억해야 한다.
로고아트워크를 통해 내 사고, 말, 행위가 정합성이 있고, 일관성이 있는지 질문하는 기회를 가져야 한다.

오늘의 로고스는 No 파시스트 No 타인에 무조건적 순응, But 내마음 안에 있는 고유하고 순수한 양심의 목소리에 귀 기울여야 한다는 것이다.

어려운 상황임에도 불구하고, 그럼에도, 내 마음의 고유하고 순수한 양심의 목소리에 귀 기울이길 간절히 바란다.</td></tr>
</table>

Self 로고아트워크(LogoArtWork) 보고서

<table>
<tr><td>회기</td><td>30회기</td><td rowspan="2">주제</td><td rowspan="2">자유의지</td></tr>
<tr><td>년,월,일,시</td><td>25. 7. 30. 오후 1시</td></tr>
<tr><td>Logo-
Reading</td><td colspan="3">인간의 자유의지에 대해 다시 생각하는 날
7월 어느 날 서울에서 여권을 잃어버렸다. 평생 처음으로 여권을 잃어버린 것이다. 참으로 나답지 않은 일들이 자주 일어난다. 이렇게 점차 나이가 들어가는 것이다.
8월 중국 방문 약속이 있기에, 오늘은 여권 발급 신청을 해야만 했다. 이를 위해 3개월만에 미용실 방문 염색을 하고 사진을 찍고 서원구청에 가서 신청하고 집으로 돌아왔다.
아침에 미용실은 남편이 태워다 주었고 이후 세차례 택시를 탔다. 카카오 콜에 감사하다.
그런데 미용실에서 사진관을 가기 위해 콜을 한 차에서 다소 언짢은 일이 생겼다. 차에서 매우 자주 발생하는 사소한 문제이기도 하다.
콜을 했고 차가 와서 탔는데 차 주인이 어디로 가냐고 하기에 여권사진 찍으로 간다고 했다. 그런데 왜 굳이 이리 멀리가냐고 이상하다고 했다.
나는 운전하는 분이 너무 가까워서 오기 싫을 수 있어서 5km 거리에 사진관을 선택했다고 대답했다. 그런데 이 분은 도무지 납득이 안된다고 수차례 얘기하고 또 얘기했다. 나중엔 대답하는 것조차 힘이 들었다.
너무 가까운 거리를 가면서 콜을 하는 것이 미안했던 내 마음이 이리도 한심하게 취급을 받아야 하는지.... 마치 콜 시스템을 전혀 모르는 한심한 아주머니라는 듯 반응할 필요가 있는지....
나름 배려를 이리 쪼그라들게 만들 필요가 있을까...</td></tr>
<tr><td rowspan="2">Art-
Work</td><td colspan="3">제목 : 하나가 꼭 반드시 옳은 것이 아님을...</td></tr>
<tr><td colspan="3">
</td></tr>
<tr><td>Reflection</td><td colspan="3">자신이 자유의지로 선택한 말과 행위가 타인에게 폐를 준다는 생각을 못하는 것이다.
왜 가까운데 가서 사진을 찍지 않느냐고... 걸어갈 수도 있는 거리에 사진관을 찾지 못한 것을 탓하는 것이라기엔 납득이 되지 않는다.
본인에게 피해가 없는 것을 저리도 고집스레 자기 생각이 옳다고 납득시킬 이유가 무엇인지....
실존주의 철학 자유의지, 반응, 선택, 책임에 대해 조금이라도 지식이 있었다면 어땠을까....
우리 사회에 만연해 있는 현상, 병리적 증상이다.
누구도 피해가 없는 상황에서 타인의 자유의지를 어떻게 인정하고 받아줄지에 대해 조금이나마 도움이 되는 교육을 할 수 있길 바란다.
그렇게 타인의 자유의지를 이해했다면 우리사회에서 무례가 조금은 사라지지 않았을까....
집에 돌아와 그리기를 시도했다. 나는 그저 1 이라는 숫자가 생각났고.. 그렸다.
오늘의 로고스는
실존주의 철학 기반 로고아트워크 교육의 확대 필요성 인식이다.</td></tr>
</table>

Self 로고아트워크(LogoArtWork) 보고서

<table>
<tr><td>회기</td><td>31회기</td><td rowspan="2">주제</td><td rowspan="2">본래 자기, 현존재</td></tr>
<tr><td>년,월,일,시</td><td>25. 8. 1.. 오후 1시 30분</td></tr>
<tr><td>Logo–
Reading</td><td colspan="3">마틴 하이데거의 '존재와 시간 p 195 - 196.'
그들, 그들-자기, 본래자기(현존재) 에 대한 소고...
나는 누구인가?
사람에 예의가 있는 존재이다.
내 삶에 질문하고 해석할 수 있는 본래적인 자기, 즉 현존재이다.
자기 마음의 소리 양심의 소리에 귀 기울이는 존재이다.
그들에게, 또는 그들 자기가 되어 흔들리지 않는 존재이다.
삶에 본래성 일관성 평형성을 가지려고 노력하며 사는 존재이다.
나는 나로서 존재할 때 가장 편안하고 균형잡힌 사고를 할 수 있다.</td></tr>
<tr><td rowspan="2">Art–
Work</td><td colspan="3">제목 : 나, 본래자기, 현존재</td></tr>
<tr><td colspan="3"></td></tr>
<tr><td>Reflection</td><td colspan="3">하이데거의 현존재, 본래자기에 대해 생각하며, 무엇을 그리고 싶었는데, 나를 그리고 있었다. 흔들림없이 단호하고 분명한 나를 그렸다.
그리면서 생각했다.
나는 누구인가?
사람에 예의가 있는 존재이다.
내 삶에 질문하고 해석할 수 있는 본래적인 자기, 즉 현존재이다.
자기 마음의 소리 양심의 소리에 귀 기울이는 존재이다.
그들에게, 또는 그들 자기가 되어 흔들리지 않는 존재이다.
삶에 본래성 일관성 평형성을 가지려고 노력하며 사는 존재이다.
나는 나로서 존재할 때 가장 편안하고 균형잡힌 사고를 할 수 있다.

내 삶이 내게 무엇을 원하는지 질문할 수 있고, 내 마음 양심에서 들리는 응답에 귀 기울일 수 있고, 양심의 소리에 따라 살 수 있는 존재이다. 나보다 약하고 어려운 이들 마음을 살필 수 있고 도울 수 있는 존재이다. 나를 의심하지 않고 신뢰한다.
나는 나를 사랑한다. 그리고 주변을 사랑한다.

오늘의 로고스는 나와 타인에 대한 신뢰이고 사랑이다.</td></tr>
</table>

Self 로고아트워크(LogoArtWork) 보고서

<table>
<tr><td>회기</td><td>32회기</td><td rowspan="2">주제</td><td rowspan="2">배려, 심려, 염려</td></tr>
<tr><td>년,월,일,시</td><td>25. 5. 14. 오전 6시</td></tr>
<tr><td>Logo-Reading</td><td colspan="3">실존주의 철학의 시작을 연구 하이데거의 존재와 시간을 읽는다.
사람은 배려, 심려, 염려가 가능한 존재이다. 기획투사를 하는 존재이다. 시간성과 가능성의 존재이다.
그리하여 유한성의 존재이다.</td></tr>
<tr><td rowspan="2">Art-Work</td><td colspan="3">제목 : 현존재인 나에 대한 염려가 가능할까…</td></tr>
<tr><td colspan="3">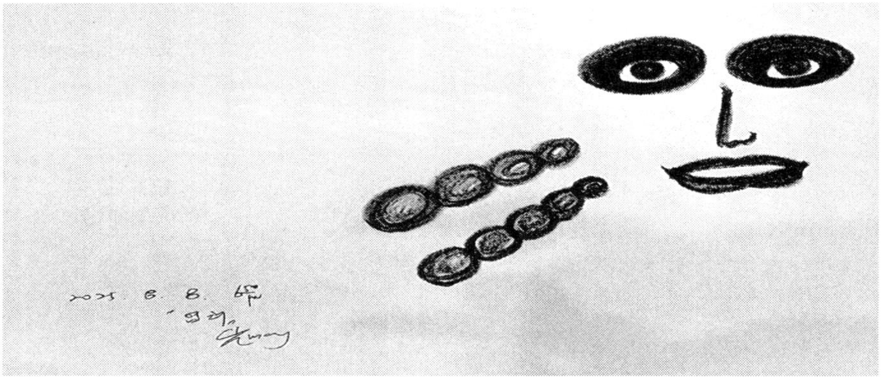</td></tr>
<tr><td>Reflection</td><td colspan="3">어찌 이리 기운이 없을까
어찌 이리 무기력할까
너무 너무 아프다.
공무원 유족 장애연금은 또 어떻게 처리를 해얄지....
앞으로 생활비 부족은 어찌해야 할지
어찌 그리 야박한 인생인지~ 평생 내가 열심히 움직이지 않음 아무것도 되지 않는다.
인생 두번째 박사인 교원대 박사는 계속해얄지... 로고디플로마 과정은 또 어찌해야할지...
연대 의대 강의는....
늘 제대로 대접받지 못하는 가나 프로젝트는 또 어찌해야 할지.
사람에 지치고 야속하다.
아니 어쩌면
내 인생이 이리도 각박하고, 그 어디에도 공짜라곤 없는 팔자가 새삼 부쩍 더 서럽고 서러운지....
고단하다.
일어나 움직이기가 싫다.
심각한 우울이다.
어찌해야 할지...
즐거운 일이 없다.
모두들 날 도와줄 이는 없고 내가 무엇이라도 해야 하는 이들만 그득하다.
참으로 참으로 참으로 고단한 인생이다.</td></tr>
</table>

	이리 자주 누워서 사주 팔자만 원망할 수도 없고, 생목숨 또 끊길 시도할 수도 없다. 여러번 시도에도 단번에 죽는 방법이 없었다. 아니 찾질 못했다. 가장 쉬운 방법은 가진 모든 정신과 약을 먹는 것인데, 그리해서 쉬이 가는 이들이 있건만 나는 또 살아나고 또 살아났다' 그게 자식의 가슴을 아프게 했고, 나 스스로 비참했고 우스운 꼴이 되었다. 속은 점점 망가지고~ 또 어떻게 어디에서 살아갈 힘을 얻을 수나 있을지 모르겠다. 기운이 없다. 슬프다. 서럽다. 참으로 참으로 한심하다. 어떻게 해얄지... 아프고 아프다. 그러나 아직은 어니다. 남편, 아들과 손자들에게 아직은 내가 필요하다. 그리하여 또다시 기운을 내야겠기에.. 하이데거의 염려.. 가능성의 존재인 현존재로서 살길 바라는 마음으로 그리기 시작했다. 감자기 눈을 그리고 싶었다. 검은색으로 그리다 보라색으로 마무리한 눈.. 눈동자는 블루이다. 힘을 주어 진하게 눈을 그리다보니 조금은 알 것 같았다. 나는 자세히 보고싶은 것을.. 내 삶을 더 자세히 밝히고 싶은 것이라고.. 하이데거가 말하는 밝히 보는 것... 나는 아직 밝히 볼 것이 많은 존재이다. 아직 이루어야 할 것이 많은 존재이다. 내 삶을 밝히는 존재여야... 한다. 오늘의 로고스는 밝히 보는 존재, 현존재.. 나이다. 아... 조금 살 것 같다,,, 이렇게 또 살아가야지.. 밝히...

Self 로고아트워크(LogoArtWork) 보고서

회기	33회기	주제	연구자의 위치, 고민
년,월,일,시	25. 8. 9. 오후 8시		
Logo-Reading	한국교육인류학회 하계 워크숍 주제는 AI시대 질적연구자의 위치이다. 생성형 AI 등장 이후 고민이 깊어가고 있었다. 그저 나 혼자서 고민하는 부문인 줄 알았는데, 여러 연구자가 함께 고민하고 있었다. 그렇게 우리가 되고, 조금씩 답을 찾아가고 있었다. 집단지성!! 혼자서는 늘 어렵다. 함께 고만하고 인식을 확장할 수 있는 시간이었다. 기뻤다.		
Art-Work	**제목 : 같은 고민을 하는 이들과 함께여서 좋다.** 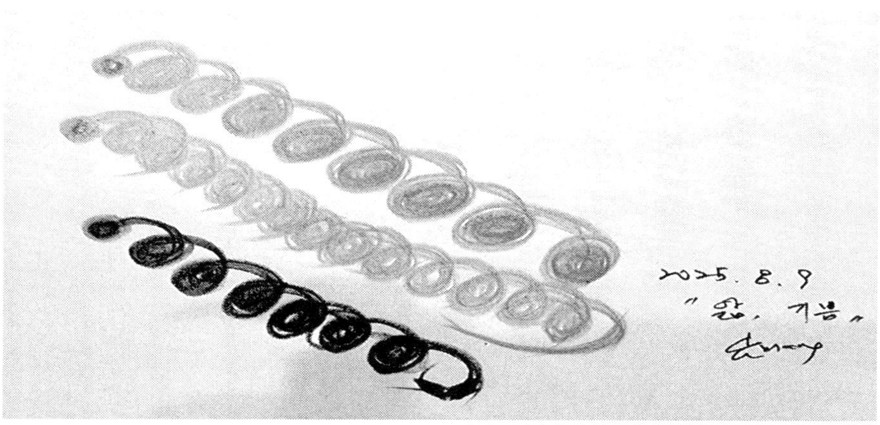 		
Reflection	새벽 7시에 출발해서, 7시가 훨씬 넘어 청주에 도착했다. 하루가 길었으나 행복했다. 공부는 늘 기쁨이다. 고속버스터미널로 마중나온 남편과 집으로 돌아오며 나는 공부중독이라고 이야기 하며 즐거웠다. 오늘 기분에 맞추어 고속터미널 상가에서 산 보라색 셔츠가 참으로 마음에 든다. 집에서 먹은 남편 표 호박감자부침과 오이미역냉국이 참으로 좋았다. 공부하고 아는 것.. 그리고 아는 것을 나누는 이 큰 기쁨을 무엇에 비기랴.. 로고아트워크 교육과정을 운영하기 위해 현상학적 연구, 자문화기술지연구에 대해도 많은 고민을 하고 전문가들과 토론해야 한다. 현상학적 연구를 위한 책읽기 모임 문질빈빈의 회원으로 활동하기로 결정한 날이다. 로고아트워크 교유과정 연구 그리고 질적분석연구, 그것이 앞으로 남은 인생에서 가장 중요한 과업이 될 것이다. 오늘의 로고스는 앎, 기쁨이다.		

Self 로고아트워크(LogoArtWork) 보고서

<table>
<tr><td>회기</td><td>34회기</td><td rowspan="2">주제</td><td rowspan="2">태양, 그리고 감사</td></tr>
<tr><td>년,월,일,시</td><td>25. 8. 19. 오후 1시</td></tr>
<tr><td>Logo-Reading</td><td colspan="3">아침에 다시 또 떠오른 태양, 그 자연에 감사하는 오늘이다. 지난 몇주 이렇게 아름다운 자연에 감사하지 못한체 지냈다.
3주간 냉방병 감기로 고생했다.
아주 기본적인 즉, 생리적으로 필요한 일 이외에 적극적으로 할 수 없는 시간이었다.
나답게.. 이제 그만 떨치고 일어나서 다시 새로운 시작을 해야 한다. 다음 주에 중국 우윤시를 방문해 로고아트워크 교육과정을 소개할 예정이다.
어떤 인연인지 모르겠으나, 중국에서 로고아트워크 교육의 싹이 만들어지길 바란다.</td></tr>
<tr><td rowspan="2">Art-Work</td><td colspan="3">제목 : 희망 - 열망 - 열정 - 통합</td></tr>
<tr><td colspan="3">
</td></tr>
<tr><td>Reflection</td><td colspan="3">내 쳐진 기분 탓일지... 오늘은 레드, 붉은색에 자주 눈이 간다.
에너지를 만들어야 한다. 해결할 일이 태산이다.
레드체크 블라우스.. 레드 슈즈를 신고 남편과 손자 종우와 브런치 카페를 갔다. 빵과 커피가 특별히 맛있었다.
손자 종우와 세종대왕의 업적에 대한 이야기하며 즐거웠다. 두어시간 수다가 조금 에너지를 만들어준 듯하다.

집에 돌아와 그리기를 시작했다. 처음엔 태양인 줄 알았는데, 점차 빨려들어갈 듯한 홀.. 그리고 정점의 붉은 진한 점을 그린 이후 날아갈 듯하다.

그래... 그래... 비로 이것이야..
이 것이 나야.. 나라구...
나는 희망이 있고, 이를 이룰 열망과 열정이 있고.. 그렇게 통합에 이를 것이다.

오늘의 로고스는 희망으로 통합을 이룬다는 그 것이다. 그리고 그 것은 내가 이 세상에서 나누는 사랑이다. 사랑이고 사랑이다.</td></tr>
</table>

Self 로고아트워크(LogoArtWork) 보고서

<table>
<tr><td>회기</td><td>35 회기</td><td rowspan="2">주제</td><td rowspan="2">교육자로서 참여자의 잠재력을 알아보기</td></tr>
<tr><td>년,월,일,시</td><td>25. 8. 26. 오전 11시</td></tr>
<tr><td>Logo-Reading</td><td colspan="3">상담의 목적은 상담 과정을 통해 참여자가 스스로에게 촉진적이 될 수 있도록 촉진해 줌으로써 참여자로 하여금 전에는 드러낼 수 없었던 부분들을 보다 더 잘 드러낼 수 있게 해 주고 표현하지 못했던 감정들을 더 분명히 표현할 수 있도록 촉진하는 데 있다. 또한 상담을 통하여 참여자로 하여금 자기 내부에 잠재해 있는 치료적 힘을 스스로 발견하게 하여 이전에는 이해할 수 없었던 자기 다른 부분을 좀 더 이해할 수 있도록 돕고, 자기 성장과 자기 실현을 위해서 진정 자기가 원하는 바를 진정으로 이끌어 내고 자기를 위해서 보다 나은 결정을 스스로 결정할 수 있도록 촉진하는데 있다.
그러므로 상담자의 역할은 상담자가 상담의 중심이 되어 참여자를 어딘가로 이끌어가는 가려고 애 쓰는 형태가 되어서는 안된다: 칼 로저스의 사람중심상담(A WAY of BEING) 역자 서문 p 5.</td></tr>
<tr><td rowspan="2">Art-Work</td><td colspan="3">제목 : 내 안의 열망. 사랑. 나눔.... 그리고 헌신...</td></tr>
<tr><td colspan="3"></td></tr>
<tr><td>Reflection</td><td colspan="3">그저 낙서처럼 습관처럼 내 마음이 그려졌다. 여러 가지 색의 내 하트에는 꼬리가 달렸다. 사랑을 나누고 싶은 것이다. 그 하트 안에 강한 열망을 그리고 싶어, 태양을 그렸다. 그리고 첫 하트에 내 눈, 코, 입을 그렸다. 내 얼굴 모습과 내 가슴에 있는 열망과 나누고자 하는 사랑이다.
감정돌봄을 위한 로고아트워크 교육과정애 대한 중국의 관심이 부담이었으나, 한편 다행이고 감사했다. 30년도 전부터 고민했던 문제... 의료 전문가의 일에 취해서 자기 감정을 돌보지 못하는 상황, 그리고 인문학적 성찰 부족 등에서 는 불안감, 자기 기만에 기인한 많은 문제를 스스로 모르고 있는 현실적 문제를 어떻게 극복할 수 있을까.

오랜 시간 고민 끝에 15년 전 쯤 아프리카 에스와티니에서 그 답을 찾은 듯 했다. 그리고 에스와티니에서 보건의료, 복지 전문가 7명을 대상으로 운영해서 영향을 확인한 로고아트워크 교육과정을 이제 우리나라에서, 그리고 중국에서도 나눌 기회가 온 것이다.
로고아트워크 교육과정을 개발하고 운영하는 교육자로서 참여자가 미처 발견하지 못했던 자기 내면의 잠재력을 알아차리고 치유와 성장을 할 수 있길 바라고 기도한다. 그리하여 그들이 치유와 성장의 길로 나아가길..</td></tr>
</table>

Self 로고아트워크(LogoArtWork) 보고서

<table>
<tr><td>회기</td><td>36 회기</td><td rowspan="2">주제</td><td rowspan="2">사람과 사람의 좋은 관계에서 배운다.</td></tr>
<tr><td>년,월,일,시</td><td>25. 9. 2. 오후 4시</td></tr>
<tr><td>Logo-
Reading</td><td colspan="3">“내가 인간관계에서 배운 또 다른 영역으로 넘어가보지요. 이를 배우는 과정은 더디고 고통스러웠습니다. 누군가가 나를 좋아하고 수용해주며 칭찬하고, 수용해주며 소중하게 여겨주는 것을 사실로 받아들이고 그대로 느낄 수 있도록 스스로에게 허용해줄 때 나는 마음이 따뜻해지고 충족감을 느낍니다.” 중략...
“아직도 그런 따뜻한 사랑의 느낌을 다른 사람에게서 받아들이는 것은 항싱 잘 되지는 않지만, 그렇게 할 때, 아주 편안함을 느낍니다. ” 중략
“어떤 사람들은 진심으로 나를 인정해주고 좋아하고, 사랑한다는 사실을 이제 알게 되었으며, 그 사실을 인정하고 받아들이고 싶습니다.”
칼 로저스의 사람중심상담(A WAY of BEING) p 39.</td></tr>
<tr><td rowspan="2">Art-
Work</td><td colspan="3">제목 : 사람을 잘 돕는, 기르는 사람이고자 소망한다. 세상에 헌신이고 자기초월이다. 그게 나, 최영순 마리이다.</td></tr>
<tr><td colspan="3">
</td></tr>
<tr><td>Reflection</td><td colspan="3">숲을 기르는 나무처럼: 헌신과 자기초월의 삶
내 그림이 눈 앞에 펼쳐진다. 넉넉한 품을 자랑하는 커다란 나무 한 그루가 중심을 잡고 서 있다. 동글동글하게 겹쳐 그린 무성한 잎사귀는 생명력과 풍요로움을 상징하는 듯하다. 그 곁으로는 이제 막 하늘을 향해 곧게 뻗어 오르는 날렵한 나무들이 함께 서 있다. 이 그림은 단순한 풍경화를 넘어, 나의 세계관이자 삶의 방향을 제시하는 선언처럼 다가온다.
이는 ‘사람을 잘 돕는, 기르는 사람’이 되고자 하는 소망의 시각적 발현이다. 그림 속의 큰 나무는 홀로 우뚝 서서 자신의 위용을 과시하는 존재가 아니다. 오히려 주변의 나무에게 그늘을 내어주고, 함께 숲을 이루며 공존하는 ‘기르는 존재’의 모습을 보여준다. 잘 돕는다는 것은 일방적인 시혜가 아니라, 상대방이 스스로의 힘으로 뿌리내리고 자랄 수 있도록 든든한 버팀목이 되어주는 과정이다. 무성한 잎은 따가운 햇볕을 가려주는 보호막이자, 다른 생명체가 기댈 수 있는 안식처를 의미한다.</td></tr>
</table>

	이러한 내 태도는 '세상에 대한 헌신'으로 이어진다. 헌신은 자신을 낮추고 타인을 높이는 이타적인 사랑의 실천이다. 숲이 건강하려면 큰 나무와 작은 나무가 조화를 이루어야 하듯, 사회 역시 서로를 돌보는 헌신적인 관계 속에서 성숙해진다. 나무가 묵묵히 자기 자리를 지키며 숲 전체에 생명력을 불어넣듯, 타인의 성장을 돕는 일은 세상을 향한 가장 구체적이고 진실한 기여이다. 궁극적으로 내 길은 '자기초월'을 지향한다. 자기초월은 자기 이익이나 욕망의 경계를 넘어 더 큰 가치와 연결될 때 경험하는 깊은 충족감이다. 나 스스로의 성공에만 집중하는 삶이 아니라, 타인의 잠재력을 이끌어내고 공동체의 성장에 기여함으로써 '나'라는 한계를 뛰어넘는 것이다. 그림 속 큰 나무가 스스로를 비워내어 주변 나무에게 자리를 내어주었기에 비로소 아름다운 숲이 완성되는 것처럼, 자기초월적 헌신을 통해 삶의 의미는 더욱 깊어지고 확장된다. 사람을 돕고 기르며, 세상을 향해 헌신하고, 이를 통해 자아를 넘어선 가치를 실현하는 삶. 그림과 글에 담긴 이 다짐은 "그게 나, 최영순 마리이다"라는 선언으로 귀결된다. 숲을 이루는 가장 넉넉한 나무처럼, 타인의 성장을 자양분 삼아 함께 푸르러지겠다는 삶의 고백이다.

4. 실존적 및 성찰적 에세이와 시 분석 결과

1) 인비보 코딩 결과

저자의 '실존적 에세이와 시' 자료에 대한 자문화기술지 연구를 위한 인비보 코딩(In-Vivo Coding)을 했다. 인비보 코딩은 연구 참여자가 사용한 언어를 그대로 활용하여 코드와 범주를 생성하는 질적 연구방법론이다. 이를 통해 저자의 세계관과 경험을 가장 생생하게 드러낼 수 있다. 에세이와 시에서 반복적으로 나타나는 핵심 개념과 가치를 저자의 언어로 직접 추출하여 범주화한 것이다. 이는 저자의 실존적 경험과 철학을 깊이 있게 탐색하는 기반이 된다.

저자의 실존적 사유는 '나는 누구인가?'라는 근원적 질문에서 출발한다. 글에서 교육자이자 연구자로서, 그리고 한 인간으로서 삶의 고통 속에서 의미를 발견하고, 진정한 자기로 살아가려는 치열한 여정을 담는다. 이는 단순한 기록을 넘어, 그의 삶을 관통하는 철학적 탐구의 결과물이다.

(1) 실존, 의미를 발견하는 여정

저자의 철학의 핵심은 빅터 프랭클의 로고테라피와 맞닿아 있으며, 삶의 본질을 '로고스, 즉 의미 발견'에서 찾는다. 그는 '의미는 주어지는 것이 아니라 발견하는 것'이라고 강조하며, 인간을 주어진 조건 속에서도 '어떻게 살 것인가'를 선택할 수 있는 능동적 주체로 바라본다. 이러한 '자유의지, 선택, 책임'은 그의 실존주의적 사유의 기둥을 이룬다. 그에게 죽음은 끝이 아니라, '유한성을 통해 영원의 가치를 드러내는 거울'이다. 그에게 '오늘이 마지막일 수도 있다는 생각'은 삶을 더 진실하고 소중하게 만드는 성찰의 계기가 된다. 결국 "실존은 단지 존재하는 것이 아니라 삶의 의미를 발견하고 자기초월적 삶을 살아내는 것"이라는 통합적 인식으로 귀결된다.

(2) 고통을 넘어 치유와 성장으로

저자의 글은 고통을 피하지 않고 정면으로 마주하며 그 안에서 성장의 동력을 찾는 과정을 보여준다. 그는 과거의 경험을 돌아보며 '비교는 상처였고, 섀도우였다'고 고백한다. 하지만 그는 칼 융의 이론을 통해 그 그림자가 결국 '나를 성장시켜온 또 다른 나였음을' 인식하고 자기를 통합하는 과정을 거친다. 이러한 성찰은 용서의 문제로 이어진다. 그에게 용서는 타인을 위한 시혜가 아니라, 상처받은 자기를 해방하는 주체적인 선택이다. 그는 '용서는 그들을 위한 것이 아니라, 오롯이 나를 위한 선택'이라고 말하며, 자유의지로 과거의 고통에 '얽매이지 않는' 선택을 하기로 결정한다. 이처럼 그의 삶은 '고통을 넘어, 의미로 치유' 하는 과정 그 자체이다.

(3) 관계의 윤리: 예의와 공감

저자의 철학은 개인의 내면에서 그치지 않고 타인과의 관계로 확장된다. 그는 무엇보다 '인간에 대한 예의' 를 중시하며, '사람은 사람에게 가장 인간다운 태도를 지녀야 한다'고 역설한다. 무례함과 편견은 그에게 단순한 실수가 아니라 '인간 존재에 대한 성찰 부족'이자 관계를 파괴하는 폭력이라고 정의한다. 따라서 그는 '공감적 경청'을 삶의 핵심 기술로 삼는다. 이는 단순히 말을 잘 듣는 행위를 넘어, 상대의 아픔에 동참하고 그 존재 자체를 기다려주는 태도이다. 가족과의 관계 역시 '서로의 존재를 확인하고 사랑을 확인하는 시간'이며, 그의 삶 전체는 '사랑의 연습' 과정이었다고 결론 내린다.

(4) 교육자, 진정성을 실천하는 삶

저자는 자기 정체성을 '글 쓰는 것을 매우 좋아하는 교수이자 연구자' 로 정의한다. 그의 소명은 지식 전달을 넘어, 감정노동으로 소진된 전문가들이 자기의 존재를 돌볼 수 있도록 돕는 '감정돌봄 교육과정 로고아트워크'를 더 잘 개발하고 운영하는 데 있다. 그의 교육 철학은 '건물보다 더 중요한 사람' 이라는 그 한마디에 압축되어 있다. 그의 자부심은 외적인 성취가 아닌, 매사에 '최선을 다하는 태도'와 '과정을 대하는 진정성'에서 나온다. 효율보다 의미를, 빠름보다 바름을 중시하는 그의 고집은 스스로에게 부끄럽지 않은 삶을 살고자 하는 윤리적 실천이다. 그는 '죽기 전날까지 배우고, 가르치고, 쓰는 사람"으로 남길 소망하며, 자기 삶을 통해 살아내는' 철학적 기반을 다지고 있다.

결론적으로 저자의 글은 그가 '미완성의 존재이자 가능성의 존재'임을 끊임없이 확인하는 과정이다. 그의 삶은 고통과 상처 속에서도 의미를 발견하고, 타인과 진실하게 관계 맺으며, 양심에 따라 자기의 소명을 다하려는 하나의 실존적 투쟁이자 아름다운 여정의 기록이다.

[표 3-5] 인비보(In-Vivo 코딩 결과

대분류	중분류	인비보 코드 (In-Vivo Code)	출처 (에세이/시 번호)
실존적 사유와 철학	삶의 의미와 목적	• "로고스, 즉 의미 발견" • "고통 속에서도 의미를 발견하고 삶의 방향성을 잃지 않도록 돕는 도구" • "의미는 주어지는 것이 아니라 발견하는 것이거든" • "실존은 단지 존재하는 것이 아니라 삶의 의미를 발견하고 자기초월적 삶을 살아내는 것" • "고통에서 그 어떤 의미도 "찾지 못할까 더 두렵단다"	에세이 3, 시 10
	자유, 선택, 책임	• "어떻게 살 것인가"를 선택할 수 있는 능동적 주체" • "선택에 책임을 다하려는 경험적, 창조적, 태도적 가치를 추구한다" • "존재에 대한 책임성" • "자유의지는 책임을 감당할 수 있는 성숙함으로 나아가는 과정"	에세이 7, 4, 17
	유한성과 죽음	• "오늘이 마지막일 수도 있다는 생각" • "죽음은 영원의 반대가 아니라, 오히려 유한성을 통해 영원의 가치를 드러내는 거울" • "죽음을 말하는 것이 곧 삶을 더 사랑하게 하는 것"	에세이 23, 12, 3
치유와 성장	고통과 극복	• "고통을 넘어, 의미로 치유" • "고통에서도 태도적 가치를 통해 의미를 발견하면서 이루어진다" • "기억보다 통증이 먼저 신호를 전하는 날" • "비교는 상처였고, 섀도우였다" • "나를 성장시켜온 또 다른 나였음을"	에세이 3, 10, 24
	용서와 자기 해방	• "용서는 그들을 위한 것이 아니라, 오롯이 나를 위한 선택" • "기억하되 더 이상 그것에 얽매이지 않는 내 선택" • "과거의 상처를 쥐고 있는 손을 내려놓고"	에세이 25
	내면 성찰	• "나는 누구인가" • "실존의 거울 앞에서" • "흩어진 생각을 정리하고, 새로운 교육 콘텐츠와 방향을 구상하는 경험적 및 창조적 사유의 시간" • "미완성의 존재이자 가능성의 존재"	에세이 28, 4, 2
관계와 공감	인간에 대한 예의와 존중	• "사람은 사람에게 가장 인간다운 태도를 지녀야 한다" • "인간에 대한 예의" • "타인에 대한 존중과 공감" • "편견은... 타인의 삶과 존재에 대한 무례한 간섭"	에세이 20, 18, 17, 21
	가족과 사랑	• "내가 살아온 모든 시간은 사랑의 연습이었다" • "사랑은 곧 책임이라는 것" • "서로의 존재를 확인하고 사랑을 확인하는 시간" • "가장 소중하고 아름다운 자부심"	에세이 8, 16, 22

대분류	중분류	인비보 코드 (In-Vivo Code)	출처 (에세이/시 번호)
	공감적 소통	• "공감적 경청을 삶의 중심 기술로 여긴다" • "말을 기다리는 것이 아니라 존재를 기다리는 사람" • "타인의 고통에 어떻게든 동참하려는 자세" • "가만히 옆에 있어주고, 손잡고 들어주고, 공감해주면 어떨까요"	에세이 18, 21, 시 9
교육자로서의 소명	교육 철학	• "건물보다 더 중요한 '사람'" • "감정돌봄 교육과정" • "지식 전달을 넘어서, 인간 존재로서 진정성과 삶의 의미를 찾도록 돕는 것" • "살아내는 철학의 기반"	
	자부심과 정체성	• "모든 일에 최선을 다하는 것, 나의 소중한 자부심" • "과정을 대하는 진정성" • "죽기 전날까지 배우고, 가르치고, 쓰는 사람으로 살고자 한다"	
	윤리적 실천	• "빠르기보다는 바르기를, 효율보다는 의미를 중시한다" • "가르친 가치를 얼마나 실천했는지" • "양심에 따라 선택하고 말하고 행동할 때, 가장 기쁘다"	

2) 감정(Emotion) 코딩 결과

저자의 에세이와 시 자료에 나타난 감정을 분석한 코딩 결과는 다음과 같다. 감정 코딩은 텍스트에 드러난 저자의 주관적인 감정, 어조, 느낌을 식별하고 분류하는 질적 분석 방법이다. 이 코딩은 저자의 경험 세계를 감정의 차원에서 깊이 이해하는 데 목적이 있다. 저자의 에세이와 시는 한 인간의 실존적 여정을 감정이라는 창을 통해 깊이 있게 보여준다. 그의 텍스트는 고통과 기쁨, 분노와 감사, 사랑과 슬픔 같은 다채로운 감정들이 서로 얽히고 스며들며 삶의 의미를 구성하는 과정을 섬세하게 드러낸다. 이는 특정 감정이 지배하는 단선적인 서사가 아닌, 모든 감정적 경험을 끌어안고 성찰하는 통합적인 세계관의 발현이다.

(1) 사랑과 감사의 토대 위에 세워진 삶

저자의 감정 세계의 근간을 이루는 것은 사랑(Love)과 감사(Gratitude)이다. 그는 자기의 삶 전체를 '사랑의 연습'이었다고 고백하며, 사랑을 삶의 본질적 행위로 여긴다. 이 사랑은 아버지로부터 배운 '사랑은 곧 책임'이라는 가르침에 뿌리를 두고 있으며, 가족을 향한 깊은 애정으로 나타난다. 이러한 사랑의 경험은 자연스럽게 감사로 이어진다. 그는 가족의 존재 자체를 '큰 축복'으로 여기고, 아들과 며느리가 손수 만들어준 상장에 깊이 감동하며 맑은 하늘과 같은 자연의 아름다움 앞에서도 '고맙습니다. 감사합니다'라며 감사를 표현한다.

(2) 성장의 동력이 된 고통, 슬픔, 그리고 분노

저자의 글에서는 어두운 감정들을 회피하지 않고 성장의 동력으로 삼는다. 고통(Pain)은 그의 삶에 지속적으로 등장하는 주제이다. 과거 교통사고로 인한 육체적 통증뿐만 아니라, 시어머니와 시어머니의 아들로서 어쩔 수 없었던 남편에게 보호받지 못했던 기억에서 오는 깊은 마음의 상처는 '방패막이 없는 전쟁터에 멈춰 선 군인'과 같은 외로움과 슬픔을 남겼다. 또한 과거의 어려움 속에서 타인과 자기를 비교하며 느꼈던 자책감과 열등감은 내면의 분노(Anger)로 이어졌다. 하지만 그의 분노는 단지 개인적인 상처에 머물지 않는다. 그것은 인간의 존엄성이 훼손되는 상황에 대한 윤리적 분노이기도 하다. 그는 '예의 없는 이들을 대할 때 분노와 슬픔이 함께 밀려온다'라고 이야기하며, 이는 '인간으로서 붕괴를 목격하는 데서 기인한다.'고 성찰한다. 이처럼 고통과 분노는 자기를 성찰하고 타인에 대한 이해를 심화시키는 계기가 된다.

(3) 고통 속에서 피어나는 기쁨과 평온

깊은 고통의 경험에도 불구하고, 그의 세계는 기쁨(Joy)과 평온(Peace)의 순간으로 가득 차 있다. 그가 느끼는 최고의 기쁨은 외적인 보상이 아닌, '양심에 따라 선택하고 말하고 행동할 때' 찾아오는 내면의 충만감이다. 또한 잘 성장한 아들을 보며 느끼는 행복과 책과 음악 같은 예술을 '내 영혼을 정화하는 도구'로 삼아 얻는 평온함은 그의 삶을 풍요롭게 한다. 과거에는 비 내리는 풍경을 보며 느끼던 평화로움처럼 그는 일상 속에서 기쁨과 평온의 순간을 적극적으로 발견하고 가꾼다.

(4) 삶을 이끄는 희망과 자부심

저자의 삶을 앞으로 나아가게 하는 동력은 희망(Hope)과 자부심(Pride)이다. 그의 희망은 막연한 기대가 아니라, 삶의 마지막 순간까지 배우고 나누는 삶을 살겠다는 구체적인 소망으로 나타난다. 그는 '죽기 전날까지 배우고, 가르치고, 쓰는 사람으로 살기 바란다.'라고 다짐하며 자기의 지식과 경험을 아프리카와 아시아의 동료들과 나누기를 소망한다. 그의 자부심 역시 독특하다. 사회적 성공이나 명예가 아닌, '매 순간 다주하는 크고 작은 일에 마음을 다해 최선을 다하는 태도' 자체에서 자부심을 느낀다. 과거의 고통을 이겨내고 성실하게 삶을 지켜낸 자기를 스스로 인정할 수 있게 되었을 때, 그는 비로소 흔들리지 않는 자존감을 회복한다. 이 자부심은 '스스로에게 부끄럽지 않게 내 삶을 잘 살아내게 하는 원동력'이 된다.

[표 3-6] 감정(Emotion) 코딩 결과

감정 코드	근거 구절	맥락적 설명	출처 (에세이/시 번호)
감사	• "누군가에게 깊이 사랑받았고, 또 누군가를 진심으로 사랑할 수 있었던 그 사실이 바로 내 삶의 이유이며, 큰 축복이었다고." • "세상에서 가장 감사한 어머니에게" • "고맙습니다. 감사합니다. 사랑합니다."	어버이날에 아버지를 추억하고, 아들과 며느리에게 받은 상장에 감동하며, 아름다운 자연을 마주할 때 느끼는 깊은 감사함	에세이 8, 29; 시 8
고통과 슬픔	• "견디기 힘든 저림과 통증이 찾아온다." • "이해받지 못한다는 서운함이 상처가 된다." • "나는 방패막이 없는 전쟁터에 멈춰 선 군인같은 존재였다." • "왜 나만 이렇게 살아야 하는가"라는 질문과 더불어 깊은 자책이 함께했다."	과거 교통사고로 인한 만성적 육체적 통증, 남편과의 갈등에서 오는 서운함, 시어머니와 남편에게 보호받지 못했던 기억에서 오는 깊은 마음의 상처, 그리고 과거의 경제적, 사회적 어려움 속에서 느꼈던 고통	에세이 10, 5, 25, 24
기쁨과 평온	• "양심에 따라 선택하고 말하고 행동할 때, 가장 기쁘다." • "아들을 생각할 때면 기쁘고 행복하다." • "책을 사는 일, 좋은 음악을 찾아 듣는 일... 내 영혼을 정화시키는 도구이다." • "비 내리는 창밖을 바라보며... 평화로웠다."	자기의 윤리적 나침반인 양심에 따라 행동할 때 느끼는 내면의 충만함, 잘 성장한 아들을 보며 느끼는 행복, 그리고 책과 음악 같은 예술을 통해 얻는 영혼의 정화와 평온함	에세이 27, 8, 13, 10
분노와 실망	• "예의 없는 이들을 대할 때 분노와 슬픔이 함께 밀려온다." • "분노는... 인간으로서 붕괴를 목격하는 데서 기인한다." • "나보다 나은 이들을 향한 부러움은 곧 스스로에 대한 분노와 열등감으로 연결되었다." • "남편조차 나를 보호해 주지 못했다는 사실이다."	인간에 대한 예의와 존중이 없는 무례한 태도를 마주할 때, 그리고 과거 자신을 타인과 비교하며 느꼈던 열등감과 분노, 가장 가까운 사람에게 보호받지 못했다는 사실에서 오는 실망감	에세이 20, 24, 25
사랑과 애정	• "내가 살아온 모든 시간은 사랑의 연습이었다고." • "사랑은 곧 책임이라는 것을 아버지는 말이 아닌 삶으로 가르쳐 주셨다." • "아들, 며느리, 그리고 두 손자의 건강하고 기쁜 모습을 바라보며 나누는 대화."	삶의 본질을 사랑의 실천 과정으로 이해하며, 아버지로부터 배운 책임으로서의 사랑과 아들, 손자 등 가족과의 교감에서 느끼는 깊은 애정	에세이 8, 16

감정 코드	근거 구절	맥락적 설명	출처 (에세이/시 번호)
희망과 소망	• "죽기 전날까지 배우고, 가르치고, 쓰는 사람으로 살고자 한다." • "견디어 피었으니 넌 분명히 꽃이다. 소중한 꽃." • "학생의 마음에 작은 불씨 하나라도 지필 수 있기를 소망한다." • "아프리카와 아시아의 저개발국가를 방문하고... 전달할 수 있기를 바란다"	유한한 삶 속에서도 배움과 나눔을 멈추지 않으려는 의지, 어려운 환경을 극복한 존재에 대한 격려, 그리고 교육과 봉사를 통해 더 나은 세상을 만들고자 하는 미래지향적 소망	에세이 23, 31; 시 1; 에세이 22
자부심과 자존감	• "매 순간 마주하는 크고 작은 일에 마음을 다해 최선을 다하는 태도에서 나오는 것이 아닐까 한다." • "스스로에게 부끄럽지 않게 내 삶을 잘 살아내게 하는 원동력이다." • "그 고통 속에서도 얼마나 성실하게 가족과 내 삶을 잘 지켜냈는지를 인정할 수 있었다."	외부의 평가나 성취가 아닌, 과정에 대한 진정성과 최선을 다하는 자기의 태도에서 비롯되는 내면의 자부심, 그리고 과거의 고통을 이겨낸 자기의 삶을 긍정하며 회복한 자존감	에세이 22, 24

3) 가치 코딩 결과

저자의 에세이와 시에 나타난 핵심 가치관을 분석한 코딩 결과는 다음과 같다. 가치 코딩(Value Coding)은 텍스트에 내재한 저자의 신념, 태도, 그리고 무엇을 중요하게 여기는지를 식별하고 분류하는 방법이다. 이 분석은 저자의 세계관을 움직이는 근본적인 원칙들을 보여준다.

저자의 가치 체계는 '의미 탐구'라는 최상위 가치를 중심으로 유기적으로 연결되어 있다. 진정성과 양심을 바탕으로 한 개인이, 책임 의식을 갖고 자유로운 선택을 하며, 공감과 인간 존엄성 존중의 자세로 타인과 관계 맺는 것. 그리고 그 과정 속에서 끊임없이 성장하며, 궁극적으로 자기초월을 통해 삶의 의미를 실현하는 것이 그가 추구하는 모습이다. 그의 가치관은 고통을 외면하지 않고 오히려 그것을 성찰의 기회로 삼아 더 깊은 의미와 연결하려는 실존주의적 태도에 깊이 뿌리내리고 있다.

저자의 에세이와 시에 나타난 가치관은 고통스러운 삶의 경험을 통해 견디고 버틴 하나의 실천 철학이다. 그의 글은 추상적인 이념이 아닌, 매 순간의 선택과 관계 속에서 어떻게 살아야 하는지에 대한 구체적인 윤리적 지침을 제시한다. 이 가치 체계는 크게 진정성의 윤리, 관계의 윤리, 그리고 의미의 윤리라는 세 가지 축으로 구성된다.

(1) 내면의 축 : 진정성의 윤리

저자의 가치 체계는 자기 자신에게 떳떳하고자 하는 내면의 윤리에서 시작한다. 그 핵심에는 진정성(Authenticity)이 자리 잡고 있다. 그에게 가치 있는 삶이란 타인의 시선이나 사회적 기준이 아닌, '진정한 나'로 살기를 요구한다는 실존주의적 요청에 응답하는 것이다. 이 진정성은 양심(Conscience)이라는 내면의 목소리를 통해 확인된다. 그에게 '양심은 내 안의 윤리적 나침반'이며, 이 나침반의 지침을 따를 때 가장 큰 기쁨과 자유를 경험한다. 하지만 이러한 삶은 방종이 아니라, 자신의 선택에 온전히 책임을 지는 태도와 결합한다. 책임(Responsibility)은 그가 아버지로부터 배운 '사랑의 본질'이자 자유로운 인간이 감당해야 할 숙명이다.

(2) 밖으로의 확장: 관계의 윤리

진정성의 윤리는 필연적으로 타인과의 관계로 확장된다. 모든 관계의 기초는 인간 존엄성(Human Dignity)에 대한 확고한 믿음이다. 그는 '사람은 사람에게 가장 인간다운 태도를 지녀야 한다'고 반복해서 강조하며, 상대의 고유성과 가치를 온전히 존중하는 것을 기본 예의로 삼는다. 이러한 존중은 공감(Empathy)이라는 구체적인 실천으로 이어진다. 공감은 단순히 감정을 이해하는 것을 넘어, '타인의 고통에 어떻게든 동참하려는 자세'이며, 고통받는 이의 목소리에 진심으로 응답하는 것이다. 나아가 그는 개인의 실존이 타인과 분리될 수 없음을 인지하고, 연대(Solidarity)의 가치를 지향한다. 그의 실존은 '공감과 연대의 윤리'를 통해 더욱 깊어진다.'

(3) 궁극적 지향점 : 의미의 윤리

개인의 진정성과 타인과의 연대는 궁극적으로 의미 탐구(Meaning-Seeking)라는 최고 가치를 향한다. 그에게 삶의 목적은 행복 자체가 아니라, 어떤 상황 속에서도, 특히 고통 속에서도 삶의 의미를 발견해내는 것이다. 의미는 고정된 것이 아니라 성장(Growth)하는 과정 속에서 발견한다. 그는 '죽기 전날까지 배우고, 가르치고, 쓰는 사람'으로 살고자 하며, 삶의 모든 경험을 성장의 기회로 삼는다. 그리고 그가 발견한 가장 심오한 의미는 자기초월(Self-Transcendence)에 있다. '인간은 자기를 넘어서 타자를 향할 때 비로소 참된 의미를 발견한다.'는 믿음처럼, 그는 자기를 넘어 타인과 세상에 기여하는 삶을 통해 존재의 이유를 완성하고자 한다.

[표 3-7] 가치 코딩(Value Coding) 결과

가치코드	정의 및 설명	근거 구절	출처 (에세이/시 번호)
의미 탐구	삶의 궁극적인 목적	의미를 발견하고 실현하는 것에 둔다. 특히 고통의 경험 속에서 의미를 찾을 수 있다는 태도는 그의 철학의 핵심이다. "실존은 단지 존재하는 것이 아니라 삶의 의미를 발견하고 자기초월적 삶을 살아내는 것이다."	에세이 3, 4
진정성	사회적 역할이나 타인의 기대	자신의 내면의 목소리에 따라 진실하게 살아가는 것을 최고의 가치로 여긴다. 이는 과정의 진실성을 결과의 효율성보다 우위에 두는 태도로 나타난다. "실존주의는 '진정한 나'로 살기를 요구한다."	에세이 17, 22
책임	인간의 자유로운 선택	윤리적 책임이 뒤따른다는 것을 강조한다. 이 책임감은 사랑과 같은 인간관계의 근본이기도 하다. "어떤 환경에서 어떤 삶을 살든, 그 삶은 자기 선택이고, 그 선택에는 윤리적 책임이 따른다."	에세이 7, 8, 17
인간 존엄성	인간	고유하고 존엄한 존재로서 존중받아야 한다는 신념이다. 이는 예의와 공감적 경청의 태도를 통해 실천된다. "사람은 사람에게 가장 인간다운 태도를 지녀야 한다."	에세이 18, 20
공감과 연대	타인의 고통	귀 기울이고 함께하려는 태도를 중시한다. 개인의 실존은 타인과의 연결 속에서 완성되며, 이는 공동체적 연대의 윤리로 이어진다. "타인의 고통에 어떻게든 동참하려는 자세"	에세이 4, 17, 21
자기 초월	참된 의미	자신을 넘어서 타인이나 대의에 헌신할 때 발견된다는 가치이다. 이는 타인을 돕는 과정에서 가장 깊은 치유가 일어난다는 믿음과 연결된다.	에세이 3, 12
성장 지향	삶	끊임없이 배우고 성찰하며 나아가는 과정으로 이해한다. 타인과의 '다름' 역시 갈등의 요인이 아니라 성장의 기회로 받아들인다. "인간은 자기를 넘어서 타자를 향할 때 비로소 참된 의미를 발견한다." "죽기 전날까지 배우고, 가르치고, 쓰는 사람으로 살고자 한다."	에세이 5, 23
양심과 성실성	양심	내면의 윤리적 나침반인 양심에 따라 행동하는 것을 중요한 원칙으로 삼는다. 이는 결과에 상관없이 과정에서의 최선과 정직성을 다하는 성실한 태도로 구현된다. "양심은 내 안의 윤리적 나침반이다."	에세이 22, 27

4) 종단적 코딩 결과

종단적 코딩(Longitudinal Coding)은 시간의 흐름에 따른 개인의 인식, 감정, 가치관의 변화와 발전 과정을 분석하는 방법이다. 저자의 텍스트는 특정 시점(2025년 8월 29일)에

정리되었지만, 과거 1980년대부터 현재에 이르기까지 자기의 삶을 회고하며 그 안에서의 내면적 변화를 서술하고 있다. 따라서 이 자료를 통해 저자의 관점이 시간이 지남에 따라 어떻게 진화했는지를 재구성하는 종단적 분석이 가능하다.

저자의 텍스트에 나타난 종단적 변화의 핵심은 관점의 내재화(Internalization)이다. 과거에는 외부의 사건(시련, 타인의 평가)에 의해 자기의 감정과 정체성이 규정되는 경향이 강했지만, 시간의 흐름과 성찰의 과정을 거치며 점차 자기의 내면적 가치와 해석을 통해 삶의 경험을 재구성하게 되었다. 즉, 고통을 성장의 동력으로, 상처를 자기 이해의 계기로, 용서를 자기 해방의 도구로 전환시키는 의미 발견의 주체로 변화한 것이다. 이러한 과정은 그의 삶 전체가 실존적 의미를 찾아가는 하나의 여정임을 보여준다.

(1) 고통의 재해석: '불운'에서 '성장의 기회'로

과거에 저자는 자기에게 닥친 시련을 개인의 불운이자 자책의 근원으로 인식했다. 그는 끊임없이 자기를 타인과 비교하며 '왜 나만 이렇게 살아야 하는가'라고 물었고, 이로 인한 부러움은 곧 '분노와 열등감'으로 이어졌다.

하지만 심리학적 성찰과 같은 전환점을 거치며 그는 고통을 바라보는 관점을 근본적으로 바꾸었다. 현재 그는 고통을 피해야 할 대상이 아니라 '의미를 찾고 성장의 기회로 삼는 것이 실존적 삶'이라고 이야기한다. 과거의 상처는 더 이상 부끄러운 낙인이 아니라, 오히려 '나를 성장시켜온 또 다른 나였음을' 증명하는 훈장이 되었다.

(2) 관계의 진화 : '원망'에서 '자기 해방'으로

인간관계에서 받은 상처에 대한 그의 태도 역시 극적인 변화를 보여준다. 과거 그는 시어머니와 남편에게 받은 상처를 '해묵은 상처'로 간직하며 깊은 원망과 고립감에 시달렸다. 이러한 고통의 시간 속에서 그는 분노를 붙들고 있는 것이 결국 자기를 파괴하는 일임을 깨닫는다. 이 깨달음은 중요한 전환점이 되어, 그는 용서를 타인을 위한 행위가 아닌 '오롯이 나를 위한 선택'으로 재정의한다. 현재 그는 부부 관계에서의 갈등 역시 '다름은 틀림이 아니라, 성장의 여지'라는 성숙한 관점으로 이해하며 관계를 통한 배움을 실천하고 있다.

(3) 자기 확립 : '비교'에서 '진정성'으로

저자의 자기 인식과 정체성 또한 시간의 흐름 속에서 단단하게 확립되었다. 과거 그의 자기는 타인과의 '비교' 속에 흔들리는 불안정한 상태였다. 그러나 자기 내면에 억압된 '그림자'를 직면하고 수용하는 과정을 거치면서, 그는 외부의 평가로부터 자유로워졌다. 현재 그의 정체성은 고정불변의 실체가 아니라 '매 순간의 선택과 경험을 통해 새롭게 구축되고 변화하는 유동적인 것'이다. 그의 자부심은 이제 사회적 성공이 아닌, 매 순간 '과정을 대하는 진정성'에서 비롯된다.

이러한 변화는 교통사고 이후 '비'에 대한 경험이 낭만적 감상에서 통증의 예고로 바뀐 것처럼, 그의 삶이 관념적인 차원에서 벗어나 자기의 역사와 상처를 온전히 끌어안는 구체적이고 실존적인 단계로 나아갔음을 상징적으로 보여준다.

아래 분석은 주요 주제에 대한 저자의 과거 관점과 현재 관점을 비교하고, 그 사이의 인식 변화를 추적한다.

[표 3-8] 종단적 코딩(Longitudinal Coding) 결과

주제	과거의 관점	전환점/계기	현재의 관점	출처 (에세이/시 번호)
시련과 고통	고통을 외부에서 주어진 '불운'이나 개인의 실패로 인식했습니다. 이로 인해 타인과 자신을 비교하며 깊은 자책감과 열등감에 시달렸습니다. • "'왜 나만 이렇게 살아야 하는가'라는 질문과 더불어 깊은 자책이 함께했다." • "나보다 나은 이들을 향한 부러움은 곧 스스로에 대한 분노와 열등감으로 연결되었다."	심리학적 교육분석(칼 융의 '그림자' 개념)을 통해 억눌렸던 감정을 대면하고, 고통의 경험을 재해석하는 계기를 맞이했습니다.	고통을 성장과 의미 발견의 기회로 재인식합니다. 시련은 더 이상 수치스러운 과거가 아니라, 자신을 더 강하게 만든 삶의 본질적 일부로 통합되었습니다. • "고통을 회피하기보다는 의미를 찾고 성장의 기회로 삼는 것이 실존적 삶이다." • "내 상처가 나를 무너뜨린 것이 아니라, 나를 성장시켜온 또 다른 나였음을."	에세이 24, 17
인간관계와 갈등	가족(시어머니, 남편)에게 받은 상처를 해결되지 않은 원망과 고통으로 간직했습니다. 이로 인해 자신을 보호받지 못하는 고립된 존재로 느꼈습니다. • "시모의 무분별한 말과 행동으로 마음을 깊이 다쳤고, 해묵은 상처로 남아 있다." • "남편조차 시모에게서 나를 보호해 주지 못했다는 사실이다."	분노를 붙잡고 있는 것이 결국 자기 자신을 병들게 한다는 사실을 깨닫고, 자신을 해방시키기 위한 수단으로서의 '용서'를 결심했습니다.	갈등을 '다름'을 배우는 성장의 과정으로 이해하고, 용서를 타인이 아닌 오롯이 자신을 위한 주체적 선택으로 받아들입니다. • "'다름은 틀림이 아니라, 성장의 여지'이라는 것이다." • "용서는 그들을 위한 것이 아니라, 오롯이 나를 위한 선택이라는 것을."	에세이 25, 5

자기 인식과 정체성	자신의 가치를 외부의 시선이나 타인과의 비교 속에서 찾으려 했습니다. 이로 인해 존재 자체를 인정받지 못한다는 느낌에 시달렸습니다. • "끊임없이 '누구보다 못하다'고 비교하는 시간이 있었다."	자신의 '그림자'를 직면하고 수용하는 과정을 통해, 외부 조건이 아닌 자신의 삶의 과정 자체를 긍정하게 되었습니다.	정체성을 고정된 실체가 아닌, 매 순간의 선택과 경험을 통해 변화하는 유동적인 것으로 이해합니다. 자부심의 근거를 결과가 아닌 '최선을 다하는 태도'와 같은 내면의 가치에 둡니다. • "'나'라는 정체성은... 새롭게 구축되고 변화하는 유동적인 것이다." • "진정한 자부심은... 과정을 대하는 진정성에 가치를 두는 것이다."	에세이 24, 28, 22
자연(비)에 대한 경험	젊은 시절, 비는 '쉼, 위로, 음악'과 같은 낭만적이고 평화로운 경험의 상징이었습니다. • "조용히 비 내리는 날이 참으로 좋았다."	20년 전 겪은 교통사고와 그로 인한 만성적 신체 통증은 비에 대한 감각적 경험을 완전히 바꾸어 놓았습니다.	비는 더 이상 낭만의 대상이 아니라, 몸의 통증을 예고하는 신호가 되었습니다. 감성적 경험이 신체적, 실존적 경험으로 대체되었습니다. • "기억보다 통증이 먼저 신호를 전하는 날." • "낭만은 사라졌고, 그 자리에 남은 건 묵묵히 견디는 아픔이고 저림이다."	에세이 10

저자의 실존적 성찰적 에세이와 시를 종단적으로 분석한 결과, 그의 삶은 외부 사건에 반응하던 수동적 상태에서 자기 경험에서 의미를 발견하는 주체로 변화해 온 뚜렷한 여정임이 드러난다. 과거의 고통을 현재의 성장 동력으로, 관계의 상처를 자기 해방의 계기로, 그리고 불안정한 자아를 내면의 가치에 뿌리내린 단단한 정체성으로 전환시켜 온 과정이 그의 글 전반에 걸쳐 나타난다.

자료 II 실존적 및 성찰적 에세이와 시

1. 에세이, 삶, 소중하고 아름다운 선물[7)]

[에세이 1] 건물보다 더 중요한 '사람', 삼팡 지역병원 교육훈련 계획의 의미

2025년 5월, 인도네시아 삼팡지역 Dr Mohammad 병원 증축 '청사진'이 만들어지고 있다. 지역병원 이전 증축을 위한 타당성 조사가 한창인 가운데, 5월 한 달은 '병원 종사자 교육훈련 계획 수립'이라는 중요한 과제에 집중하고 있다. 언뜻 보면 병원 건물 설계나 장비 도입보다 덜 중요해 보일 수 있지만, 이 계획은 삼팡 지역병원의 미래와 직결된 핵심 중의 핵심이다.

타당성 조사 단계에서 교육훈련 계획을 세우는 것은 단순히 '나중에 할 일'을 앞당기는 것이 아니다. 이는 프로젝트의 근본적인 타당성과 현실성을 검증하는 필수 과정이다. 전문인력을 양성하고 유지하는 데 드는 비용은 병원 운영 예산의 상당 부분을 차지한다. 따라서 현실적인 계획을 통해 정확한 예산을 산출해야 사업의 재정적 지속 가능성을 제고할 수 있다. 또한, 해당 지역에서 필요한 인력을 확보하고 교육할 수 있는 물리적, 시간적 타당성을 평가함으로써 프로젝트의 실현 가능성을 담보한다. 건물을 짓는 기술적, 재정적 타당성만큼이나 '사람'을 준비하는 타당성이 중요한 이유이다.

병원은 결국 '사람'이 사람을 돌보는 곳이다. 아무리 최신 시설과 장비가 갖춰져도, 의료진의 전문성, 간호 인력의 숙련도, 행정 인력의 지원 역량이 부족하다면 환자들은 양질의 안전한 의료서비스를 받을 수 없다. 교육훈련 계획은 바로 이 '사람'이라는 가장 중요한 자원을 어떻게 준비하고 역량을 강화할 것인가에 대한 청사진이다. 의사, 간호사, 의료기사, 행정 등 각 분야 종사자가 전문성을 갖추고 환자를 존중하는 문화를 체화하는 과정이 계획에 담겨야 한다.

이 계획은 전혀 간단하지 않다. 현지 의료 인력의 현재 수준을 정확히 진단하고, 필요한 교육과정과 기간, 방법론, 그리고 이를 실행할 예산까지 세밀하게 설계해야 한다. 5월 한 달을 이 작업에 집중하는 것은, 타당성 조사의 다른 기술적, 경제적 분석과 균형을 맞추어 '인적자원 개발'이라는 측면을 중요하게 고려해야 할 필요성 때문이다.

---

7) 최마리. 『삶, 소중하고 아름다운 선물』 MISSIONDAMP. 2025.

결국 삼팡병원의 교육훈련 계획 수립은 단지 서류 작업이 아니다. 이는 미래의 다양한 환자에게 더 나은 삶을 약속하고, 현지 보건 의료 역량을 키워주는 중요한 투자이다. 건물을 짓는 손길만큼이나, 그 안을 채울 '사람'을 준비하는 정성이 삼팡병원의 성공적인 미래를 만들 것이다. 5월, 삼팡의 희망은 그렇게 '사람'을 키우는 계획과 함께한다.

[에세이 2] 연휴, 아름답고 소중한 시간

최마리는 실존주의 철학 기반 감정노동 돌봄 교육과정을 개발한 교수이자 연구자이다. 그는 인간 존재의 본질, 감정의 의미, 그리고 타인과 진정성 있는 관계를 깊이 성찰하며, 보건의료 · 복지 · 교육 분야 종사하는 전문가들이 감정노동 속에서도 자기 이해와 공감 능력을 키울 수 있도록 돕는 교육과정을 운영하며 현재에 이르고 있다. 이 교육과정은 단순히 스트레스 관리 도구가 아니라, 존재의 의미를 되새기고 진정성 있는 돌봄과 윤리적 실천 역량을 함양하는 데 목적이 있다. 연휴를 활용하여 다양한 분야 전문가와 온라인으로 교류하며, 세계적 변화에 발맞추는 폭넓은 시각을 갖추려고 노력한다. 이러한 활동은 그의 연구에 깊이를 더하고, 교육과정 개발에서 실효성 있는 전략을 수립하는 데 이바지할 것이다. 특히, 미래 인재들이 변화하는 사회에서 자기만의 길을 찾을 수 있도록 돕는 데 큰 역할을 할 것을 기대한다. 따라서, 연휴는 그에게 단순한 휴식이 아니라 내면을 재정비하고 실존적 질문과 마주하는 소중한 시간이다. 바쁜 일상에서 미처 다듬지 못하고 흩어진 생각을 정리하고, 새로운 교육 콘텐츠와 방향을 구상하는 경험적 및 창조적 사유의 시간이다. 교수이자 연구자로서 연휴는 철학을 확장하고 교육의 깊이를 더하는 여정이며, 그 안에서 인간 존재에 대한 성찰을 교육적 실천으로 전환해 나가는 소중한 기회이다.

[에세이 3] 고통을 넘어, 의미로 - 치유 이야기

"당신은 어떻게 스스로 치유하시나요?" 한 교육생의 질문에 잠시 머물렀다. 나는 미술치료상담 수련감독전문가이자 로고테라피스트이다. 그리고 실존주의 철학 기반 환자안전윤리와 감정노동 관리 방안을 가르치는 교수로서 어떻게 스스로 치유하고 있는가? 자문하면 그 답은 바로 '로고스, 즉 의미 발견'이다. 실존주의 철학과 빅터 프랭클의 로고테라피 이론은 고통 속에서도 의미를 발견하고 삶의 방향성을 잃지 않도록 돕는 도구이다.

빅터 프랭클의 로고테라피와 칼 로저스의 인간중심상담이론, 그리고 그리기와 글쓰기를 잘 결합한 '로고아트워크' 교육과정을 개발 운영하고 있다. 이 교육과정에서 감정을 따라 그리기와 자기 검토 글쓰기는 스스로에게도 적용하는 치료 방법이다. 이를 통해 자기 감정을 표현하고 해석하고 의미를 발견한다. 이 과정이 곧 자기를 새로이 정리하는 치유의 여정이다. 그러나 가장 깊은 치유는 타인을 돕는 과정에서 일어난다. 어려운 이의 고통에 귀 기울일 때, 내 아픔도 함께 다뤄진다.

죽음에 대한 성찰 역시 삶을 재조명하게 한다. 오래전 진행한 '사전연명의료의향서' 법제화 연구에서 죽음을 말하는 것이 곧 삶을 더 사랑하게 하는 것임을 명확히 인식하게 되었다.

치유는 고통이 없는 상태가 아니라, 고통에서도 태도적 가치를 통해 의미를 발견하면서 이루어진다. 나를 넘어서 타인에게 향하는 자기초월, 즉 실존적 실천이다.

"당신은 왜 이 일을 하시나요?" 이는 내게 매일 던지는 질문이다.

[에세이 4] 실존의 거울 앞에서 평가 - 성찰

매일 삶이란 무엇인가, 어떻게 살아야 하는가에 대해 성찰한다. 교육자로서 스스로 평가할 때, 가르친 가치를 얼마나 실천했는지, 고통받는 이의 목소리에 얼마나 공감하고 경청하고 응답했는지, 내 두려움과 상처를 외면하지 않았는지가 기준이다. 실존은 단지 존재하는 것이 아니라 삶의 의미를 발견하고 자기초월적 삶을 살아내는 것이다. 이처럼 실존주의 철학을 기반으로 교육자이자 동행자로서 늘 자기 성찰을 하려고 노력한다.

감정노동에 시달리는 보건의료, 복지, 교육 분야 전문가를 위해 실존주의 철학과 로고테라피, 인간중심상담 이론 기반 감정돌봄 교육과정을 개발하고 운영하고 있다. 이 교육은 단순히 지식 전달을 넘어서, 인간 존재로서 진정성과 삶의 의미를 찾도록 돕는 것이 목적이다.

사람을 자기실현의 수단이 아닌 끊임없이 의미를 탐구하는 존재로 바라보려고 노력하며, 실존의 거울 앞에 선다. 자기 삶에 진정성을 갖고 선택에 책임을 다하려는 경험적, 창조적, 태도적 가치를 추구한다. 누군가에게 희망이 되고 삶의 의미를 찾도록 도와주는 존재가 될 수 있다면, 그것이 곧 존재 이유이고 자기 평가일 것이다.

[에세이 5] 다름의 간극, 공존의 연습 - 감정돌봄 교육자의 시선에서 바라본 부부 갈등

감정돌봄을 연구하고 교육하는 전문가로서, 나는 인간관계의 갈등이 단지 충돌의 문제가 아니라 '이해의 방식'에 관한 것이 아닐까 한다. 특히 부부는 가장 가까운 관계이기에, 삶에서 다름이 더욱 선명하고 때로는 고통을 초래하기도 한다.

남편과 나는 여러 부분에서 충돌한다. 생활 방식, 의사소통의 언어, 감정 표현의 결까지 다르다. 때로는 이 다름으로 인해 지치고, 이해받지 못한다는 서운함이 상처가 된다. 그러나 감정돌봄의 관점에서 보면, 이러한 갈등은 오히려 '진정한 만남'이 시작이다. 상대의 세계를 내 세계 안에 가두려는 순간, 관계에 균열이 생긴다. 그러나 다름을 낯선 언어처럼 천천히 번역하고 해석하려는 노력은 생명을 주는 관계로 발전할 수 있다.

지속적인 감정노동 상황에 있는 전문가들에게 늘 강조하는 것이 있다. '다름은 틀림이 아니라, 성장의 여지'이라는 것이다. 부부 관계 또한 마찬가지다. 우리는 다르기에 부딪히고, 그 부딪힘은 서로를 비추는 거울이 된다. 중요한 것은 그 다름 앞에서 방어하기보다, 이해하고 포용할 수 있는 내면의 공간을 확장하는 것이 아닐까 한다.

결혼을 통해 형성된 부부의 삶은 그저 서로 닮아가는 것이 아니라, 다른 두가지 세계가 어떻게 잘 공존할지에 대해 연습하는 긴 여정이다. 우리 부부는 여전히 그 연습 중에 있다. 그리고 오늘도, 갈등 너머에서 마주하는 남편의 또 다른 모습을 보고 배우며, 관계의 깊이를 조금씩 더한다.

[에세이 6] 존재를 돌보는 삶: 한 생명의 엄마이자 교육자의 실존적 여정

결혼을 하고, 임신을 하고, 태어난 한 생명의 엄마가 되어 살아간다는 것은 단지 생애 단계만을 의미하지 않는다. 자기를 넘어 아이를 온전히 받아들이고, 그 관계 안에서 끊임없이 나를 다시 만드는 여정이다. 전문가의 감정노동 관리를 위한 감정돌봄 교육과정을 개발하고 운영하는 이에게 엄마라는 존재로서 여정은 그 자체로 삶의 본질을 더하는 실존적 탐색이었다.

결혼은 함께 살아간다는 약속이자 완전한 타인의 삶을 있는 그대로 마주하는 훈련이었다. 임신은 내 몸 안에 또 하나의 우주를 품는 경이로움이었으며, 아이를 낳고 기른다는 것은 매 순간 책임과 사랑의 깊이를 새롭게 체험하는 여정이었다. '엄마'라는 호칭은 가장 평범한 말이지만, 동시에 가장 성스러운 말이 되었다.

돌봄을 연구하고 가르치는 교육자로서 엄마로서 삶을 통해 감정노동의 실존적 무게를 더 절실히 체감하게 되었다. 육체의 피로와 정서의 흔들림, 그러나 그 안에서 생명의 탄생과 성장을 지켜보는 경이로움, 그 모든 과정에서 매 순간 스스로에게 질문했다. “나는 왜 이 길을 선택했는가? 나는 누구를 위해, 어떻게 살아야 하는가?”

그 질문에 대답은 단순하지 않다. 하지만 하나의 분명한 문장으로 수렴되는 것 같다. 존재하는 것만으로도 소중한 생명을 위해, 오늘도 돌보고, 기다리고, 배우며 살아간다.

내 삶은 교육과 연구의 언어를 넘어서, 존재의 언어로 쓰이고 있다. 그리고 그 언어는 오늘도 누군가의 삶 속에서, 다시 사랑으로 읽히고 있다.

[에세이 7] 자유의지, 선택, 책임

실존주의자로서 실존주의 철학 기반 감정돌봄 교육과정을 운영하는 교육자에게 자유의지는 인간 존재의 핵심이다. 인간은 단순히 외부 환경에 반응하는 수동적 존재가 아니라, 주어진 조건 속에서도 ‘어떻게 살 것인가’를 선택할 수 있는 능동적 주체이다. 빅터 프랭클의 로고테라피 이론에 깊이 영향을 받은 나는, 인간이 극한 고통 속에서도 의미를 발견하고 태도를 선택할 수 있다는 사실에 주목한다. 삶의 의미 발견 경로 중에서 태도적 가치에 대한 무한 신뢰이다.

선택이란 무수한 가능성 속에서 단 하나의 방향을 정하는 일이다. 그러나 실존재의 진정한 선택은 그 결과에 대한 책임이 수반될 때 비로소 의미로 연결된다. 감정노동과 같은 복잡한 인간관계의 맥락에서 “지금 어떤 태도를 취할 것인가?”, “어떤 가치에 따라 행동할 것인가?”라는 질문을 던지는 것을 교육의 핵심 주제로 다룬다. 자유의지는 자기기만이 아니라, 책임을 감당할 수 있는 성숙함으로 나아가는 과정이며, 이는 돌봄의 윤리, 즉 실천윤리와 깊이 연결된다.

결국 자유의지는 나를 위해서만이 아닌, 타인의 고통에 공감하고 세상에 기여할 수 있는 방향으로 나아가는 의미에 의지이다. 이러한 자유의지를 통해 인간은 삶의 진정한 의미를 발견하고, 자기를 초월할 수 있는 존재로 성장할 수 있다.

[에세이 8] 5월 8일 어버이날의 단상

좋은 아버지의 딸로 태어나, 한 아들의 엄마로 살아 귀한 삶이었다.

참으로 좋은 아버지의 딸로 태어났다. 세상은 혼란스럽고, 인간의 마음은 이해할 수 없이 복잡할 때가 많았지만, 아버지는 늘 내 삶의 나침반이 되어 주셨다. 진실하게 살아야 한다는 것, 선한 의지를 잃지 말아야 한다는 것, 사랑은 곧 책임이라는 것을 아버지는 말이 아닌 삶으로 가르쳐 주셨다. 흔들릴 때마다 아버지의 존재는 등불처럼 비추었다.

그렇게 나는 사랑을 배웠고, 그 사랑을 안고 한 아이를 품에 안았고, 36년이라는 시간이 흘러 아들은 예쁜 두 아이의 좋은 아빠가 되었다. 아이에서 청년으로, 그리고 이제는 자기의 삶을 당당히 살아가는 어른이 된 아들을 생각할 때면 기쁘고 행복하다.

아들이 첫 걸음을 떼던 날, "엄마"라고 처음 불러주던 순간, 그리고 인생의 굴곡을 딛고 일어서는 모습을 지켜보는 모든 시간이 경이였다. 늘 바쁘고 부족한 엄마였음에도 잘 자랐고, 자기 삶을 잘 개척하며 현재에 이르고 있다.

이제야 알겠다. 자식을 키운다는 것은 내가 기른 것만이 아니라, 그 또한 나를 새로운 존재로 빚어낸 여정이었음을.

좋은 아버지의 딸로 태어나, 한 사람의 엄마로 살아온 그 길 위에서 묻는다. "삶의 의미란 무엇인가?"

그 질문에 이렇게 대답한다.

누군가에게 깊이 사랑받았고, 또 누군가를 진심으로 사랑할 수 있었던 그 사실이 바로 내 삶의 이유이며, 큰 축복이었다고.

인생의 중반을 넘어선 이 시점에서 고백한다.

내가 살아온 모든 시간은 사랑의 연습이었다고. 그리고 여전히 그 사랑 안에서 살아가고 있다고.

[에세이 9] 우연

인도네시아 마두라섬 삼팡군의 유일한 도서관. 이 곳에서 '우연'이라는 단어의 다채로운 의미를 되새긴다. 낯선 땅에서 만난 익숙한 공간, 공간은 좁지만 나름 책으로 가득한 도서관은 마치 오랜 친구를 만난 듯 반가웠다. 오늘 오후 삼팡에서 일과 휴식을 겸할 마땅한 카페를 찾지 못해 방황하던 내게 도서관의 존재는 빛이었다. 어쩌면 필연이었을지도 모르겠다. 책을 사랑하는 사람이 책으로 가득한 공간을 자연스레 찾게 되는 것은. 하지만 그 필연 속에는 예상치 못한 '우연'이라는 요소가 숨어 있었다.

도서관 문을 열고 들어섰을 때, 따뜻한 미소로 나를 맞아주신 관장과 여러 직원의 친절은 단순한 의례적인 환영을 넘어선 진심이 느껴졌다. 낯선 이방인에게 건네는 따뜻한 관심은 메마른 땅에 내리는 단비처럼 가슴을 촉촉하게 적셨다. 그들의 환대는 내가 그 낯선 공간에 편안하게 머무를 수 있게 한 놀라운 '우연'이었다. 만약 그들이 무뚝뚝하거나 냉담했다면, 도서관은 단순히 책을 읽는 공간 그 이상이 되지 못했을 것이다. 하지만 그들의 따뜻함 덕분에 도서관은 단순한 업무 공간을 넘어선, 편안하고 따뜻한 곳이 되었다. 책장 사이를 거닐며 어떤 책이 있나 살피던 순간, 손에 잡힌 한 권의 인도네시아 마두라 여성의 삶을 다룬 책 역시 '우연'이었다. 제목에 이끌려 무심코 펼친 페이지 속의 문장이 양성평등 인식을 다시 일깨우고 새로운 영감을 불어 넣는다. 만약 그 책이 다른 곳에 꽂혀 있었거나, 내가 다른 책을 먼저 집어 들었다면 결코 경험하지 못했을 '우연'의 만남이었다. 이처럼 도서관에서의 '우연'은 때로는 삶의 방향을 틀기도 하고, 잊고 있던 소중한 가치를 되새기게 하는 힘을 지니고 있다.

카페가 없는 환경에서 도서관을 찾게 된 것은 어쩌면 불가피한 선택이었을지 모른다. 하지만 그 불가피함 속에서 예상치 못한 '우연'과 마주했다. 친절한 사람들, 마음을 울리는 책과의 만남. 이러한 '우연'은 낯선 땅에서의 고독감을 덜어주고, 새로운 환경에 적응할 수 있는 용기를 주는 듯하다. 만약 내가 편리한 카페가 있는 도시에서 생활했다면, 이토록 소중한 '우연'을 경험할 수 있었을까? '우연'은 때로는 예측 불가능하고, 때로는 운명처럼 다가온다. 마두라섬 삼팡군의 작은 도서관에서 경험한 '우연'은 예상치 못한 아름다움과 따뜻함을 선물했다. 척박한 환경에서 피어난 한 송이 꽃처럼, 그곳의 도서관과 그곳에서 만난 사람들은 기억 속에 오랫동안 잊혀지지 않을 것이다.어쩌면 우리가 살아가는 모든 순간은 수많은 '우연'으로 이루어져 있을지도 모른다. 무심코 지나치는 순간들, 스쳐 지나가는 인연들 속에서 우리는 예기치 않은 '우연'과 마주하고, 그 '우연'은 때로는 우리의 삶을 송두리째 바꿔놓기도 한다. 마두라섬 삼팡군 작고 예쁜 도서관에서의 경험은 바로 그러한 '우연'의 소중함을 깨닫게 해 준 특별한 시간이었다. 그곳에서 단순한 공간 이상의 따뜻함과 위로를 받았고, '우연'이라는 아름다운 마법을 경험했다. 그리고 그 '우연'은 앞으로 살아가는 동안 문득문득 떠올라 잔잔한 미소를 짓게 할 것이다.

[에세이 10] 비가 내리는 날엔...

내 인생 한때 비를 사랑했다. 조용히 비 내리는 날이 참으로 좋았다. 회색 구름과 함께 서서히 번져오는 거무스름한 하늘, 빗방울이 창을 두드릴 때의 차분한 리듬, 그 모든 것이 삶에 지친 마음을 차분히 달래주곤 했다. 비 내리는 창밖을 바라보며 따뜻한 커피 한 잔을 들고 앉아 있던 시간은, 비가 오는 거리와 내가 앉은 소파 사이에 연결된 곱고 하늘하늘한 시폰 커튼이 흔들리는 듯 평화로웠다. 비는 내게 쉼이었고, 위로였고, 음악이었다.

하지만 이젠 다르다. 스무 해 전 무서운 교통사고가 그 편안한 풍경을 완벽히 바꾸어 놓았다. 척추를 다치고, 결국 티타늄으로 고정한 이후부터, 내 몸은 비가 내릴 것을 미리 안다. 기압이 내려가고 찬기가 스미기 시작하면, 마치 오래된 상처가 다시 살아 말을 거는 것처럼 견디기 힘든 저림과 통증이 찾아온다. 비가 오는 날은 더 이상 소중하고 아름다운 풍경을 만나는 기대가 아닌 내 몸의 아픔을 예고하는 정확한 신호를 만난다.

이전엔 빗소리가 어찌 그리도 좋았을까. 그러나 지금은 빗소리를 들으면 무의식중에 몸을 움츠리게 된다. 기억보다 통증이 먼저 신호를 전하는 날. 이제 나는 향이 진한 따뜻한 커피 잔을 들고 창밖을 바라보기보다, 따뜻한 담요 또는 패딩을 찾아 몸을 감싼다. 그렇게 비와 함께하는 추억도 낭만은 사라졌고, 그 자리에 남은 건 묵묵히 견디는 아픔이고 저림이다.

그런데도, 나는 여전히 비가 오는 날이 그립다. 가끔은, 아주 가끔은, 빗소리를 들으며 옛날의 고왔던 나를 떠올린다. 젊은 시절, 견딜 수 없는 통증이 시작되기 전, 그 아름다운 창 사이로 스며드는 추억들. 그것이 오늘을 버티게 한다.

비는 변치 않았지만 내가 이리 많이 변했기에, 언젠가 다시 그렇게 비가 오는 날을 조용히 지켜볼 날이 그립다.

[에세이 11] 나에게 '기분'이란 무엇인가?

기분이란, 단순한 감정의 스침이 아니라 삶을 바라보는 창이자 존재의 색깔이다. 나는 기분을 '존재의 배경음'이라 칭한다. 언뜻 사소해 보이지만, 그것은 우리가 세상과 관계 맺는 방식, 타인을 이해하는 깊이, 자기를 대하는 태도에 깊은 영향을 미친다.

기분은 논리보다 먼저 드러나고, 말보다 더 진실하게 나타난다. 나는 기분을 가볍게 흘려보내기보다, 그것을 인식하고 성찰하며 돌보는 태도를 중요하게 여긴다. 왜냐하면 억눌린 기분은 몸의 통증이 되고, 미처 표현하지 못한 기분은 관계의 균열로 이어지기 때문이다.

나에게 기분은 감정돌봄의 출발점이다. 나의 기분을 정직하게 마주할 때, 비로소 타인의 마음에도 귀 기울일 수 있다. 기분은 순간을 의미로 연결하는 매개이며, 기분을 돌보는 일은 존재를 존중하는 일이다. 기분을 제대로 대할 때, 우리는 더 따뜻하고 맑고 밝은 인간이 될 수 있다.

그래서 나는 오늘도 스스로 기분을 묻는다. "지금, 나는 어떤 마음의 색을 띠고 있는가?" 그 질문 하나로 하루가 달라진다.

[에세이 12] 영원에 대한 실존주의자의 성찰

영원이란 시간의 무한함을 뜻하기보다, 순간의 본질이 영원성을 획득하는 경험이라 말할 수 있다. 실존주의적 관점에서 인간은 유한한 존재이며, 유한성 속에서 끊임없이 의미를 탐구한다. 내게 영원이란 바로 그 '의미를 향한 갈망'이 마구 타오르는 불꽃과 같다. 영원은 단순히 죽지 않거나 시간이 멈추는 상태가 아니라, 지금 여기에서 마주하는 누군가를 사랑하고, 돌보고, 책임지는 선택과 책임을 다하는 과정의 언어이다.

빅터 프랭클이 말한 '자기초월'처럼, 인간은 자기를 넘어서 타자를 향할 때 비로소 참된 의미를 발견한다. 그 순간이야말로 영원의 조각이 깊은 내면으로 스며드는 시간이다. 죽음은 영원의 반대가 아니라, 오히려 유한성을 통해 영원의 가치를 드러내는 거울이다. 우리는 모두 언젠가는 사라질 존재이기에, 지금 순간의 만남, 고통, 사랑이 무엇보다 소중하고 아름다운 것이다.

나는 돌봄의 현장에서, 교육자의 자리에서, 인간의 고통과 마주할 때마다 생각한다. "이 순간에 최선을 다해 누군가와 연결될 수 있다면, 그것이 곧 영원이라는 의미를 가지는 것이 아닐까." 실존은 본질을 향해 나아가지만, 실존의 순간순간에 취하는 태도적 가치는 시간 너머의 울림이 된다. 이것이 내가 믿는 영원이다.

[에세이 13] 사치 - 실존주의자의 시선으로.

세상에는 사치라고 불리는 것들이 있다. 값비싼 보석, 고급 승용차, 명품 가방 같은 눈에 보이는 물건들. 그러나 실존주의자에게 사치란 다르다. 내게 최고의 사치는 책을 사는 일, 좋은 음악을 찾아 듣는 일, 그리고 좋은 드라마와 영화를 보는 시간이다. 돈으로 계산되지 않는 이 '사치'들은 내 영혼을 정화시키는 도구이다.

책을 산다는 것은 단순히 활자 인쇄물을 소유하는 행위가 아니다. 그것은 세계를 탐험하는 행위이며, 한 존재가 다른 존재의 삶과 고뇌, 진실과 환희를 체험하는 통로이다. 책 한 권은 새로운 사유의 문을 열어주고, 한 문장은 존재의 방향을 바꾸기도 한다. 수십 권이 책장에 쌓여 있어도, 새 책을 한 권 더 사는 행위는 성장을 위한 하나의 대안이다. 그것은 단순한 소비가 아니라, 내 세계에 투자하는 가장 아름다운 방식이다.

좋은 음악을 찾아 듣는 시간은 사치 중의 사치이다. 바흐의 무반주 첼로 소나타, 쇼팽의 녹턴, 혹은 무명 싱어송라이터의 깊고 조용한 노래 한 곡. 그것은 내면을 정화시키는 일종의 의식이다. 음악은 언어 너머의 언어이고, 깊은 내면에 숨어 있는 존재의 언어이다. 반복되는 일상에서, 좋은 음악은 나를 일깨우고 위로하며 '살아있음'을 느끼게 해준다.

그리고 드라마와 영화, 세상과 타인의 삶을 입체적으로 비추는 예술의 거울, 좋은 드라마는 인간 존재의 모순과 진실을 직시하게 하며, 영화는 상처 입은 영혼의 숨을 쉬게 한다. 나는 매 장면에서 어떤 인물의 분열된 내면을, 혹은 한 인간의 고독과 투쟁을 보며 존재의 깊이를 배운다. 웃음과 눈물이 함께 깃든 이야기는 스스로 더 나은 인간으로 살아야 할 이유를 묻게 한다.

이러한 사치는 누구에게 보여주기 위한 소비가 아니다. 오히려 나를 더 깊이 있는 존재로 만들어주는 향연이며, 외롭고 고단한 삶에서 '존재의 사치'를 누릴 수 있는 유일한 특권이다. 어떤 이들은 이를 단순한 여가활동이라 여기겠지만, 나에게는 이것이 삶의 의미를 발견하는 본질적 행위이다.

나는 오늘도 책을 사고, 음악을 찾아 듣고, 좋은 이야기와 영상 안에서 인간을 배우며 나를 돌본다. 이것이야말로 실존주의자로서 내가 선택한 가장 고귀한 사치이다.

[에세이 14] 색

색 – 의미를 찾아가는 길, 내게 색은 단지 시각적 자극이 아니라, 실존의 이유를 드러내는 언어이며 감정의 결을 알아보는 실마리이다. 내가 좋아하는 노랑색은 햇살처럼 생의 희망을 품고 있고, 녹색은 치유와 회복, 자연과의 연결을 상징한다. 청색은 깊은 내면으로 향하는 사유와 침잠의 색이며, 빨강색은 삶의 열정과 고통, 그리고 사랑을 있는 그대로 마주하는 용기의 상징이다. 마지막 황토색은 뿌리의 색, 존재의 토대인 대지의 상징이다.

이 다섯 가지 색은 단순한 취향을 넘어, 나를 위한 'Self 로고아트워크' 교육에서 주요하게 쓰이는 실존의 표징이기도 하다. 이 색들을 통해 내 안의 기억과 감정을 꺼내어 마주하고, 이를 다시 의미의 언어로 재구성하는 여정을 시작한다. 노랑으로 잊힌 기쁨을 불러오고, 녹색으로 아물지 않은 상처를 어루만지며, 청색으로 자기 이해의 깊이를 더한다. 빨강으로 살아있는 통증과 사랑을 직면하고, 황토로 삶의 기반을 굳건히 한다.

색은 곧 삶의 질문을 그리는 도구이며, 동시에 삶의 의미를 표현하는 일차 도구이다. 내가 좋아하는 색은 순서대로 삶을 향한 태도, 존재를 마주하는 순리, 그리고 교육자로서의 윤리적 실천이 담겨 있다. 결국 색은 타인의 삶과 고통, 회복을 연결하는 다리로 연결된다. 로고아트워크 이론에서 이 색들은 말보다 깊은 진실을 이야기하고, 그 이야기를 통해 사람들은 다시 '삶의 이유'를 발견하는 조력자가 된다.

[에세이 15] 체력

내게 체력이란 단순히 신체적 건강을 의미하는 것이 아니라, 세계 내 존재로서 삶을 영위하며 실존적 책임을 감당하게 하는 근본적인 힘이다. 실존주의자에게 삶은 매 순간 선택의 연속이며, 그 선택을 실제로 살아내기 위해서는 정신력뿐 아니라 이를 지지하는 체력이 필요하다. 아무리 고결한 뜻을 품고 있어도 그것을 실현할 체력이 없다면, 그 뜻은 공허한 이상에 머무를 수밖에 없다. 그러므로 체력은 단지 몸의 능력이 아니라 의지를 행동으로 옮기게 하는 실천적 자유이며, 삶을 살아내는 데 있어 필수적인 자산이다.

나는 감정노동이 많은 전문직일수록 체력이 중요한 요소라고 강조한다. 감정의 진폭이 크고 타인의 고통에 깊이 공감하는 일은 정신적 에너지뿐 아니라 물리적 회복력이 있어야 지속 가능하다. 체력이 곧 감정적 회복탄력성을 위한 토대가 되며, 윤리적 돌봄을 실현하는 데 있어 필수불가결한 조건이라는 것이다. 돌봄 전문가는 자기의 내면을 가꾸는 동시에, 이를 뒷받침할 체력을 기르며 살아야 한다.

결국 내게 체력이란, 살아내는 철학의 기반이자, 사명을 완수하기 위한 근육화된 실존의 힘이다. 체력은 선한 뜻을 끝까지 지켜내기 위한 윤리적 의지의 동반자이며, 존재의 존엄을 실천으로 옮기게 하는 가장 현실적인 조건이다.

[에세이 16] 선물

내게 '선물'이란 그 어떤 물질적인 것보다도 소중한 순간, 곧 아들, 며느리, 그리고 두 손자의 건강하고 기쁜 모습을 바라보며 나누는 대화이다. 삶의 어느 시점에서 깨달았다. 선물은 예쁜 포장지 속의 고가품이 아니라, 사랑하는 이들과 함께 웃고 울며 살아가는 시간이며, 서로의 눈빛을 마주하고 마음을 나누는 그 한순간이라는 사실을.

교수로서, 연구자로서 오랜 세월을 바쁘게 살아왔지만, 인생 후반에 이르러 진정한 선물이 무엇인지 묻고 또 물었다. 그리고 언제나 그 대답은 똑같았다. 식탁에 둘러앉아 도란도란 나누는 이야기, 손자의 재잘거림에 웃음 짓는 며느리의 눈빛, 진지하게 아이들과 눈을 맞추는 아들의 모습, 그 모든 것이 하루하루의 선물이자 축복이었다.

내게 대화는 단순한 말의 주고받음이 아니라, 서로의 존재를 확인하고 사랑을 확인하는 시간이다. 아이들이 건강하게 자라며 자기만의 세계를 펼쳐가는 것을 지켜보는 일, 그들이 자기의 삶을 진지하게 살아가는 모습을 응원하는 일, 그것이 곧 매일 받는 '살아있는 선물'이었다.

시간은 흘러가고 세월은 흔적을 남기지만, 지키고 싶은 것은 단 하나이다. 가족과 대화 속에서 피어나는 삶의 의미, 기쁨과 고요한 평화.

선물은 멀리 있지 않다. 그것은 바로 오늘, 이 자리, 사랑하는 이들과 함께 눈을 맞추고 마음을 나누는 순간에 있다.

[에세이 17] 실존주의자이자 민주주의자에게 기본이란 무엇인가?

나는 실존주의자이자 민주주의자다. 이는 단지 철학적 정체성을 의미하는 것이 아니라, 세상을 바라보는 눈이며, 사람을 만나는 태도이고, 삶을 살아가는 방식이다. 내게 기본은 이 모든 정체성과 철학적 기반으로 삶의 출발점이자 기준이라고 할 수 있다.

내 기본은 첫째, 존재에 대한 책임성이다. 실존주의는 인간이 '이 세상에 던져진 존재'임을 인정하면서도, 주어진 조건을 넘어 자유롭게 선택하고 책임져야 함을 강조한다. 어떤 환경에서 어떤 삶을 살든, 그 삶은 자기 선택이고, 그 선택에는 윤리적 책임이 따른다. 나는 고유하고 존엄한 주체로서 살아가고자 삶을 영위하고자 한다.

둘째, 타인에 대한 존중과 공감이다. 민주주의는 다름을 인정하고 공존을 모색하는 체제이며, 실존주의는 타인을 통해 자기의 실존적 가치가 깊이를 더한다고 본다. 나는 타인의 말에 귀 기울이고, 그 존재 자체를 존중하는 태도를 가지려고 노력한다. 특히 고통받는 이들의 이야기에 진정으로 반응하고, 그 아픔에 공감하는 능력이야말로 성숙한 인간의 핵심이라 믿는다.

셋째, 진정성과 윤리적 실천이다. 실존주의는 '진정한 나'로 살기를 요구한다. 나는 사회적 역할이나 타인의 기대에 부합하는 겉모습보다는, 내면에서 우러나오는 목소리에 귀를 기울인다. 민주주의는 사회제도 이전에 개인의 삶의 방식이라고 본다. 이 방식 안에서 자기 스스로 떳떳하며, 주변에 정직한 삶을 살고자 한다.

마지막으로, 내게 기본은 고통을 통한 성찰과 공동체적 연대이다. 인간은 누구나 고통을 겪지만, 그 고통을 회피하기보다는 의미를 찾고 성장의 기회로 삼는 것이 실존적 삶이다. 나는 개인의 아픔을 넘어서서 사회적 고통에 민감한 세계 내 존재이고자 한다. 나의 실존은 타인과 연결되어 있고, 그 연결은 공감과 연대의 윤리를 통해 더욱 깊어진다.

이러한 네 가지가 내 삶의 '기본'이며, 그 위에 실존적 용기와 민주주의적 품격을 쌓아가고자 한다.

[에세이 18] 취향

내게 개인적 취향은 단순히 기호를 넘어, 삶을 대하는 태도이자 인간관계를 맺는 방식에서 기본이다. 그 무엇보다도 인간에 대한 예의를 중시한다. 이는 인간 존재를 온전히 존중하며, 어떤 상황에서도 인간으로서 고유성과 존엄성을 지키는 태도이다. 타인의 말과 감정을 대할 때 스치고 지나가는 반응을 넘어 인간 존재를 있는 그대로 수용하려는 마음이다.

또한 공감적 경청을 삶의 중심 기술로 여긴다. 단순히 듣는 것이 아닌, 타인의 말 속에 담긴 감정과 의미를 읽고자 노력하며, 말을 기다리는 것이 아니라 존재를 기다리는 사람이다. 이러한 경청은 상대방으로 하여금 자기는 이해받고 있다고 느끼게 하며, 치유의 공간을 열어줄 것이라는 믿음이다.

더 나아가, 공감적 피드백을 통해 관계를 더욱 풍요롭게 만들고자 노력한다. 피드백은 판단이나 조언이 아니라, 마음을 비춘 거울처럼 상대방의 내면을 비춰주는 따뜻한 응답이어야 한다고 믿는다. 누군가의 말 한마디가 힘이 되기도 하고, 어깨를 토닥이는 손길처럼 느껴지기도 한다는 것이다.

결국 내게 취향은 단지 개인적 취향 차원을 넘어서, 타인을 만나는 방식에 대한 철학이다. "예의, 경청, 공감은 인간을 향한 가장 귀한 선물이며, 인간 존재의 깊이를 보여주는 태도가 아닐까?"

[에세이 19] 고집

나는 어떤 일이나 행동을 앞두고 그것이 무엇을 의미하는지, 왜 해야 하는지, 그리고 어떤 방식으로 진행되어야 하는지에 명확한 이해가 없으면 결코 시작하지 않는다. 이는 단순히 완벽주의적이거나 주저함이라기보다는, 자기 성찰과 책임 의식에서 비롯된 고집이다. 자기 행위 하나하나가 타인에게 미치는 영향을 중요하게 생각하며, 의미 없는 실행은 오히려 해로울 수 있다는 일종의 신념이다. 해서 고집은 '스스로 명확한 이해 없이 움직이지 않는 태도'로 나타난다.

이 고집은 때로는 느리고 비효율적으로 보일 수도 있다. 그럼에도 불구하고 나는 빠르기보다는 바르기를, 효율보다는 의미를 중시한다. 이는 실존주의자이자 교육자로서 삶을 대하는 일관된 고집이자 태도이다. 어떤 결정이든 충분히 사유하고, 그 안에서 자기의 윤리적 기준과 감정적 진실이 확보되어야만 움직일 수 있다. 고집은 외부의 기준이 아닌, 내면의 소리에 집중하는 실존적 결단이며, 불의 불공정에 타협하지 않는 진정성 있는 표현이다.

결국 내 고집은 독선이 아니라, 책임감의 또 다른 얼굴이다. 스스로 이해하지 못한 채 일을 시작하는 것은, 자기와 타인에 대한 예의가 아니라고 생각한다. 그러므로 고집은 진실을 향해 나아가는 길이며, 의미 있는 실천을 위한 필수 조건이다.

[에세이 20] 예의 없는 말과 행동에 대한 화와 분노

나는 평생 사람과 사람의 진실한 관계, 존중과 예의를 기반으로 한 소통을 위해 노력했다. 그런 이에게 '예의 없음'은 단순한 결례나 사소한 실수가 아니다. 그것은 타인에 대한 존중의 부재, 인간 존재에 대한 성찰 부족으로 해석된다. 말 한마디, 표정 하나, 무심한 행동 속에 담긴 무례함은 상대의 존엄성을 해치고 관계의 온도를 급격하게 낮춘다.

나는 주장한다. "사람은 사람에게 가장 인간다운 태도를 지녀야 한다"고. 아무리 지식이 많고 능력이 탁월해도 예의가 없으면 그 어떤 의미도 없다고 믿는다. 특히 나이가 들수록,

사회적 위치가 높을수록 오히려 더 예의를 갖추어야 한다는 것이 강한 신념이다. 종종 말과 행동에서 배려 없는 이들을 대할 때 분노와 슬픔이 함께 밀려온다. 그 분노는 내 감정을 흔들어서가 아니라, 인간으로서 붕괴를 목격하는 데서 기인한다.

무례한 언행은 상대를 향한 공격이자 자기 스스로에 대한 폭력이다. 예의는 단지 형식이나 예절 교육의 산물이 아니라, 인간 존재를 귀하게 여기는 마음의 표현이다. 개인의 무례함은 인간관계의 파괴이며, 동시에 공동체 윤리의 균열로 연결된다. 예의 없는 사람 앞에서 침묵하거나 맞대응하기보다, 더 큰 품격으로 그 자리를 지키려 한다. 그럼에도 불구하고, 그런 무례에 반복적으로 노출될 때 상처가 되고 화와 분노로 연결된다.

이 분노는 인간에 대한 기대와 애정이 있기에 나타난다. 인간다운 사회, 서로 존중하는 문화가 무너지는 것을 바라보는 실존적 고통이기도 하다. 스스로에게 질문한다. '나는 얼마나 예의 바른 사람인가?, 나는 진심으로 사람을 존중하고 있는가?.' 그 질문은 곧 내게로 돌아와 더 사람다운 사람으로 단련시키는 도구가 된다.

[에세이 21] 편견을 경계하라.

편견은 단지 생각의 오류나 인식의 왜곡에 그치지 않는 그 무엇으로 다가온다. 그 것은 인간에 대한 예의의 결여이며, 타인의 삶과 존재에 대한 무례한 간섭이다. 나는 강조한다. "사람이 사람을 다 안다고 함부로 떠들지 말라." 이는 어떤 삶도, 어떤 사연도 함부로 재단하거나 축소하지 말라는 간절한 윤리적 요청이다. 편견은 타인을 있는 그대로 보지 않겠다는 선언이자, 자기 잣대를 타인의 영혼에 들이대는 일종의 폭력이다.

나는 오랜 시간 교육, 보건, 복지 현장에서 수많은 사람을 만나며 알게 되었다. 일을 야무지게 잘해도, 타인에 대한 편견이 깊은 사람과 함께하기 어렵다고. 왜냐하면 그런 사람은 결국 협업의 순간에도, 돌봄의 장면에서도 타인을 동등한 인격으로 대하지 않기 때문이다. 차별과 편견은 기술 이전에 천박한 인격의 또 다른 모습이다.

인간에 대한 예의는 말의 공손함이나 행동의 단정함을 넘어선다. 이는 '타인의 고통에 어떻게든 동참하려는 자세'이며, '타인에게 원인이 아닌 이유를 묻고 기다릴 줄 아는 품위'이다. 편견은 그 모든 예의를 지워버린다. 누군가를 "원래 그런 사람"이라 치부하는 순간, 그의 변화 가능성과 고유성을 버리는 것이다.

해서, 편견 앞에서 단호하다. 능력이 뛰어나더라도, 언행에 무례하고, 인간을 선입견으로 대하는 이는 잘 신뢰하지 않는다. 중요한 것은 '사람을 어떤 눈으로 보느냐'이다. 결국 교육도, 돌봄도, 리더십도 그 시선에서 시작되기 때문이다.

편견은 타인을 향해 있지만, 결국 자기를 가두는 거대한 벽이다. 나는 강조한다. "편견 없는 사람이 아니라, 편견을 자각하고 경계하려고 노력하는 사람이고자 한다"고. 이 문장에는 인간에 대한 깊은 겸손이 실려 있다. 예의를 아는 사람은 늘 자기부터 돌아본다. 그리고 이러한 성찰이야말로, 편견을 넘어 진정한 인간 이해로 나아가는 출발점이다.

[에세이 22] 모든 일에 최선을 다하는 것, 나의 소중한 자부심

내게 자부심은 평생에 걸쳐 이룬 경력이나 외부로 드러나는 직함이 아니다. 그러한 것은 시간이 지나면서 빛을 잃고 실존적 공허로 이어질 수 있기에 그러하다. 진정한 자부심은, 매 순간 마주하는 크고 작은 일에 마음을 다해 최선을 다하는 태도에서 나오는 것이 아닐까 한다. 즉, 눈에 보이는 결과가 아니라, 과정을 대하는 진정성에 가치를 두는 것이다.

연구에 임할 때는 하나의 가설을 세우고 검증하는 지난한 과정 속에서도 정직성을 잃지 않으려 노력한다. 밤샘 연구가 이어지거나 예상치 못한 난관에 부딪힐 때도, 쉽게 타협하거나 포기하기보다는 문제의 핵심에 더 깊이 다가가고자 한다. 그 과정에서 느끼는 치열함과 한계를 넘어서려는 의지 자체가 소중한 경험이다.

강단에 설 때면, 단순한 지식 전달자를 넘어 학생의 마음에 작은 불씨 하나라도 지필 수 있기를 소망한다. 한 시간의 강의를 위해 하루 종일 준비하면서, 어떻게 하면 내용을 더 명확하고 흥미롭게 전달할 수 있을지, 어떤 질문이 학생의 사고를 자극할 수 있을지를 고민한다. 학생 한 명 한 명의 눈빛을 소중히 여기고, 그들의 잠재력을 믿으며 짧은 만남 속에서도 진심으로 소통하려 한다. 비록 짧은 순간이라고 하더라도, 그 만남이 서로에게 의미 있는 기억으로 남기를 소원한다.

일상에서 마주치고 스쳐 지나가는 인연이나 사소해 보이는 업무 하나에도 같은 마음을 적용하려고 한다. 어떤 일이든 그 안에 담긴 의미를 찾고, 정성을 다할 때 내 삶이 더 명확하고 단단해짐을 느낀다. 이러한 태도가 몸에 배어 습관이 되고, 삶의 일부가 될 때 비로소 외부의 평가나 조건에 흔들리지 않는 자존감이 형성된다고 본다.

결국, 이순이 지난 현재까지 한 평생 견지해 온 이 '최선을 다하는 태도'가 삶의 근본적인 가치이다. 스스로에게 부끄럽지 않게 내 삶을 잘 살아내게 하는 원동력이다. 화려한 성취가 아닐지라도, 매 순간을 진심으로 대했다는 그 사실 하나만으로도 삶은 충분히 의미가 있다. 그것이 바로 세계 내 존재인 내가 지키고 싶은 가장 소중하고 아름다운 자부심이다. 이 자부심이 있기에 매 순간 노력하면서 앞으로 나아가며, 이는 곧 삶의 의미를 더욱 깊고 풍성하게 만들어준다.

[에세이 23] 시간

61세를 넘긴 지금, 삶의 후반부에 남은 시간이 과연 얼마나 될까 자문한다. 젊을 땐 시간이 무한할 줄 알았다. 그러나 이제는 하루하루가 선물이고, 오늘이 마지막일 수도 있다는 생각을 하게 된다. 이러한 변화는 두려움이 아니라, 오히려 삶을 더 진실하게 바라볼 수 있는 감사함이다. 나는 죽기 전날까지 배우고, 가르치고, 쓰는 사람으로 살고자 한다. 나에게 주어진 지식을 더 깊이 있게 쌓고, 필요한 이에게 전하며, 글을 통해 세상과 의미 있는 소통을 하고 싶다. 이것이 가능하다면, 인생이 오늘 끝날지라도, 결코 후회하지 않을 것이다.

배움이란 단지 지식 축적이 아니라, 세상을 향한 겸손한 태도이며, 매 순간 삶을 새롭게 바라보는 도구의 하나이다. 가르침은 나눔이다. 내가 얻은 것을 나누고, 그 과정에서 나 또한 배우는 것이다. 그리고 쓰는 일은 나와 타인과의 대화이다. 말로 다하지 못한 생각과 감정을 단어와 문장으로 엮어 남기고, 또 어떤 누군가에게 도움이 되는 일이다.

나는 소망한다. 이러한 소중한 시간이 더 허락되길. 하루하루가 덤처럼 주어진 시간이라면, 그 시간을 낭비하지 않고 감사함으로 채우고 싶다. 육체는 늙고 언젠가 사라지겠지만, 배움과 가르침, 쓰기를 향한 열정만은 남기를 바란다. 그 바람으로 나는 오늘도 글을 쓰고, 책을 펼치며, 누군가의 이야기에 귀 기울인다. 이 삶이야말로 내 삶에서 가장 아름다운 길이다.

[에세이 24] 비교

내게 비교는 상처였고, 섀도우였다. 1980년대 억압적이고 폭력적인 시대에 민주화 운동권으로 낙인찍힌 남편과 결혼했다. 해서 내 존재 자체로 인정받지 못한 채 끊임없이 '누구보다 못하다'고 비교하는 시간이 있었다. 직장 업무와 육아, 학업을 병행하며 생계를 위해 2....3가지 아르바이트를 감당해야 했던 그 시간이 자립과 성장을 위한 투쟁이기보다는 '왜 나만 이렇게 살아야 하는가'라는 질문과 더불어 깊은 자책이 함께했다.

나는 한동안 이 감정을 '불운'이라 여겼고, 나보다 나은 이들을 향한 부러움은 곧 스스로에 대한 분노와 열등감으로 연결되었다. 그러다 칼 융의 분석심리학, 특히 '섀도우' 개념을 기반으로 한 교육분석을 받으며 알게 되었다. 내가 외면했던 이 수치와 분노, 비교의 감정은 나의 그림자였으며, 내면에 억눌러진 진짜 나의 일부분이었다는 사실을. 섀도우란 단지 부정적인 것이 아니라, 내가 받아들이지 못한 '자기'이며, 그것과 대면하고 수용하는 과정이야말로 진정한 통합과 성숙으로 가는 길임을 배웠다.

그제야 비로소 나는 내가 얼마나 치열하게 살아왔는지, 그 고통 속에서도 얼마나 성실하게 가족과 내 삶을 잘 지켜냈는지를 인정할 수 있었다. 나의 그림자였던 비교와 수치는 더 이상 나를 해치지 않았다. 오히려 그것을 품는 순간, 나는 나의 일부를 되찾은 것이었고, 나를 있는 그대로 이해하게 되었다. 이제 나는 안다. 내 상처가 나를 무너뜨린 것이 아니라, 나를 성장시켜온 또 다른 나였음을.

[에세이 25] 용서

나는 시모를 용서하고자 한다. 평생 며느리 도움을 받은 시모는 말로는 며느리를 자랑스럽다고 하면서도, 등 뒤에서는 험담을 일삼았다. 고단하게 자식 키우며, 아내로 며느리로서 역할에 최선을 다하며 살아왔건만, 그 무한 희생은 인정받지 못했다. 시모의 무분별한 말과 행동으로 마음을 깊이 다쳤고, 해묵은 상처로 남아 있다. 무엇보다 더 아픈 것은 남편조차 나를 보호해 주지 못했다는 사실이다. 나는 부당한 상황에 홀로 내쳐졌고, 침묵은 방조였다. 나는 방패막이 없는 전쟁터에 멈춰 선 군인같은 존재였다.

그러나 이제는 안다. 그 분노를 평생 움켜쥐고 있으면서 결국 병든 이는 바로 나 자기이라는 것을. 용서는 그들을 위한 것이 아니라, 오롯이 나를 위한 선택이라는 것을. 억울함과 슬픔을 반복해 떠올릴 때면 과거로 끌려가고, 그 감정의 감옥에 갇혀버린다. 해서 이제는 나를 위해, 아름답고 소중한 나를 더 아프게 하지 않기 위해 용서를 하기로 한다.

용서는 잊는 것이 아니라, 기억하되 더 이상 그것에 얽매이지 않는 내 선택이다. 나는 시어머니의 말과 행동이 내게 어떤 고통을 주었는지 기억하지만, 그 고통이 이제 내 삶을 지배하지 않도록 할 것이다. 남편의 무기력함에 고단함과 외로움이 더했지만, 이 또한 어쩔 수 없는 그의 한계였음을 받아들이고자 한다.

이제 내 인생의 주인은 나이다. 과거의 상처를 쥐고 있는 손을 내려놓고, 스스로 더욱 귀한 존재로 대접하며 살아가고자 한다. 용서는 자기를 약하게 만드는 것이 아니라, 진정으로 강하게 만드는 선택이다.

[에세이 26] 휴가

아들과 함께하는 아름다운 휴가 – 늘 상상 그 이상이다.

내게 휴가는 단순한 쉼 이상의 의미이다. 아들과 함께 보내며 삶의 소중한 단면을 확인하는 시간이기에 그러하다. 바쁜 일상에서 가족이 마주 보며 이야기를 나눌 여유조차 없지만, 아들과 함께하는 시간은 남다르다. 아들이 운전하는 자동차에 올라타서 미리 찾아둔 맛집으로 향하며, 음악을 듣고, 때로는 침묵하고, 또 때로는 깊은 내면에서 올라오는 감정을 꺼내도록 한다. 그렇게 삶의 속도를 잠시 늦추고, 아들의 생각을 듣고 나눈다.

아들과 맛집을 찾아가는 여정은 단지 허기를 채우는 행위가 아니다. 함께 무엇을 먹고, 어떤 맛을 경험하고, 어떤 기억을 남기는지는 곧 내 인생의 한 페이지가 된다. "이 집의 국물 맛은 정말 깊구나." "작년에 갔던 바닷가 그 음식점 생각나니?" 이렇게 작은 감동과 감탄이 쌓이며 엄마와 아들의 대화가 깊어진다. 음식을 얘기하며, 그 안에서 삶을 대하는 경험적, 창조적 및 태도적 가치를 공유한다.

엄마처럼, 때로는 친구처럼, 때로는 조용히 귀 기울이는 청중처럼 아들과 대화하며 다양한 나를 마주한다. 아들이 세상에 대해 궁금해하는 것들, 삶을 바라보는 시선, 때론 다툼 후 화해하는 방법까지도 나누는 시간이다. 그리고 그 모든 순간이 큰 선물이 된다.

해서, 내게 휴가는 단지 일에서 탈출하는 시간이 아니다. 자기를 더 사랑하게 하고, 치유하는 시간이다. 이런 시간이 쌓이며 인생 앨범 속에 아들 나눈 대화가 가장 아름답고 따뜻한 색으로 남는다. 시간이 날 때면 아들과 함께 할 맛집을 찾는다. 함께하며 진정한 쉼과 행복을 만나기 위해.

[에세이 27] 기쁨

나는 양심에 따라 선택하고 말하고 행동할 때, 가장 기쁘다. 그것은 세상의 기준이나 타인의 시선을 의식하지 않고, 내 안의 소리에 귀 기울인 결과이기에 그러하다. 때로는 손해가 되기도 하고, 고립감으로 연결되기도 한다. 그러나 그럼에도 불구하고 내면 깊은 곳에서는 올라오는 벅찬 기쁨이 있다. 그것은 마치 거짓 없는 거울 앞에 선 듯, 나 자기를 있는 그대로 마주하였다는 일종의 안도와 편안함이다.

양심은 내 안의 윤리적 나침반이다. 혼란스럽고 어지러운 세상에서도 무엇이 옳은지, 어떤 길이 진실한지 알려주는 가장 순수한 도구이다. 그 소리에 따라 살기란 결코 쉬운 일이 아니다. 유혹도 많고, 현실의 무게는 무겁다. 하지만 양심을 거스른 말이나 행동을 했을 때 느끼는 불편함과 고통이 오래도록 남아 괴롭힌다. 반대로, 양심에 따라 선택하고 결정했을 때에는 비록 결과가 불확실하거나 불리하더라도 후회가 남지 않는다.

이러한 경험을 통해 점점 더 내면의 목소리에 귀 기울이게 되었다. 누구보다 나 자기에게 떳떳한 삶이 얼마나 값진 것인지를 알았기에 그러하다. 때로는 단호한 거절이 필요하고, 침묵해야 하는 순간이 있다. 그럴 때마다 나는 묻는다. “이 선택이 과연 양심에 부합하는가?” 그리고 그 물음에 진심으로 “그렇다”고 대답할 수 있을 때, 진정한 자유를 경험할 수 있다.

양심을 따라 사는 삶은 외적인 성공보다 내적인 충만감을 준다. 그것은 나를 지키고, 세상과 정직하게 마주하도록 돕는다. 나는 앞으로도 이 기쁨을 따라 살고 싶다. 내 안의 양심이 내 삶의 등불이 되어, 흔들리지 않는 진실한 삶이길 소망한다.

[에세이 28] '나는 누구인가'

수업에서 학생들을 마주할 때, 혹은 연구실에서 책과 함께할 때, 스스로에게 묻곤 한다. '너는 누구인가?' 단순한 이름 석 자, 혹은 '연구자, 교수'라는 사회적 직함만으로는 설명할 수 없는 것에 대한 근본적인 질문이다.

내게 '나'라는 존재는

첫째, 지식을 탐구하고 전달하는 자이다. 수많은 선학들이 쌓아 올린 지혜의 탑을 더듬어 올라가고, 그 과정에서 작은 발견과 성과를 더하며 기쁨을 느낀다. 그리고 그 지식의 불씨를 젊은 세대에게 건네주어 그들이 더 넓은 세상으로 나아갈 수 있도록 돕는 것, 그것이 내 존재의 중요한 한 축이다. 학생들의 질문 속에서 새로운 영감을 얻고, 그들의 성장을 지켜보며 나 또한 함께 성장함을 느낀다.

둘째, 끊임없이 질문하고 회의하는 자이다. 정체된 지식은 생명력을 잃는다는 것을 알기에, 당연하다고 여겨지는 것들에도 의문을 제기하고 새로운 관점을 모색하려 노력한다. 연구 과정에서의 끝없는 자기 검토와 비판적 성찰은 때로는 고통스럽지만, 이는 진리에 한 걸음 더 다가가기 위한 필수적인 과정이다. 어쩌면 나는 완벽한 답을 찾는 이라기보다는, 더 나은 질문을 던지기 위해 존재하는지도 모르겠다.

셋째, 관계 속에서 규정되는 존재이다. 가족, 동료, 학생들과의 상호작용 속에서 나는 누군가의 딸, 아내, 엄마이자, 동료 연구자이며 스승이다. 이러한 관계들은 나에게 안정감을 주고, 사회적 존재로서의 의미를 부여한다. 때로는 그 관계들 속에서 갈등하고 고민하기도 하지만, 결국 서로를 비추는 거울이 되어 나를 더 깊이 이해하게 만든다.

마지막으로, 미완성의 존재이자 가능성의 존재이다. 과거의 경험과 현재의 성찰을 바탕으로 끊임없이 더 나은 미래를 향해 나아가려는 열망이 있다. '나'라는 정체성은 고정불변의 실체가 아니라, 매 순간의 선택과 경험을 통해 새롭게 구축되고 변화하는 유동적인 것이다. 그렇기에 나는 오늘도 묻는다. 어제의 나는 어떠했고, 오늘의 나는 무엇을 하고 있으며, 내일의 나는 어떤 모습으로 서 있을 것인가.

결국 '나는 누구인가'라는 질문에 대한 답은 하나의 명쾌한 문장으로 정의될 수 없다. 나는 지식을 사랑하는 교육자이자, 진리를 탐구하는 연구자이며, 관계 속에서 성장하는 사회적 존재이고, 끊임없이 변화하며 더 나은 나를 꿈꾸는 미완의 존재이다. 이 모든 모습이 어우러져 지금의 '나'를 이루고 있으며, 이 탐구의 여정 자체가 바로 '나'를 정의하는 과정이다. 오늘도 이 질문을 가슴에 가득 담고, 내일의 나를 향해 한 걸음 더 나아간다.

[에세이 29] 상

내 인생에서 가장 기억에 남는 상은 61번째 생일에 아들 내외에게서 받은 상이다. 평생을 살아오며 여러 상을 받았지만, 어떤 상도 그만큼 깊은 감동과 의미를 주진 못했다. 그날도 여느 때와 다름없는 생일이었다. 별다른 일 없이 조용히 하루를 보내고 있었는데, 저녁 식사 이후 아들 내외가 작은 상자를 건넸다. 상자 안에는 화려한 트로피도, 값비싼 선물도 아닌, 손으로 만든 듯한 예쁜 상장이 들어 있었다. 상장에는 "세상에서 가장 감사한 어머니에게"라는 문구가 새겨져 있었다. 그 문장을 읽는 순간 눈시울이 붉어졌고, 이어진 글귀들 속에서 아들의 어린 시절 기억, 나에 대한 감사와 사랑이 진심으로 전해졌다. 며느리도 나와의 인연에 고마움과 존경의 마음을 담았다. 이 상은 업적을 인정받는 상이 아니라, 나의 삶 자체에 바치는 찬사였다. 돈으로 살 수 없는 마음의 표현이었기에 더욱 귀했다. 그 상을 바라보며 나는 지난 세월을 되돌아보게 되었다. 힘들고 지쳤던 순간들이 결코 헛되지 않았음을, 내가 흘린 땀과 눈물이 아들의 마음에 깊이 새겨졌음을 확인하게 되었다. 지금도 그 상은 내 서재 가장 잘 보이는 곳에 놓여 있다. 자주 그 상을 바라보며 미소 짓고, 힘든 날엔 그것을 통해 다시 용기를 얻는다. 자식의 진심이 담긴 사랑은 부모에게 세상 어떤 것보다 큰 축복이다. 이 상은 내 인생의 가장 소중한 기억이며, 끝까지 나를 지탱해 줄 따뜻한 응원이다.

[에세이 30] 이벤트

내 인생에서 가장 소중한 이벤트는 매년 반복되는 가족 생일 모임이다. 남편, 아들, 며느리, 그리고 두 손자의 생일은 단순한 기념일 그 이상이다. 그날은 곧 '우리 가족의 사랑을 다시 한번 확인하는 날'이자, '건강하게 살아있음과 함께 있음에 감사와 기쁨을 나누는 시간'이다.

남편의 생일엔 오랜 동지애 같은 감정이 되살아난다. 젊은 날의 고단함을 함께 견디고, 함께 늙어가는 동반자로서 서로를 위로하는 날이다. 아들의 생일엔 늘 감격이 앞선다. 한 아름다운 생명을 잉태해 낳고 길러낸 그 긴 여정이 고스란히 떠오르기 때문이다. 며느리의 생일에는 고마움과 미안함이 교차한다. 아들을 잘 이해하고 감싸주는 그녀에게 진심으로 축복을 전한다.

그리고 무엇보다 손자들의 생일은 가장 기쁨을 느끼는 날이다. 그들의 맑고 밝은 웃음은 늘 나를 젊게 만드는 고농도 비타민이다. 두 손자는 내가 더 열심히 살아야 할 의미이다. 이들의 생일을 맞아 온 가족이 한 자리에 모이는 일은 단순한 축하를 넘어서 일종의 사랑의 의식이다.

나는 이 생일 모임들을 일 년 열두 달 중 가장 귀한 시간으로 여긴다. 값비싼 선물이나 화려한 장소가 필요하지 않다. 함께 웃고, 이야기 나누고, 맛있는 음식을 나누는 그 순간 자체가 축복이고 선물이다. 가족의 생일을 기억하고, 준비하고, 함께 하는 이 시간에서 나는 '삶의 의미'를 발견한다.

인생이란 결국 누구와 함께, 어떤 시간을 쌓아가는가에 달려 있다. 나에게는 해마다 돌아오는 이 가족 생일 모임들이 기적 같은 축제이며, 삶의 의미를 더해주는 소중한 이벤트이다.

[에세이 31] 나는 누구인가?

나는 글 쓰는 것을 좋아하는 교수이자 연구자이다. 삶의 고통과 존재의 의미를 진지하게 묻는 실존주의 철학에 깊은 영향을 받아, 보건의료와 교육, 복지 영역에서 감정노동을 수행하는 전문가들을 위한 '감정돌봄 교육과정'을 개발하여 몇 개 국가에서 운영하고 있다. 빅터 프랭클의 로고테라피 이론, 칼 로저스의 인간중심상담 이론, 그리고 그리기와 글쓰기를 융합한 '로고아트워크(LogoArtWork)'라는 통합적 접근법을 개발하였다. 이를 기반으로 참여자 스스로 자기 감정을 돌보며 치유와 성장을 동시에 도모하도록 돕는 것이 내 삶의 주요 목표이다.

인간은 삶의 가장 고통스러운 순간에도 '의미를 발견하고 선택할 수 있다'는 믿음을 가지고 있다. 가난과 질병, 수많은 책임 속에서도 멈추지 않고 공부하고 일했던 시간이 오히려 나를 더 인간답게 만들었다고 생각한다. 그런 경험을 바탕으로, 지금은 실존적 물음 앞에 선 이들에게 조용히 길을 밝혀주는 교육자가 되고자 한다.

앞으로 얼마나 더 남았을지는 모르겠으나, 아프리카와 아시아의 저개발국가를 방문하고, 보건 · 복지 종사자들에게 감정돌봄 교육과정을 전달할 수 있기를 바란다. 또한 인간의 존엄성과 아름다움을 이야기하는 연구와 글쓰기를 멈추지 않을 것이다. 나의 지식이 실존적 공허와 감정노동으로 고통받는 이들에게 작은 위로가 되기를 바란다.

2. 시, 넌 아름답고 소중한 꽃이란다.[8)]

[시 1] 넌 꽃이란다. 꽃

최마리

첫새벽 집을 나서며 자그마한 진노랑 색에
눈길이 머문다.
앞마당 돌길에 새치름한 민들레가 아침 햇빛과
어우러지며 신묘하게 끌어당긴다.

어젯밤 들어갈 땐 못 보았는데, 캄캄한 밤에 피어나느라 애 많이 썼네.
돌 틈새에 구부러져 엉킨 모양이
짓밟혀도 질기게 살아남은 잡초일까? 아니. 야생꽃일까?

"나 잡초니? 꽃이니?" 민들레가 속삭인다.
"견디어 피었으니 넌 분명히 꽃이다. 소중한 꽃"
마음으로 답한다.

꽃도 열매도 민들레 홀씨도 "지금" "여기" 있어야
특별하고 소중하고 의미가 있겠지.

세파 현실에서도 삶의 의미를 발견하고,
지극히 강하게 존재하는 이가 그러하듯이 말이야.

8) 최마리 공저. 『10시 時 들키고 싶은 시간』 글 Ego. 2023.

[시 2] 레드 와인

레드 와인!
밭에 농염한 적포도 색깔보다 더 깊고 진할 듯 해요.
당신의 예민한 혀끝에 가 닿으면 순간 쌉싸름하고 곧 시금털털하며 달콤하겠지요.

오늘 하루 애쓴 당신, 와인 맛을 멋을 그리는 당신의 저녁 식탁에서
검붉은 액체가 갸름하고 단정한 여인 얼굴같은 잔에 방울방울 떨어지겠어요.
곧 코끝에 스미는 진한 풍미에 취해 잔 들기도 전에 빙그르 몽롱해지겠지요……

영혼 양식인 영롱하며 고운 로고스를 발견하고 존재하는 당신을 위해. 치어스!!!

[시 3] 120개 보다 더 많은 색깔 감정

아들아!
고단한 한 순간 가슴이 푹 내려앉을 듯한 요상한 감정이 삐죽, 확, 툭, 풀쑥 올라올 때가 있지?
그 한 가지 감정은 곧 120색 연필세트 보다 더 많은 색깔로 변하기도 하지?
그렇게 엉킨 감정은 이내 요동치고 흩어지고 흘러 넘쳐 한강보다 더 깊어지지 않더니?
아들아!
이리 요동치는 감정으로 고단하지?
그래도 말이지
마음을 찌를 듯 사납고 아픈 감정이 툭툭, 풀쑥풀쑥 올라오거들랑
천둥치기 전 번쩍이는 번개처럼 즉시 알아차리고 따라가서 로고힌트를 찾아보렴.
소중한 너를 스스로 잘 보살피면, 아직은 살만한 세상이란다.

[시 4] 망초가 예쁘다는 친구에게

초록 대궁은 가늘가늘하고, 꽃은 찐 계란 잘 까서 딱 반으로 나누면 보일 흰자와 노른자가 어우러진 모양이었어.
여름 개천에 흐드러지게 피어난 망초를 만나면 그 질긴 운명에 설레기도 했었지. 동병상련!

그게 하나씩 보면 잡초인데 말이야, 또 한 무리 어우러지면 예쁜 꽃밭이더라.
가던 길 멈추어 서 "아. 다시 살고 싶어" 라고 중얼거리기도,
얼굴 온 웃음 근육을 사용해 화알짝 화안하게 웃으며 쓰다듬기도 했지

친구야!
화려한 것이 아닌 소소한 것에 마음을 더 주는 참한 너
반짝반짝 반들반들 세련된 이가 아니고 그저 아수룩하고 소박한 너라서 그저 좋다.

[시 5] 발견하는 가치

사랑하고 존경하는 그대!
가치 없는 위선 허세를 위해 진정한 삶과 고귀한 존엄을 희생하지 마시길.

세상이 제아무리 험하더라도 가치가 없어지는 것은 아니겠지요.
서슬 퍼런 태풍에도 가치는 쉬이 흔들리지 않아요.
다만 가치를 발견하지 못한 우리네 인간이 있을 뿐이겠지요.

부서지고 사라질 공허, 무의미와 싸우지 않길 바랍니다.
의미에 기쁘고 행복하길 바랍니다.

고왔던 그대!
이제 "지금" "여기"에서 진정한 참자아 가치를 발견하길 바랍니다.

[시 6] 존재 의무

"너 잘 살고 있니?
점점 더 자주 물어본다.
길 가다, 서다, 주춤주춤 멈칫멈칫거린다.
그 길 시작이 어디였는지 멀다.
하루하루 살아온 날이 가니 그러한 게지.

나이 숫자만큼, 본 만큼, 들은 만큼, 배운 만큼 딱 그만큼이라도 성찰할 수 있길…….
그리하여 내 안, 참자아의 고요한 소리를 듣고 잘 알아차릴 수 있길…….

[시 7] 오월 새벽비

새벽바람인 듯 스치는 소리에 창문 열어보니 푸른 오월을 재촉하는 비가 내린다. 사부작 사부작!

"오월아! 어서 빨리 오라. 오랫동안 푸른 오월을 기다렸어"

오월 푸른 물결을 바라며 지금 마악 올라온 연초록색과 조금 더 바지런히 올라왔을 진초록색 풀과 나뭇잎에 부딪혀 방울되어 흩어진다. 또르르또르르!

"푸른푸른아! 어여어여 푸르라. 더 빨리빨리 푸르라"

이 비 그치고, 비에게 곁을 내주었던 태양이 반짝 비추면 에메랄드 보석보다 더 아름다운 초록숲 잔치가 열리겠지.
초록숲 청량한 공기에 큰 숨 쉬면 깊은 심폐부까지 닿아 시원하고 달겠다.

[시 8] 하늘 바다

하느님!

밤새 내리던 비 그치고 한 점 구름도 먼지도 없이 맑고 밝기만 한 하늘에
그 끝이 어디인지 모르고 멀기만 한 광활한 바다가 생겼어요.
비에 떨어진 나뭇가지 주워 콕 찌르면 청푸른 바닷물이 와락 쏟아질 듯 해요.

파도없이 잔잔한 지중해빛 같은 하늘색만으로도 평화로운데요.
맑은 공기까지 더하니 그리이스산 레몬켄디보다 더 달고 맛있는 아침이예요.

이리 달고 맛있는 날 허락하시니
고맙습니다. 감사합니다. 사랑합니다.

[시 9] 들어주세요. 부디

여보세요!
당신이 할 수 있는 것이 아무 것도 없다고요.
진정 없다고 생각하시나요.
가만히 옆에 있어주고, 손잡고 들어주고, 공감해주면 어떨까요.
이리 소소한 것이 어렵나요.

조금씩 더 조금씩 마음 기울여 들어주면 안 될까요.
모지리 못난이가 아니고, 하자도 아니예요.
상처이고 아픔인 것을요.

그저 조용히 옆에 있어주고 마음으로 들어주면 훌훌 털고 제 길을 찾을 겁니다.

[시 10] 아들에게

아들아!

우리가 사는 이 세상이 말이야
늘 편안하지도 공평하지도 않지
어쩌면 고통스러울 때가 더 많지
양심의 소리를 듣는 선한 이 보다 지독히도 사나운 이들을 보면 더 그렇겠지

그럼에도, 고통을 견디는 것이 인생이라고 한다면
어둡고 미욱한 고통에서 무에 얻을 것이 있느냐고 묻겠지

그런데 말이야
그 고통에서 그 어떤 의미도 찾지 못할까 더 두렵단다.
의미는 주어지는 것이 아니라 발견하는 것이거든
오롯이 고유한 자기로서 존재할 때 발견이 가능하겠지

아들아!
욕심과 양심을 구분하길...
고운 양심보다 사나운 욕심이 앞서지 않길...
소중하고 특별한 너로서 존재하길...

부록

부록 1 감정돌봄을 위한 로고아트워크 교육과정의 핵심 요소
부록 2 아들과 함께 발견한 로고스
부록 3 로고아트워크 사례 보고서 (예시)

부록 1

감정돌봄을 위한 로고아트워크 교육과정의 핵심 요소

1. 자유의지와 책임성

자유의지[1]

물결처럼 밀려오는 자유의지,
깊고 넓은 바다 속에서
혼란스러운 내 마음이 속삭인다.
어디로 향해야 할지, 누구를 사랑할지,
무거운 선택의 무게가 나를 감싼다.

밤하늘 아래 헤매이며,
누구에 기대고, 또 누구를 잃게 될까.
운명의 실타래를 거슬러
내 길을 찾아가는 어둠 속에 홀로 서 있다.

한 걸음씩 더 나아가며, 나를 지켜보는
의미를 찾을 수 있는 자유,
그것이야말로 진정한 용기라고 믿으며
마음 깊은 곳의 갈망을 향해 나아간다.

1) 최영순 마리의 실존적 시, 시의 전문성, 창의성이나 문학성을 제대로 고려하지 않고 마음의 소리에 따라 쓴 것임. 이는 단지 독자들의 Self 로고아트워크 과정에서 읽기 자료로서 활용할 수 있도록 제시하고자 하였음

우리는 선택할 수 있는 존재,
숨겨진 가능성을 가슴에 품고
자유의지로 세상을 물들여 간다.
마음의 소리를 따라, 이 삶을 새롭게 그려간다.

자유의지는 개인이 자기 행동과 선택을 스스로 결정할 수 있는 능력이다. 이 개념은 철학, 심리학, 신학 등 다양한 분야에서 활발히 논의되며, 개인의 도덕적 책임 및 윤리적 판단과 밀접한 연관이 있다. 철학적으로 자유의지는 고대 철학자에서 부터 다루어진 주제이다. 예를 들어, 아리스토텔레스는 인간이 합리적인 사고를 통해 선택할 수 있다고 하며, 이를 자기실현과 도덕적인 삶으로 연결했다. 반면, 결정론자는 개인의 모든 행동이 과거 사건과 규칙으로 결정된다고 주장했다. 심리학적 관점에서 개인의 행동은 유전자, 환경, 교육 등 다양한 요인에 의해 영향을 받지만, 개인의 선택이 가장 중요하다고 보았다. 현대 심리학에서는 개인이 결정에서 자율성을 통해 성장하고 발전할 수 있는 능력을 강조한다. 신학적 관점에서는 자유의지를 신과 관계로 연결한다. 다양한 종교에서 개인은 자기 행동에 대해 도덕적인 책임을 져야 한다고 믿었다. 이는 신의 계획과 개인의 자유의지 사이의 관계에 대한 논의로 이어졌다. 따라서 개인의 자유의지에 대한 논의는 자유로운 선택과 도덕적 책임을 이해하는 데 필수적이며, 이는 윤리적 결정과 사회적 규범 설정에 중대한 역할을 한다. 이러한 논의는 자유의지가 개인의 삶뿐 아니라 사회 문화에도 영향을 미치는 요인[2]으로 본 것이다.

자유의지에 대한 철학자의 관점은 시대적 배경과 사상적 흐름에 따라 다양하게 나타난다[3]. 주요 철학자의 견해를 정리하면 다음과 같다. 소크라테스와 플라톤은 개인이 이성을 통해 진리를 발견하고 도덕적이고 정의로운 선택을 할 수 있다고 주장하였다. 플라톤은 개인의 영혼이 진리를 향한 갈망을 가진 존재라고 믿었다. 아리스토텔레스는 개인을 본성적으로 사회적 동물로 보고, 합리적인 사고에 따라 자유롭게 선택할 수 있다고 주장했다. 그는 개인이 자기 선택에 책임을 지며, 덕을 통해 최선의 삶을 추구한다고 했다. 데카르트는 자유의지를 존재의 본질로 간주하였다. 그는 이성이 모든 행위의 근본이 될 수 있으며, 명확하고 분명한 인식을 통해 진정한 지식을 얻고 선택할 수 있다고 믿었다. 데이비드 흄

2) 마크 발라규, 『자유의지』 한정래 옮김, 한울, 2021.
3) T.Z. 레빈 지음, 『소크라테스에서 사르트르까지』 문현병, 이부현, 이찬훈 옮김, 동녘, 1993.

은 자유의지를 개인 경험의 일부로 보았지만, 이는 인과관계에 의해 결정된다고 주장했다. 그는 자유가 필연적 결정론과 조화를 이룰 수 있으며, 개인의 선택이 외부 조건의 영향을 받는다고 보았다. 칸트는 개인이 도덕 법칙을 자율적으로 설정하고 이를 따르는 이성적 존재라고 주장했다. 그의 관점에서 자유의지는 도덕적 책임의 근본이며, 개인은 자기 행동에 대해 도덕적 판단을 내릴 수 있는 능력이 있다고 보았다. 니체는 전통적인 자유의지 개념을 비판하며, 개인이 자기 운명을 창조하기 위해 자기를 초월해야 한다고 주장[4]했다. 그는 실존적 선택의 중요성과 개인의 자기 의지 및 결정의 가치를 강조했다. 이처럼 자유의지에 대한 철학자의 견해는 각자의 관점과 철학적 배경에 따라 다양하게 나타나며, 이는 개인의 본질과 도덕적 책임에 대한 다양한 해석을 제공한다.

자유의지는 개인이 자기 사고와 행동을 스스로 선택하고 결정할 수 있는 능력을 의미한다. 이 개념은 개인이 외부의 영향이나 내적 충동을 초월하여 독립적으로 결정을 내릴 수 있다는 믿음에 기반을 두고 있다. 개인의 고유한 자유의지의 주요 특성은 아래와 같다. 첫째, 자율성 : 자유의지는 개인이 자기의 삶을 자율적으로 살아갈 수 있도록 한다. 여기에는 자기 신념, 가치, 목표를 설정하고 이에 따라서 행동할 수 있는 능력이 포함된다. 둘째, 도덕적 책임 : 자유의지를 가진다는 것은 자기 행동과 그 결과에 대해 도덕적 책임을 지는 것이다. 이는 윤리적 판단과 책임의 논의에 있어 중요한 기반이다. 셋째, 의사결정 능력 : 개인은 다양한 선택지 중에서 최선의 결정을 내릴 수 있는 능력이 있다. 이러한 결정은 개인의 경험, 지식, 신념에 의거하며, 깊은 성찰과 판단을 요구한다. 넷째, 창의성과 독창성 : 자유의지는 개인이 새로운 아이디어를 탐구하고 창의적인 방식으로 문제를 해결할 수 있게 한다. 이는 문화, 예술, 과학 등 여러 분야에서 혁신을 촉진한다. 다섯째, 외부와의 상호작용 : 개인의 자유의지는 사회적, 문화적, 환경적 요인에 의해 영향을 받지만, 결국 그 영향을 어떻게 받아들일지는 개인의 자유의지에 달려 있다. 결론적으로, 개인의 자유의지는 자율적이고 독립적인 삶을 가능하게 하며, 이는 사회 문화 속에서 개인의 역할과 책임을 이해하는 데 중요하다.

프랭클의 로고테라피에서는 개인의 고유한 자유의지를 강조하며, 이를 통해 삶의 의미를 찾아야 한다고 주장했다. 그의 관점에서 자유의지는 다음과 같은 주요 요소를 포함한다. 첫째, 의미 탐구 : 프랭클은 개인은 본질적으로 의미를 추구하는 존재라고 보았다. 그는 모든

4) 빅터 프랭클, 『무의미의 의미』 김미라 옮김, M31, 2021.

삶의 상황에서 개인이 의미를 찾는 능력을 가지고 있다고 보았다. 이는 극한 상황에서도 자기 태도를 선택할 수 있다는 것을 의미한다. 둘째, 고통을 극복하는 선택 : 프랭클은 "어떤 상황에서도 자기 태도를 선택할 수 있다"고 강조한다. 이는 개인이 고난의 상황에서도 내면의 자유의지를 통해 변화를 이끌어낼 수 있다는 믿음을 반영한다. 셋째, 행동과 태도의 선택 : 프랭클은 "개인의 모든 행동을 결정하는 자유의지"를 강조했다. 이는 외부 환경이나 상황의 압박에도 불구하고, 개인이 자기 태도와 반응을 선택할 수 있다는 것이다. 그는 나치수용소의 경험을 통해 고통스러운 상황 속에서도 개인의 정신적 자유는 결코 제약받지 않음을 보여주었다. 넷째, 결정론적인 견해에 대한 반대 : 프랭클은 개인이 단순히 생물학적이나 환경적 요인에 의해 결정되거나 제한된 존재가 아니라고 보았다. 그는 개인의 정신적 자유, 가치와 목표에서 자유의지를 강조하며, 이는 개인이 자기 존재의 의미를 발견하는 데 중요한 역할을 한다고 보았다. 결론적으로, 프랭클의 로고테라피에서 자유의지는 개인의 선택 능력을 넘어 삶의 의미를 발견하고 극한의 상황에서도 긍정적인 태도를 유지하는 능력이다. 이는 개인의 자유의지가 절대적으로 중요함을 강조하는 것이다.

인간중심상담 이론의 창시자인 로저스는 개인의 자유의지에 의한 자기실현[5]을 강조했다. 그의 이론은 상담 분야에 지대한 영향을 미쳤다. 로저스의 자유의지에 대한 기본 개념은 다음과 같다. 첫째, 자기실현 : 로저스는 모든 개인은 내재한 잠재력을 실현하려는 의지가 있다고 주장했다. 자기실현은 자기 능력과 가능성을 최대한 발휘하는 것을 의미하며, 이는 자유의지와 밀접한 연관이 있다. 둘째, 주체적 경험 : 개인은 자기 경험을 토대로 자율적으로 판단하고 선택하는 주체적 존재라고 언급했다. 로저스는 개인이 자기 경험을 해석하고 삶의 방향을 결정할 수 있는 능력이 있다고 믿었다. 셋째, 진정성 : 진정한 자기를 발견하고 이를 표현하는 자유의지의 중요성을 강조했다. 진정한 자기로 살아가는 것은 자유의지에 의해 가능하며, 이는 심리적 건강과도 연결된다. 넷째, 환경과 상호작용 : 개인이 주변 환경과 상호작용을 통해 선택과 결정을 내린다고 보았다. 비판적이면서도 지지적인 환경에서 개인은 자기실현을 이룰 수 있으며, 이 과정에서 의지가 발휘된다. 다섯째, 개방성과 수용성 : 열린 마음과 수용적인 태도가 자기를 탐색하고 이해하는 데 필수적이라고 강조했다. 이러한 태도는 자유의지를 실현하는 데 중요한 요소이다.[6][7] 프랭클이 개인을

5) Dave Mearns, Brian Thorne. 『인간중심 상담의 임상적 적용』 주은선 역. 학지사. 2012.
6) 연문희, 이명희, 이장호. 『인간중심상담 이론과 실제』 학지사. 2008.
7) 감순화, 김명권, 박남숙 외. 『인간중심상담 훈련』 학지사. 2014.

스스로 신격화시킬 수 있다고 우려한 이론이 인간중심 이론이다[8]. 그러나 로고아트워크에서는 개인이 자유의지에 의한 자기실현 경향성과 교육자의 무조건적 긍정적 존중을 차용하여, 사람에 예의, 공감적 경청 및 피드백을 지향한다.

결론적으로, 로저스의 자유의지는 개인이 자기를 이해하고 실현하는 능력, 즉 자기실현의 과정에서 나타난다. 그는 개인이 자율적으로 삶의 목적과 방향을 설정하고 진정한 자기를 발견할 수 있는 환경을 조성하는 것이 필수적이라고 했다. 그의 접근은 개인의 성장과 발달에 중점을 두며, 상담의 중요한 원칙이다.

20세기 초부터 중반까지 발전한 철학 사조인 실존주의[9]에서는 존재, 자유, 선택, 의미를 중심 주제로 다룬다. 실존주의에서는 자유의지에 대해 다양한 관점을 제시하였다. 첫째, 존재의 우선성 : 실존주의에서 "존재가 본질에 앞선다"라는 개념은 인간이 특정 본질을 가지고 태어나는 것이 아니라, 자기 선택과 행동을 통해 자기를 정의한다는 것이다. 즉, 개인은 자유롭게 선택할 수 있으며, 이는 자기 형성에 중요한 역할을 한다. 둘째, 자유와 책임 : 실존주의에서 자유의지는 개인의 선택과 행동에 대해 스스로 책임을 진다는 것이다. 어떤 어려운 상황에서도 자기 태도와 반응을 선택할 자유가 있으며, 이는 선택에 대한 책임으로 이어진다. 셋째, 실존적 불안 : 실존주의는 개인 존재의 불확실성과 모순에서 오는 불안을 강조한다. 이러한 불안은 자기의 선택에 대해 깊이 고민하고 삶의 의미를 찾아가는 과정을 촉진한다. 넷째, 의미 창조 및 발견 : 실존주의는 삶의 의미가 외부에 고정되어 있지 않다고 주장한다. 오히려 개인은 자기 선택과 행동을 통해 의미를 창조하며, 이는 자유의지로 자기 삶의 방향을 설정하고 목적을 찾는 과정을 포함한다. 다섯째, 주관성과 개인 경험 : 실존주의는 객관적 진리보다는 개인의 주관적 경험과 감정에 중점을 둔다. 개인은 자기 경험을 통해 세계를 이해하고, 이를 바탕으로 존재의 의미를 찾는 과정에서 자유의지가 중요하게 작용한다.

실존주의의 철학자인 장폴 사르트르, 프리드리히 니체, 그리고 시돈 드 보부아르는 각자의 방식으로 자유의지와 개인 존재에 대해 깊이 탐구했다. 이들은 개인이 자유롭게 선택할 수 있는 존재임을 강조하며, 이러한 선택이 궁극적으로 삶의 의미와 자기 정체성을 형성하는 데 영향을 미친다고 주장했다.

8) 정인석. 『의미없는 인생은 없다』 학지사. 2013.
9) 게리 콕스. 『실존주의자로 사는법』 지여울 번역. 황소걸음. 2023.

장폴 사르트르는 실존주의에서 주요 철학자 중 한 명으로, 자유의지 개념은 그의 철학과 긴밀하게 연결되어 있다. 사르트르의 관점에서 자유의지는 다음과 같다. 첫째, 존재와 본질 : “존재가 본질에 앞선다”고 주장하며, 개인은 고정된 본성을 가지고 태어나는 것이 아니라 선택을 통해 자기를 정의한다고 보았다. 이는 개인이 본질적으로 자유롭고, 자기 삶의 방향을 자율적으로 설정할 수 있는 존재임을 의미한다. 둘째, 자유의지와 선택 : 자유는 인간의 본질이다. 사르트르는 개인이 어떤 상황에 놓이더라도 스스로 선택할 수 있는 가능성을 가지고 있다고 했다. 개인은 처한 조건이나 외부 상황에 의해 결정하지 않으며, 자기 행동과 반응을 선택할 자유를 가진 존재라는 것이다. 셋째, 책임 : 개인은 자유롭게 선택하고, 자기 선택에 대한 책임을 진다. 이는 도덕적 의미를 포함한다. 사르트르는 개인이 자기 선택을 통해 자기 존재를 만들어 가며, 모든 선택 결과 역시 개인이 책임이라고 하였다. 넷째, 실존적 불안 : 개인의 자유는 불안을 동반한다. 사르트르는 개인의 모든 선택이 불확실성을 포함하고 있으며, 선택의 결과를 알 수 없는 상황에서 오는 불안을 강조했다. 이러한 실존적 불안은 개인에게 선택의 중압감을 느끼게 하고, 자기 정체성에 대해 깊이 고민하게 만든다. 다섯째, “타인의 감옥”: 타인이 개인의 자유를 억압할 수 있는 존재이다. 즉, 타인의 시선이나 판단이 자기 정체성 형성에 영향을 미치게 되며, 이는 자유의지의 복잡성과 도전 과제가 될 수 있다는 것이다. 그는 “타인은 지옥이다”라는 유명한 아포리아를 통해 이 점을 부각시켰다.

결론적으로, 사르트르의 관점에서 자유의지는 개인 존재의 핵심 요소로서, 선택과 책임을 통해 완성한다고 할 수 있다. 이는 개인의 본질적인 조건으로, 자유의지로 자기를 창조하고 정의하는 능력이 있다는 것이다.[10]

시몬 드 보부아르는 존재론적 실존주의 철학자이자 페미니스트 사상가로, 그녀의 저서 『제2의 성』[11]에서 여성의 존재와 자유의지에 대해 깊이 있는 논의를 펼쳤다. 그녀의 관점에서 개인의 자유의지는 다음의 주요 요소로 요약할 수 있다. 첫째, 존재와 선택 : 개인이 본질적으로 선택을 통해 자기를 정의하고 형성하는 존재임을 강조했다. 이는 개인은 모두 자기 삶에서 자유롭게 선택할 수 있는 능력을 가졌음을 의미한다. 특히, 여성이 선택의 주체가 되어야 한다고 주장했다. 둘째, 여성의 실존적 자유 : 여성 존재를 남성과 비교하며, 사회와 문화에서 여성이 억압받은 방식에 관심을 기울였다. 보부아르는 여성이 자기 존재와 선택에 대해 의식적으로 반응하고, 자기실현을 위해 외부의 억압을 극복해야 한다고 강조

10) T.Z. 레빈 지음. 『소크라테스에서 사르트르까지』 문현병, 이부현, 이찬훈 옮김. 동녘. 1993.
11) 시몬느 드 보부아르. 『제2의 성』 이정순 번역. 2021.

하였다. 셋째, 타자성과 자기 : 보부아르는 타자와의 관계 속에서 자기 정체성과 자유를 형성하는 주체성을 강조하였다. 그녀는 "여성은 타자로 존재한다"는 관점에서, 사회에서 여성의 역할이 어떻게 제한되고 왜곡되는지를 설명하려고 했다. 이는 여성이 자유의지를 갖기 위해서는 타자로부터 자기를 지켜야 한다는 의미이다. 넷째, 주체성과 책임 : 보부아르는 인간의 자유는 책임을 동반한다고 주장하였다. 개인은 자기 선택에 대한 책임을 져야 하며, 이는 진정한 자유를 얻기 위한 필수 조건이라고 강조했다. 다섯째, 사회적 조건 인식 : 보부아르는 개인의 자유의지가 사회적, 문화적 맥락에서 형성된다고 주장하였다. 자유는 단순한 개인적 선택에 그치지 않고, 그 선택을 가능하게 하는 조건과 환경에 대한 이해가 필요하다고 하였다. 그녀는 당시 사회 구조를 비판하며 여성의 생활 조건 개선을 위해 지속적인 노력을 기울였다.

결론적으로, 보부아르의 관점에서 개인의 자유의지는 자기 선택과 책임, 그리고 사회적 현실을 인식하고 극복하는 과정으로 이해해야 한다는 것이다. 그녀는 여성이 자기 삶의 주체가 되어야 하며, 진정한 자유를 얻기 위해서는 사회적 억압과 고정관념을 극복할 필요가 있다고 강조하였다. 이러한 논의는 현대 페미니즘과 존재론적 실존주의에 지대한 영향을 미쳤다.

2. 선택과 책임성

도덕적 책임[12)]

밝음과 어둠의 경계에서,
흔들리는 나침반처럼 방황하는 마음,
정의를 찾아 한 걸음, 또 한 걸음 나아간다.

양심의 목소리, 부드러우면서도 강렬하게,
폭풍처럼 몰아치는 파도 속에서도,
진실은 이글거리는 태양처럼 빛나고,
두려움에 맞서는 용기를 선사한다.

12) 최영순 마리의 실존적 시. 시의 전문성, 창의성이나 문학성을 제대로 고려하지 않고 마음의 소리에 따라 쓴 것임. 이는 단지 독자들의 Self 로고아트워크 과정에서 읽기 자료로서 활용할 수 있도록 제시하고자 하였음

조금씩, 천천히 더 나은 방향으로,
우리가 내리는 소중한 선택은 세상에 잔잔한 물결을 만들어,
작은 불꽃이 점점 커져 퍼지는 순간,
험난한 세상에서 희망의 등대가 되어 길을 비춘다.

개인의 자율성과 책임성은 심리학, 철학, 윤리학 등 여러 분야에서 깊이 탐구되는 중요한 개념이다. 이 두 가지 개념은 서로 밀접하게 연결되어 있으며, 개인의 결정과 행동에 중대한 의미를 갖는다. 먼저, 자율성은 개인이 외부의 영향이나 압박에서 벗어나 자유롭게 자기의 결정과 행동을 선택할 수 있는 능력을 의미한다. 이는 주체적이고 독립적인 사고와 행동이 가능함을 나타낸다. 자율성에서 가장 핵심적으로 강조되는 요소는 자기 가치관과 신념에 따라 선택하고, 이를 외부의 기대나 사회적 규범의 영향 없이 이루어야 한다는 것이다. 자율성의 중요성을 살펴보면, 먼저, 이는 개인의 정체성과 자기실현에 주된 영향을 미치는 요소로 작용한다. 개인은 자율성을 통해 자기 삶의 목표와 방향을 설정할 수 있으며, 이 과정에서 개인의 성장과 발전이 이루어진다. 다음으로, 책임성은 개인이 자기의 행동과 선택에 따른 결과에 대해 책임을 지는 능력과 의무로 정의할 수 있다. 이는 개인이 자기의 행동이 타인이나 사회에 미치는 영향을 인식하고, 그에 따른 결과를 수용하는 것을 포함한다. 의사결정 결과에 대한 책임은 선택한 행동의 결과를 겸허히 받아들이는 것이며, 이는 긍정적일 수도 있고 부정적일 수도 있다. 개인은 자기 선택이 가져오는 결과에 대해 도덕적, 윤리적 판단을 내려야 한다. 도덕적 책임성은 이러한 윤리적 판단과 깊은 관련이 있으며, 개인은 자기 행동이 법적, 사회적, 윤리적으로 올바른지를 고민하고, 타인에게 미치는 영향을 고려해야 한다. 이제 자율성과 책임성 간의 관계를 살펴보면, 먼저 상호 의존성을 지적할 수 있다. 자율성과 책임성은 서로 의존적이다. 자율적인 선택이 없다면 책임은 존재할 수 없으며, 책임이 수반되지 않는 자율성은 무의미하다. 자유롭게 선택한 행동에 대해 책임을 지는 것은 성숙한 인간으로서의 의식이다. 다음으로, 사회적 책임이 있다. 자율적인 개인은 자기의 결정이 다른 사람이나 사회에 미치는 영향을 인식하고 이에 따라 행동해야 한다. 이는 개인의 이익을 넘어 공동체의 일원으로서 책임을 다하는 태도이다.

현대 사회에서 자율성과 책임성에 대한 시각을 논의할 필요가 있다. 현대 사회에서는 개인의 자율성이 중요시되지만, 동시에 정보, 여론, 미디어 등 외부의 영향을 피할 수 없다. 이런 요소는 개인이 자율적인 결정을 내리는 데 장애가 될 수 있다. 윤리적 측면에서 자율성을 고려할 때, 개인은 윤리적 딜레마에 직면할 수 있으며, 자기의 자유로운 선택이 타인

에게 피해를 주지 않는지를 고민해야 한다. 결국, 개인의 자율성과 책임성은 개인이 사회에서 건강한 긴장을 유지하기 위한 필수 요소라고 할 수 있다. 이 요소는 상호 보완 관계에 있으며, 개인이 주체적이고 도덕적인 존재로 성장하는 데 기여한다. 즉, 자율성과 책임성은 개인적 및 사회적 윤리의 기초가 될 수 있다.

실존주의는 20세기 철학 사조 중 하나로, 개인의 자율성과 책임성을 중심 주제로 다룬다. 이 철학은 특히 개인 존재의 의미, 선택, 그리고 주체성에 대한 깊은 성찰을 제공한다.

먼저, 자율성은 개인이 자기 선택과 결정에 따라 자기 존재와 삶의 의미를 스스로 정의할 수 있는 능력이다. 개인은 외부의 권위나 기존의 가치 체계에 종속되지 않고, 독립적으로 선택할 수 있는 존재이다. 자율적인 존재로서 자기 감정, 욕망, 두려움을 인식하고 이를 바탕으로 행동한다. 자기를 이해하고 진정한 자기를 발견하는 과정이 자율성의 핵심이라고 할 수 있다. 실존주의에서는 개인은 자기 선택이 진정한 자기 표현인지 지속적으로 확인하는 과정이 중요하다고 강조한다. 자율적인 행동은 개인의 가치관에 근거해야 하며, 이러한 점은 주체적인 삶을 사는 데 필수적이다.

다음은 책임성이다. 실존주의는 개인이 자기 선택에 책임을 지는 것을 주장한다. 선택은 때로 예측할 수 없는 결과를 초래하고, 이러한 결과에 대한 책임마저도 선택한 개인에게 있다는 것이다. 실존주의에서는 개인이 자기 행동뿐만 아니라 그 행동이 타인에게 미치는 영향을 인식하고, 그에 대한 도덕적 책임을 져야 한다고 강조한다. 이는 개인의 선택이 사회적 맥락에서 얼마나 중요한지를 강조하는 한편, 자유와 책임이 공존하는 관계를 보여준다. 자유의지는 개인에게 불안을 동반하는데, 자기 선택과 그 결과에 대해 고민할 필요가 있다. 이러한 고민은 실존적 불안을 유발할 수 있으나, 개인이 진정한 자기를 찾고 성장하는 데 필수적인 과정이다. 장폴 사르트르는 “존재가 본질에 앞선다.”고 주장하며, 개인은 선택을 통해 본질을 만든다고 하였다. 보부아르는 여성의 자율성을 주장하며, 여성도 자기 선택을 통해 삶의 방향과 의미를 결정할 수 있다고 했다. 그녀는 개인의 자유가 타인에게 미치는 영향을 고려해야 한다고 했다.

실존주의는 자율성과 책임성을 긴밀하게 연결하며, 개인이 스스로 선택을 통해 삶을 영위하는 과정을 중시한다. 자율적 존재로서 개인은 자기 선택에 책임을 지며, 이는 도덕적이고 윤리적인 삶을 살기 위한 요건이다. 실존주의는 결국 개인이 자기 존재의 의미를 찾고, 책임 있는 선택을 하며, 삶을 주체적으로 살아가는 것을 목표로 한다. 이러한 과정에서 존재의 복잡성과 깊이를 이해할 수 있다.

프랭클은 로고테라피에서 자율성과 책임성을 설명한다. 먼저, 자율성에 대해 그는 개인이 자기 삶에서 의미를 찾으려 노력한다고 주장한다. 이는 개인이 자기 삶을 주체적으로 선택하고 결정할 수 있는 능력을 의미하며, 이러한 선택이 자율성의 핵심이다. 그는 개인이 어떤 상황에서도 자기 태도를 선택할 수 있는 자유가 있다고 강조했다. 이는 극단적인 상황에서도 개인이 자율적으로 자기 삶의 의미를 찾을 수 있다는 믿음에 기반한다. 로고테라피에서 자율성은 단순히 선택의 자유를 넘어서, 삶의 의미에 대한 인식을 바탕으로 한 주체적인 존재로서의 개인을 강조한다. 이는 개인이 자기 가치관과 신념에 따라 삶을 살아가는 것을 의미한다. 다음으로 책임성에 대해 살펴보면, 프랭클은 개인이 자기 삶에서 의미를 찾고 이를 실천하기 위해 필요한 책임을 져야 한다고 강조한다. 이는 자기 행동에 대한 책임을 넘어서, 삶의 의미를 이해하고 이를 찾아가는 책임을 포함한다. 개인은 자기 선택이 초래하는 결과에 대해 책임을 져야 하며, 이러한 선택은 궁극적으로 삶의 의미 발견에 기여한다. 프랭클은 개인이 어떤 의미를 발견하고 전달할 것인지를 선택하는 것이 중요하다고 보았다. 그는 고통이 존재하는 상황에서도 개인이 어떻게 반응하고, 그 상황에서 어떻게 의미를 찾는가는 자기책임이라고 했다. 고통을 통해 성장하고 의미를 발견하는 과정에서도 책임이 수반된다. 또한, 프랭클은 인간 존재의 본질이 '자유'와 '책임'에 기초한다고 주장한다. 인간은 자율적인 선택을 통해 삶의 의미를 탐구하고, 그 선택에 대한 책임을 지는 존재이다. 로고테라피에서는 개인이 의미 발견을 위해 선택할 수 있는 자율성을 강조하며, 이는 자기 삶을 건강하게 영위하기 위한 의지와 그 결과에 대한 책임을 다하는 것을 의미한다.

정리하자면, 프랭클의 로고테라피에서는 자율성과 책임성을 핵심 개념으로, 삶의 의미를 탐구하며 그 의미를 발견을 위해 선택할 자유와 그 선택에 대한 책임을 강조한다. 로고테라피 이론은 고통과 어려움 속에서도 개인이 어떻게 삶을 의미 있게 만들어 갈 수 있는지를 탐구하며, 이는 현대 심리학 및 치료에서 중요한 참고 자료이다. 프랭클의 관점에서 자율성과 책임성은 개인이 의미 있는 삶을 살아가는 데 필수적인 요소이다.[13)]

로저스의 인간중심상담 이론에서는 개인의 성장과 자기실현을 중심으로 하며, 자율성과 책임성을 중요한 요소라고 한다. 로저스는 자율성을 개인의 자기실현 과정에서 중요한 역할을 하는 것으로 보았다. 자기실현은 자기 잠재력과 능력을 최대한 발휘하는 과정이며, 이를 위해서는 자유로운 선택과 결단이 필수적이다. 인간중심상담에서는 내담자가 자기 감정, 생각, 욕구를 인식하고 이를 토대로 스스로 선택할 수 있도록 지지한다. 로저스는 자

13) 정인석. 『의미없는 인생은 없다』 학지사. 2013.

기 인식이 자율성을 증진하고 개인의 성장에 기여한다고 했다. 개인은 자기 삶을 주체적으로 선택하고 결정할 수 있는 존재이다. 따라서, 상담 과정에서 내담자가 자기 경험과 선택의 주체임을 인식하도록 돕는다. 이는 자율적이고 독립적인 사고를 촉진하는 것이다. 또한, 로저스는 책임성의 관점에서 개인이 자기 선택에 대해 책임져야 한다고 강조했다. 자율적인 선택은 그 결과에 대한 책임을 동반하며, 개인은 자기 행동을 명확하게 인식하고 이를 수용해야 한다. 인간중심상담 목표 중 하나는 내담자가 자기의 감정과 행동의 원인을 이해하고 이에 대한 책임을 질 수 있도록 돕는 것이다. 이는 내담자에게 자기 선택이 가져오는 결과를 인식하도록 하는 과정이다. 내담자가 자기책임을 인정하는 것은 개인의 성장에 중요한 요소이다. 로저스는 개인이 선택과 행동을 수용하는 과정에서 진정한 변화와 성장을 이룰 수 있다고 보았다. 또한, 로저스는 개인이 자기 문제를 해결하고 목표를 설정하는 데 있어 자유롭게 선택할 수 있어야 한다고 강조했다. 이는 내담자가 자기 가치관과 신념에 따라 행동할 수 있는 능력을 기르는 것이다. 내담자의 자율적인 선택은 자기 문제와 갈등을 비판적으로 분석하고 그에 따라 결정을 내릴 수 있도록 돕는 상담 과정에서 이루어진다. 로저스는 상담자가 내담자의 자율성을 존중하고 지지해야 한다고 주장했다.

결론적으로, 로저스의 인간중심상담 이론에서는 자율성과 책임성을 존중하며, 개인이 자기 인식을 통해 성장하고 주체적인 삶을 살아갈 수 있도록 돕는 것이 목표이다. 로저스는 상담자가 내담자의 선택을 존중하며, 자기 삶의 주인으로서 책임을 다할 수 있도록 지원하는 역할을 강조했다. 이러한 과정에서 개인은 자율성을 바탕으로 의미 있는 변화를 경험하고, 책임을 인식함으로써 건강한 자기를 만들어 갈 수 있게 되는 것이다.

3. 양심

가장 선한 것, 양심[14)]

깊은 어둠 속에서 피어나는 작은 빛,
그 빛은 우리 마음 깊은 곳, 양심이 깃드는 장소.
선하게 살고자 하는 간절한 열망,
그 마음은 보석처럼 찬란하게 빛난다.

14) 최영순 마리의 실존적 시, 시의 전문성, 창의성이나 문학성을 제대로 고려하지 않고 마음의 소리에 따라 쓴 것임. 이는 단지 독자들의 Self 로고아트워크 과정에서 읽기 자료로서 활용할 수 있도록 제시하고자 하였음

혼란의 카오스 속에서도,
가슴 깊이 울려 퍼지는 정의의 메아리,
차가운 바람 속에서도 움츠러들지 않고,
우리의 아픔을 포근히 감싸는 사랑으로 존재하네.

모르는 이의 작은 친절이,
어둠을 뚫고 떠오르는 태양의 빛이 되어,
비루함과 비겁함을 넘어 용기로 나아가게 하네.
양심이 이끄는 길을 따를 때,
희망의 꽃과 초월의 향기로 가득 찬 그 길.

함께하는 이들과 소중한 순간,
간절한 꿈이 현실로 피어나는 순간,
선한 마음으로 살아가는 삶은,
스스로에게 주는 가장 아름다운 선물이다.

양심은 도덕적 판단, 행동 및 개인의 가치관에 대한 내면의 인식을 의미한다. 일반적으로 양심은 다음과 같은 주요 특징을 지닌다. 첫째, 양심은 도덕적 감각을 표현하며, 개인이 옳고 그름을 평가하고 인식하는 능력을 나타낸다. 이는 도덕적 기준이나 사회적 규범에 따라 판단을 내리는 과정에서 두드러지게 나타난다. 둘째, 양심은 개인이 자기 행동과 선택에 대해 깊이 성찰하고 결과를 고민하는 과정에서 발현된다. 이 같은 자기 성찰을 통해 개인은 도덕적 기준을 유지할 수 있으며, 필요할 경우 이를 수정하기도 한다. 셋째, 양심에는 책임감이 포함되어 있다. 양심은 개인이 자기 행동이 타인이나 사회에 미치는 영향을 인식하고 이에 대한 책임감을 느끼도록 한다. 이는 도덕적 책임을 자각하게 하며, 자기 행동이 초래할 결과에 대해 고민하는 태도를 발전시킨다. 넷째, 양심은 도덕적 딜레마를 초래할 수 있다. 때로는 개인에게 도덕적 갈등을 일으켜, 자기 가치관이나 도덕적 기준에 반하는 선택을 할 경우 불안감이나 죄책감을 느끼게 한다. 이러한 내면의 갈등은 개인의 성장에 기여할 수 있는 중요한 요소이다. 다섯째, 양심은 사회적 및 문화적 영향을 받는다. 양심은 개인이 속한 가족, 문화, 종교와 같은 사회적 맥락에 의해 형성되며, 이러한 맥락은 개인의 도덕적 기준과 양심의 발전에 지대한 영향을 미친다. 마지막으로, 양심은 윤리적 실천으로서 올바른 행동으로 이끄는 역할을 한다. 양심은 개인이 윤리적으로 바른 행동을 하도록 촉구하는 내적 동력으로 작용하며, 자기 양심에 어긋나는 행동을 할 경우 개인은 잘못하고 있다는 자각을 하게 된다.

결론적으로, 양심은 개인의 도덕적 행동과 판단을 안내하는 중요한 내적 지침이다. 이는 개인이 자기와 타인, 사회에 대한 책임을 느끼고 그에 따라 살아가는 데 필수적인 요소로 기능한다. 양심은 단순히 개인의 감정이나 인식을 넘어, 존재의 복잡성과 상호 관계를 반영하는 중대한 요소이다.

칸트의 철학에서 도덕을 중심 개념으로 다루었다. 칸트가 제시한 도덕은 주로 의무론과 연결되어 있으며, 다음과 같은 특징을 지닌다. 첫째, 개인 내부의 도덕적 법칙을 인식하는 것이다. 칸트에게 도덕은 개인이 자율적으로 깨닫는 도덕적 법칙으로, 이는 보편적인 도덕 법칙에 부합하는 행동을 해야 한다는 자기 인식에서 비롯된다. 둘째, 의무와 도덕적 의식인데, 이를 개인에게 도덕적 의무를 수행하도록 촉구하는 내적인 목소리로 정리하였다. 이는 "나는 이 행동을 해야 한다"라는 강한 의무감을 통해 드러나며, 개인이 도덕적 결정을 내리도록 유도한다. 셋째, 칸트는 감정보다 이성적 판단을 중시했다. 즉, 개인은 주관적인 감정의 영향을 받지 않고, 보편적인 도덕 원칙에 따라 이성적으로 결론을 내려야 한다는 것이다. 넷째, 자기비판과 도덕적 성찰이다. 개인이 자기 행동과 선택을 돌아보며, 그것이 도덕적으로 올바른지를 성찰해야 한다는 것이다. 이 과정에서 개인은 자기 행동이 도덕 법칙에 부합하는지 확인하며, 이를 통해 진정한 도덕적 자기를 발견하게 된다. 마지막으로, 칸트는 개인이 도덕적 주체로서 존엄성을 가진다고 보았으며, 이 존엄성을 보호하고 유지해야 한다고 하였다. 개인은 도덕 법칙을 따름으로써 타인의 존엄성과 권리를 존중해야 한다.

요약하자면, 칸트의 도덕적 법칙은 이를 이해하고 이를 따르려는 의무의 감각이 내포된 개념이다. 이는 개인이 이성을 통해 도덕적 판단을 내리고, 자기의 행동을 비판적으로 성찰하는 기초가 되며, 이는 도덕적 존재로서 자기 책임과 타인 및 사회에 대한 올바른 행동을 위한 내적 지침 역할을 한다. 칸트의 도덕 이론은 도덕적 행동의 자율성과 보편성을 강조하며 현대 윤리학에도 깊은 영향을 미치고 있다.[15]

양심에 기반한 선택과 행동은 다양한 심리적, 감정적, 사회적 현상으로 나타난다. 첫째, 도덕적 갈등이다. 양심에 따라 결정을 내려야 할 때 종종 도덕적 딜레마를 갖게 된다. 이 상황은 선택의 결과가 개인의 가치관이나 타인의 기대와 상충할 때 발생하며, 이는 심리적

15) 박찬구. 『칸트 윤리학』 세창출판사. 2023.

인 불안이나 스트레스로 나타날 수 있다. 둘째, 감정적 반응이다. 양심에 따라 바른 선택을 했다면 스스로 긍정적인 감정을 느낄 수 있으나, 다른 선택을 했다면 죄책감이나 후회를 경험할 수 있다. 이러한 감정은 행동의 결과에 따라 다르며, 개인의 사회적 자기를 더욱 강화할 수 있다. 셋째, 자기 존중감의 변화이다. 양심에 따른 행동을 할 때 자기 존중감이 높아질 수 있다. 자기 가치를 지키고 올바른 행동을 했다는 인식이 개인의 긍정적 자기개념에 기여한다. 넷째, 사회적 반응이다. 양심에 따라 선택하고 행동할 경우, 주변의 반응에도 영향을 미친다. 올바른 선택은 긍정적인 사회적 인정과 존경을 얻을 수 있지만, 반대의 경우 비난으로 연결되어 소외감을 느낄 수 있다. 다섯째, 행동 변화이다. 양심에 따른 선택 후 개인의 행동이나 태도 변화가 나타날 수 있다. 이는 더 나은 선택을 위한 동기가 되어 지속적인 학습과 성장으로 이어진다. 여섯째, 관계의 강화이다. 양심에 따라 행동할 때 주변과 신뢰 관계가 강화될 수 있다. 이러한 관계는 개인적 및 사회적으로 긍정적인 영향을 미치며, 친밀감과 유대감을 높인다[16].

양심에 따른 선택과 행동은 개인의 삶에서 중요한 역할을 하며, 이 과정에서 나타나는 현상들은 개인의 정체성과 가치관 형성에 크게 기여할 것이다.

양심에 따라 행동을 선택할 때, 뇌에서는 여러 신경적 변화가 나타난다. 이러한 선택은 도덕적 판단, 감정, 그리고 사회적 상호작용과 밀접한 관계를 가진다. 양심적 선택과 관련된 뇌의 변화를 살펴보면 다음과 같다. 첫째, 대뇌 전두엽의 활성화이다. 대뇌 전두엽은 의사결정, 계획, 도덕적 판단과 관련된 영역으로, 양심적 선택 시 이 부분이 활성화되어 논리적이고 합리적인 판단을 돕는다. 둘째, 편도체의 활성화이다. 편도체는 감정을 처리하는 데 중요한 역할을 한다. 마음의 양심에 따라 선택할 때, 자기 감정이나 타인의 감정을 고려하여 편도체가 활성화될 수 있다. 이로 인해 공감, 죄책감, 또는 도덕적 불안을 경험할 수 있다. 셋째, 대뇌 피질 활동 증가이다. 양심과 관련된 여러 선택을 할 때 대뇌 피질의 활동이 증가한다. 이는 도덕적 딜레마를 해결하고 개인의 가치관을 반영하는 데 중요한 역할을 한다. 넷째, 신경 화학물질의 변화이다. 도덕적 선택을 하는 과정에서 도파민과 같은 신경전달물질의 변화가 나타난다. 이는 도덕적인 만족감이나 개인 가치에 부합하는 행동으로 긍정적인 감정을 경험하게 한다. 다섯째, 감정 학습이다. 양심에 따른 선택과 그 결과에 대한 감정을 통해 뇌의 신경 회로가 변화하며, 이러한 경험은 미래의 결정 과정에서 더 나은

16) 생성형 AI인 챗 GPT와 구글 제미나이에게 질문하고 답을 받은 내용을 토대로 정리한 내용임

선택을 할 수 있도록 학습한다.[17] 양심에 따른 선택은 개인의 가치관과 사회적 맥락에 따라 달라질 수 있으며, 이러한 뇌의 변화는 윤리적이고 도덕적인 행동을 이해하는 데 중요한 통찰을 제공한다.

우리 삶은 매일 성장하고 성숙해 가며, 사랑을 나누고 배려를 실천하는 여정이다. 우리는 삶에서 소중한 가치를 발견하고 아름다움을 추구하면서, 영혼과 마음의 소리에 귀 기울여야 한다. 이를 위해서는 양심에 따라 사고하고 행동하려는 마음으로, 자기 가치를 삶에 녹여내는 것이 중요하다. 이를 통해 사람에 대한 이해와 사랑을 바탕으로, 의미 있는 관계를 만들 수 있다.

4. 자기 감정 따라가며 감정돌봄[18]

우리 감정은 눈에 보이지 않지만, 때로 눈에 보이는 것보다도 더 강한 여파가 있다. 감정의 모습은 참으로 다양하고, 그 색깔은 셀 수 없이 많다. 무엇보다도, 감정은 찰나에 올라오고 또 바뀌기에 예측이 어렵고, 그 흐름에 휘말리면 말과 행동에서 실수를 부르고, 타인에게 상처를 줄 수도 있다.

그렇다면 이 감정을 어떻게 다스릴 것인가. 우선, 올라오는 감정이 긍정적인지 부정적인지 가만히 들여다보아야 한다. 그리고 그 감정이 왜 생겼는지, 어디에서 비롯되었는지를 차분히 돌아보아야 한다. 감정을 억누르거나 무시하기보다, 그 감정을 따라가며 그 이면에 숨은 상처, 오해, 혹은 잘못된 해석이 없는지 살펴야 한다. 즉, 감정을 이성적으로 해석하는 작업이 필요하다. 감정은 단지 느낌이 아니라, 내면의 신호이자 성찰의 출발점이라고 할 수 있다. 감정을 무조건 따르기보다는, 그 감정과 함께 걸으며 자기 마음을 이해하고 다스리는 능력이 곧 성숙한 삶의 지혜가 될 것이다.

순간순간 올라오는 총천연색 감정을 억압하지 않고 오롯이 따라가며 마음을 다스릴 수 있는 통합적 접근 방식으로 대처가 필요하다. 오랜 시간 고민하며 얻은 결론은 심리학과 실존주의적 관점과 만남을 통해 통합적 접근이 필요하다는 것이다.

---

17) 생성형 AI인 챗 GPT와 구글 제미나이에게 질문하고 답을 받은 내용을 토대로 정리한 내용임
18) 저자인 최영순 마리가 스스로 로고아트워크 실천을 하면서 정리한 내용임

이 두 관점은 '감정'이라는 개인의 보편적 경험을 다루며, 감정에 휘둘리지 않고 주도적으로 다스리는 방법을 제시한다는 공통점이 있다. 심리학적 접근이 감정을 효과적으로 관리하는 구체적인 기술(How-to)을 제공한다면, 실존주의적 접근은 그 기술을 사용해야 하는 궁극적인 이유와 의미(Why)를 탐구하는 것이다. 두 관점을 통합하면 감정 다스리기는 단순히 부정적인 영향 해소 기술을 넘어, '나'라는 존재를 새롭게 창조하는 의미 있는 행위가 될 수 있다. 두 관점을 종합한 통합 3단계를 살펴보면 다음과 같다.

1) 1단계 : 감정 인식과 분리

어떤 감정이 올라오기 시작할 때, 가장 먼저 해야 할 작업은 감정을 알아차리고 그 감정으로부터 '나'를 분리하는 것이다. 먼저, 심리학적 접근은 감정 살펴보기인데, 이는 지금 내가 느끼는 감정이 어떤 것인지. 즉, '슬픔'인지 '분노'인지 '서운함'인지 '불안함'인지 명확히 인식하고 '명명'하는 것이다. 이 행위는 '정서지능'의 핵심인 '자기 인식'에 해당하며, 감정의 강도를 낮추는 효과적인 방법이다. 그리고, 실존주의적 접근은 감정 해석하기인데, 감정과 나를 동일시하지 않는 것이다. 예를 들어 '나는 슬프다'가 아니라, 슬픔이라는 감정이 하나의 사건으로 나에게 왔다' 라고 해석하는 것이다. 이는 사르트르의 '실존은 본질에 앞선다.'라는 개념과 같이, 슬픔이라는 감정은 그저 존재하는 것이고 나의 본질이 아님을 선언하고 감정에 대해 거리를 두는 철학적 태도이다. 이 두 관점을 통합한 실천적 접근은 '지금 나에게 슬픔이라는 감정이 찾아왔다. 이 감정은 지금 여기에서 나타난 하나의 상황일 뿐, 슬픔이 내가 아니다' 라고 인식하는 것이다.

2) 2단계 : 감정 분석과 직면

감정의 실체를 파악했다면, 그 이유를 분석하고 회피하지 않고 정면으로 마주해야 한다. 여기에서, 심리학적 접근(이유 살펴보기)은 감정을 유발한 나의 자동적 사고나 신념이 무엇인지 탐색하는 것이다. 인지행동치료의 원리처럼, 예를 들어 '그가 내 의견을 무시했다.'는 해석이 감정의 이유임을 분석한다. 다음으로 실존주의적 접근(마주하기)은 분석을 통해 드러난 서운함, 불안, 불편함 등의 감정을 회피하지 않고 온전히 마주하는 것이다. 이는 키르케고르가 말한 '자유의 현기증(불안)'을 직시하는 행위이다. '나는 화가 나서 어쩔 수 없었어'라는 자기 기만적 반응을 거부하고, 그 감정 앞에서 나의 자유의지에 따른 반응, 선택과 책임을 온전히 받아들이는 것이다. 이를 통한 통합적 실천은 '내 의견이 무시당했다'라는 그 생각 때문에 서운함, 불안, 불편함 등이 생겼다. 이 감정이 불편하지만, 여기에서 어떻게 반응할지는 온전히 자기 자유의지이고 책임이라고 정리하는 것이다.

3) 3단계 : 감정 재구성과 창조적 선택

마지막 단계는, 감정을 새로운 관점으로 바라보고 주체적인 선택을 통해 행동으로 나아간다.

(1) **심리학적 접근(이성으로 재해석하기)** : 감정을 유발한 상황의 의미를 더 건설적으로 바꾼다. '인지적 재해석' 기법을 활용해, 무시가 아니라 더 좋은 결과를 위한 건설적 비판일 수 있다고 상황을 재구성하여 부정적 감정의 강도를 낮출 수 있다.

(2) **실존주의적 접근(선택하기)** : 재구성한 생각 위에서, 어떤 행동으로 '나'를 증명할 것인지 주체적으로 선택한다. 사르트르의 '인간은 자유롭도록 선고받았다'는 말처럼, 이 선택이 곧 나를 만들어가는 것이다. 카뮈의 시시포스처럼, 절망적인 감정 속에서도 자기의 태도를 선택함으로써 스스로 삶의 의미를 창조하고 발견한다.

(3) **통합적 실천** : '나를 성장시키기 위한 조언이었구나'라고 생각을 바꾼다. 이제 이 서운함의 에너지를 비난이 아닌, 내 주장을 더 논리적으로 발전시키는 데 사용하기로 '선택'한다. 이 선택이 바로 '나' 라고 인식하고 행동한다.

5. 비판적 및 반성적 사고

1) 비판적 사고[19)]

로고아트워크는 실존주의 철학, 빅터 프랭클의 로고테라피, 칼 로저스의 인간중심상담, 그리고 창의적 작업(그림/글쓰기)이라는 네 개의 기둥 위에 세워진 감정돌봄 교육과정이다. 단순히 감정을 위로하는 것을 넘어, 참여자가 자기 감정노동을 주체적으로 성찰하고 삶의 의미를 발견하도록 돕는 것을 목표로 한다. 이 깊이 있는 여정에서 비판적 사고는 교육자와 참여자 모두에게 필수적인 나침반이자 동력원이 된다.

(1) 비판적 사고의 필요성: 왜 스스로에게 질문을 던져야 하는가?

로고아트워크 교육에서는 정해진 답을 전달하는 것이 아니라, 참여자 스스로 자기내면

19) 로고아트워크 교육과정 운영에서 다양한 참여자와의 나눔을 통해 얻은 부족하지만 실존적인 통찰을 정리함

을 탐색하여 고유한 해답을 찾아가도록 설계했다. 따라서 교육자와 참여자 모두에게 비판적 사고는 선택이 아닌 필수이다.

① **참여자** : 감정노동의 현실을 그저 '어쩔 수 없는 것'으로 받아들이는 대신, '나는 왜 이 상황에서 이런 감정을 느끼는가?', '나의 직업적 소명과 이 감정은 어떤 관계가 있는가?'와 같은 질문을 던지며 문제의 본질에 접근하게 한다. 이를 통해 감정의 수동적인 희생자가 아닌, 자기 경험에서 의미를 발견하는 주체로 거듭날 수 있다.

② **교육자** : 모든 참여자는 각기 다른 삶의 맥락과 상처를 가지고 있다. 교육자는 정형화된 이론을 기계적으로 적용하는 것이 아니라, '이 참여자에게 로고아트워크의 원리가 어떻게 다르게 적용될 수 있는가?', '지금 나의 개입이 참여자의 자율성을 존중하고 있는가?'에 대해 비판적으로 성찰하며 유연하고 윤리적인 교육을 진행해야 한다.

(2) 교육자를 위한 비판적 사고 방법 : 성찰적 실천가의 길

교육자는 참여자의 내면을 안전하게 탐색하도록 돕는 '안내자'로서, 다음과 같은 비판적 사고를 실천해야 한다.

① **'당연함'에 질문 던지기** : 자기 교육 방식이나 이론적 지식을 절대적인 것으로 여기지 않아야 한다. '로고테라피' 또는 '인간중심상담' 이론이 모든 문화권의 참여자에게 동일하게 효과적일까?'와 같이 자기 가정을 끊임없이 검토하고, 참여자의 고유한 경험 앞에서 겸손한 태도를 유지해야 한다.

② **의도와 결과 성찰하기** : 교육적 개입을 하기 전 '이 질문이 참여자의 방어기제를 자극하지는 않을까?'를 고민하고, 개입 후에는 '나의 의도와 실제 참여자가 경험한 결과는 일치하는가?'를 복기하며 자기의 영향을 비판적으로 분석해야 한다.

③ **관계의 자각** : 교육자는 참여자보다 더 많은 지식과 권위를 가진 위치에 있음을 항상 자각해야 한다. 자기 말이 참여자에게 미칠 영향을 비판적으로 인식하고, 일방적인 지시가 아닌 참여자의 자율성과 선택을 극대화하는 방향으로 과정을 이끌어야 한다.

(3) 참여자를 위한 비판적 사고 방법 : 자기 경험의 해석자

교육 참여자는 자기 감정과 경험을 새로운 시각으로 바라보는 '탐험가'로서, 다음과 같은 비판적 사고 훈련이 필요하다.

① **감정과 생각 분리하기** : 감정노동으로 지쳤을 때 '나는 소진되었고, 이 일은 가망이 없어' 라는 자동적 사고에 빠지기 쉽다. 비판적 사고는 '내가 지금 느끼는 '소진감'이라는

감정은 사실이지만, 이 일은 가망이 없다'는 생각은 과연 객관적인 사실일까?라고 질문하며 감정과 자동적 사고를 분리하도록 돕는다.

② **자기 작품(그림/글)을 낯설게 보기** : 완성된 자기 그림이나 글을 3자의 시선으로 바라보는 연습이다. '이 그림 속의 상징은 사회적으로 통용되는 의미 외에 나에게만 특별한 의미는 무엇일까?', '내가 무심코 사용한 이 단어에는 어떤 숨겨진 욕구가 담겨 있을까?'라고 질문하며 무의식적인 자기 모습을 발견하고 해석하는 능력을 기른다.

③ **수용과 변화 가능성 탐색** : 자기 어려운 감정이나 힘든 현실을 비판 없이 수용하는 것(로저스)과 동시에, 그 안에서도 의미를 찾고 태도를 선택할 수 있는 가능성(프랭클)을 탐색하는 통합적 사고가 필요하다. 이를 통해 '이 고통스러운 상황을 바꿀 수는 없지만, 이 경험을 통해 내가 무엇을 배우고 성장할 수 있을까?'라는 질문으로 이어질 수 있다.

결론적으로, 로고아트워크 교육에서 비판적 사고는 이론을 학습하고 작품을 완성하는 모든 활동의 기저에 흐르는 핵심적인 태도이다. 교육자와 참여자가 함께 날카로운 사유의 칼날을 무디지 않게 갈고 닦을 때, 과정은 비로소 피상적인 위로를 넘어 참여자의 삶을 변화시키는 진정한 '감정노동 돌봄'을 실현할 수 있다.

2) 반성적 사고[20)]

로고아트워크 교육에서 반성적 사고는 흩어진 경험의 구슬을 꿰어 의미 있는 목걸이로 만드는 핵심적인 실천이다. 이는 단순히 활동을 되돌아보는 것을 넘어, 자기의 감정, 생각과 행동의 이면에 있는 동기와 가치를 발견하고, 이를 통해 미래 자기를 위한 지혜를 얻는 과정이다. 비판적 사고가 '무엇이 문제인가'를 분석하는 날카로운 칼이라면, 반성적 사고는 '이 경험이 나에게 무엇을 말하는가'를 듣는 따뜻한 귀와 같다.

(1) 반성적 사고의 필요성 : 경험을 가치로 바꾸는 능력

로고아트워크 교육에서는 이론 학습, 그리기와 글쓰기 작업, 감정 표현이 통합된 복합적 경험을 제공한다. 반성적 사고가 없다면 이러한 활동은 단편적인 사건으로 흩어져 버릴 수 있다.

① **참여자** : 감정노동 현장에서 겪는 많은 다양한 사건은 처리되지 않은 채 마음속에 쌓이

20) 로고아트워크 교육과정 운영에서 다양한 참여자와의 나눔을 통해 얻은 부족하지만 실존적 통찰을 정리함

기 쉽다. 반성적 사고는 자기 작품(그림/글)과 교육과정에서의 경험을 거울로 삼아, 억눌렸던 감정을 인식하고 그 경험을 객관적으로 재구성하도록 돕는다. 이는 과거의 경험에 발목 잡히는 것이 아니라, 그것을 디딤돌 삼아 성장하는 주체가 되기 위해 필수적이다.

② **교육자** : 교육자는 참여자들의 깊은 내면 이야기를 마주하며 강한 정서적 영향을 받게 된다. 반성적 사고는 교육자가 자기 감정적 반응을 자각하고 전문가적인 거리를 유지하도록 돕는 안전 장치이다. 또한, 매 순간 교육적 판단과 상호작용을 되돌아보며 더 나은 '안내자'로 성장하는 성찰적 실천가가 되기 위한 핵심 역량이다.

(2) 교육자를 위한 반성적 사고 방법 : 자기 그림자를 비추는 거울

교육자의 반성적 사고는 참여자에게 안전하고 깊이 있는 학습 환경을 제공하는 토대가 된다.

① **과정일지 작성** : 교육자가 교육을 마친 후, 사실(무슨 일이 있었나), 감정(무엇을 느꼈나), 배움(무엇을 배웠나), 향후 계획(앞으로 어떻게 할 것인가)의 프레임으로 자기 활동을 기록한다. 이는 자기 교육의 패턴과 무의식적 습관을 발견하는 중요한 자료가 된다.

② **자기 경험의 활용과 경계** : 참여자의 공감을 얻기 위해 자기 경험을 공유할 때, 그것이 과연 참여자를 위한 것인지, 아니면 자기 만족을 위한 것인지 반성적으로 질문해야 한다. 자기 경험이 참여자의 고유한 해석을 방해하지 않도록 경계하는 훈련이 필요하다.

③ **동료 피드백 참여** : 다른 교육자와 정기적으로 만나 자기 교육 경험과 고민을 나누는 것이다. 동료의 객관적인 피드백은 자기가 미처 보지 못했던 맹점을 발견하고, 폭넓은 시각을 갖도록 돕는 효과적인 방법 중 하나이다.

(3) 참여자를 위한 반성적 사고 방법 : 내 안의 의미를 발견하는 여정

참여자의 반성적 사고는 교육의 효과를 내면화하고, 일상으로 돌아가서도 스스로를 돌볼 수 있는 힘을 기르는 과정이다.

① **작품을 거울 삼아 성찰하기** : 완성한 그림이나 글을 통해 자기와 대화하는 것이다. '이 그림을 그릴 때 어떤 감정이 들었나?', '왜 하필 이 색을, 이 형태를 선택했을까?', '이 글에 반복적으로 등장하는 단어는 무엇이며, 그것은 나에게 어떤 의미인가?' 등의 질문을 스스로에게 던지며 작품에 투영된 자기의 내면을 탐색한다.

② **경험과 이론 연결하기** : 교육에서 배운 이론(실존주의, 로고테라피, 인간중심상담 이론 등)을 자기 구체적인 경험과 연결하는 성찰적 글쓰기를 시도한다. 예를 들어, '오늘 내가 겪은 감정노동의 상황은 빅터 프랭클이 말한 '태도를 선택할 자유'의 관점에서 어떻게 재해석될 수 있을까?'라고 자문하며, 이론을 삶의 지혜로 체화한다.

③ **성찰적 대화 나누기** : 안전함이 보장된 소그룹 안에서 자기 작품과 성찰의 과정을 나누는 것이다. 주변 이야기에 귀 기울이는 과정에서 새로운 관점을 얻을 수 있으며, 자기 경험이 나만의 것이 아닌 보편적인 것임을 깨닫고 위로와 연결감을 얻게 된다.

결론적으로, 로고아트워크 교육과정에서 반성적 사고는 일회성 활동이 아닌, 전 과정을 관통하는 호흡과도 같은 것이다. 교육자와 참여자가 함께 자기의 경험을 깊이 들여다보는 성찰 과정을 통해, 교육은 진정한 돌봄과 성장으로 이어지는 '살아있는 경험'이 될 수 있다.

6. 삶의 의미 발견을 위한 태도적 가치 적용

1) 시간, 가능성과 유한성[21)]

실존주의 철학 기반 로고아트워크 교육에서는 인간을 시간성과 가능성의 존재로 바라보며 삶의 유한성에 대한 인식 확장을 강조한다. 따라서 로고아트워크에서 참여자가 그림 그리기와 성찰적 글쓰기 작업을 통해 산출한 결과물은 무엇을 완성했다는 그 지점을 넘어선다. 이는 자기, 혹은 공동체의 정체성을 함축하고, 앞으로 나아가는 방향을 제시하는 상징이다. 그렇다면, 이 로고아트워크 교육이 어떻게 참여자의 삶, 시간, 가능성, 그리고 죽음이라는 근본적인 논제와 연결될 수 있는가를 살펴보아야 한다. 이에, 20세기 철학자 중 한 명인 마르틴 하이데거의 역작, 『존재와 시간』의 핵심 개념을 로고아트워크 교육과정에서 탐색해 볼 필요성이 있다. 하이데거는 '나는 누구인가?'라는 질문을 '나는 어떻게 존재하는가?'라는 물음으로 전환시키며, 우리의 존재 방식 자체를 깊이 파고든다. 로고아트워크에서 참여자는 작업 과정에서 유한한 자기 삶에서 고유한 가능성을 발견한다. 즉, 참여자는 과거-현재-미래를 아우르는 자기 '시간'을 주체적으로 구성하는 실존적 작업이 가능한 현존재이다. 로고아트워크 교육의 결과물인 작품은 더 이상 평면적인 이미지나 글이 아닌 살아있는 존재의 증명이자 시간의 기록이 되는 것이다.

21) 마르틴 하이데거, 『존재와 시간』

(1) 하이데거 눈으로 본 '나'의 존재 - 현존재

하이데거는 인간의 고유한 존재 방식을 '현존재'라는 특별한 용어로 부른다. 이는 '거기에-존재한다.' 라는 의미로, 개인이 단순히 사물처럼 존재하는 것이 아니라, 자기 존재에 대해 스스로 질문하며 세계 속에 관계 맺고 살아가는 특별한 존재라는 것이다.

① **세계-내-존재** : 현존재는 세상과 분리되어 있지 않다. 인간은 이미 특정한 상황, 관계, 문화 속에 '던져진' 존재이다. 로고아트워크 교육에서 참여자는 완전히 백지에서 시작하는 것이 아니라 가족, 경험, 사회적 배경이라는 맥락 안에서 시작한다. 이 '던져짐'을 인식하는 것이 자기 이해의 첫걸음이라고 본다.

② **존재에 대한 물음** : 나무, 돌이나 의자와 달리, 현존재는 '나는 왜 사는가?', '나는 무엇이 되어야 하는가?'와 같이 자기에게 스스로 질문할 수 있는 유일한 존재이다. 로고아트워크 교육은 바로 이 질문을 시각적으로 던지고 답을 찾아가는 과정이다.

(2) 삶의 유한성, '죽음'

하이데거 철학에서 죽음은 매우 중요한 개념이다. 그는 죽음을 단순히 삶의 끝이 아니라, 우리 삶 전체에서 의미를 탐구하는 근본적인 조건으로 본다. 그는 개인이 자기 죽음을 회피하지 않고 '죽음을 향해 미리 달려가 보는' 용기를 낼 때, 비로소 진정한 자기 삶을 살 수 있다고 말한다.

① **삶의 유한성** : 개인의 시간은 무한하지 않다. 이 유한성을 직시할 때, 우리는 비로소 '지금 이 순간'이 얼마나 중요한지 깨닫게 된다. 매일매일의 삶이 단 한 번뿐인 기회임을 알게 되는 것이다.

② **비본래적 삶 vs. 본래적 삶** : 개인은 '세인' 즉, '남들'이 하는 대로, 세상의 평균적인 시선에 맞춰 살아간다. 이는 죽음을 잊고 사는 비본래적인 삶의 방식이다. 반면, 자기 죽음이 '나만의 것'이며 피할 수 없다는 것을 깨닫고, 그 유한성 앞에서 자기 고유한 삶을 살기로 결단하는 것이 바로 본래적인 삶이다.

※ 로고아트워크 교육에 적용

로고아트워크 교육에서 "만약 당신의 삶이 내일 끝난다면, 오늘 어떤 핵심 가치를 작품으로 남기고 싶습니까?" 와 같은 질문을 던져볼 수 있다. 이 유한성의 관점은 참여자가 피상적인 꾸밈을 넘어, 자기 삶에서 가장 본질적이고 절실한 가치가 무엇인지 비판적으로 성찰하게 하는 계기가 될 것이다.

(3) 현존재의 시간성과 가능성

하이데거는 시간을 과거−현재−미래가 일직선으로 흘러가는 물리적인 시간과 구별하여, 현존재의 주체적인 경험으로서의 시간성을 이야기한다. 현존재의 존재는 곧 가능성이며, 이러한 가능성을 향해 자기를 던지는 시간의 구조는 미래를 중심으로 구성된다. 현존재는 미래에서 와서 과거를 거쳐 현재에 이르는 역동적인 시간을 살아간다.

① **미래** : 현존재는 항상 자신을 앞질러 '가능성'을 향해 나아간다. '나는 무엇이 될 수 있는가?'라는 미래의 가능성을 향해 스스로 내던지는 것(기획투사)이 개인의 존재 방식이다. 이것이 시간의 출발점이다.

② **과거** : 개인은 미래를 향해 나아가면서, '이미 있었던' 과거, 즉 던져진 상황과 경험을 다시 가져와 해석한다. 과거는 고정된 것이 아니라, 미래의 가능성 속에서 끊임없이 재해석되는 것이다.

③ **현재** : 현재는 미래를 향한 결단 속에서 과거의 의미를 재해석하며, 지금 '여기에서' 구체적인 행동을 하는 순간에 열린다.

※ 로고아트워크 교육에 적용

로고아트워크 교육은 현존재의 시간성을 이미지로 그리고 시각화하는 완벽한 실습이다. 먼저, 미래라는 가능성 탐색이다. 로고아트워크 교육 시작에서 "당신은 무엇이 되고 싶은가?", "5년 후 이 로고아트워크 작품이 어떤 가치를 상징했으면 좋겠는가?" 와 같이 미래의 가능성을 그리는 것에서 출발할 수 있다. 이것이 로고아트워크 작업의 방향성을 결정하는 '기획투사' 단계이다. 둘째, 과거 유산의 재해석이다. 참여자는 과거(개인의 성장 과정, 역사)를 돌아본다. 어떤 경험이 지금의 자기를 만들었는가? 그 과거의 유산 중 어떤 것을 미래로 가져가고, 어떤 것을 버릴 것인가? 로고아트워크 교육에서 스토리는 이 과거의 재해석에서 나온다. 셋째, 현재는 결단과 창조이다. 미래의 가능성과 과거의 유산을 바탕으로 '지금, 여기에서' 구체적인 형태와 색으로 로고아트워크 작업을 하는 결단을 내린다. 이 작업의 결과물은 참여자의 과거−현재−미래를 아우르는, 시간성의 총체적 표현이다.

정리하자면, 로고아트워크 교육은 자기 시간을 담는 실존의 지도라고 할 수 있다. 하이데거 철학 관점에서 로고아트워크는 단순한 교육을 넘어선다. 그것은 참여자가 자기 유한한 삶을 직시하고, 그 안에서 고유한 가능성을 발견하며, 과거와 미래를 아울러 현재를 주체적으로 살아내는 법을 배우는 실존적 여정이기에 그러하다. 교육자는 참여자가 '타인처럼' 그리는 것이 아니라, 자기 존재에 대한 깊은 물음 속에서 '자기만의' 상징을 탐색하고 표현하도록 이끄는 철학적 동반자가 되어야 한다. 이 작업을 통해 탄생한 작품인 그림, 글은 개인의, 혹은 공동체의 시간을 담은 지도가 되고, 유한한 삶에서 자기 존재를 용기 있게 드러내는 표징이 될 것이다.

2) 가정법[22]이라는 마법, "만약 없었다면"으로 찾는 의미

빅터 프랭클의 제자이자 로고테라피를 임상 현장에 성공적으로 적용한 심리학자가 바로 엘리자베스 루카스이다. 그녀가 실제로 경험한 내용을 기록한 『하루하루가 선물입니다』에서는 의미를 발견하는 독특하면서도 효과적인 방법을 제시한다. 그것은 바로 '가정법으로 행복 찾기'이다. 역설을 통한 의미의 발견 방법 중 하나이다.

루카스는 때로 의도적인 '잔꾀'가 필요하다고 말한다. 이는 참여자에게 없는 '짓궂은 운명'을 상상 속에서 겪게 하는 것이다. 예를 들어, 건강한 사람에게는 잠시 건강을 잃는 것을, 사랑하는 가족이 있는 사람에게는 그들이 없는 세상을 상상하게 하는 식이다. 언뜻 보기에 부정적으로 보이는 이 방법이, 역설적으로 현재 자기 삶이 얼마나 소중하고 의미 있는지를 깨닫게 하는 강력한 촉매제가 된다는 것이다. 이러한 루카스의 통찰을 바탕으로, 로고아트워크 교육에서 '가정법'이라는 인지적 도구를 활용하여 참여자가 자기 삶 속에 숨겨진 의미를 발견하고, 이를 작품으로 표현하는 구체적인 방법을 탐구한다.

(1) "잔꾀"의 미학 : "왜 부정적 상상은 우리를 감사하게 하는가?"

개인은 자기가 가진 것의 소중함을 잊고 사는 경우가 많다. 공기처럼 당연해서 그 가치를 인식하지 못하는 것이다. 루카스의 '가정법'은 바로 이 일상의 익숙함을 깨뜨리는 심리적 장치이다.

① **대비 효과** : 개인은 '차이'를 통해 현실을 더욱 선명하게 인식한다. 상상 속에서 소중한 것을 일시적으로 '상실'했을 때 느껴지는 어둠과 공허함은, 다시 현실로 돌아왔을 때 우리가 누리고 있는 것들의 가치를 부각시킨다. 춥고 어두운 방을 상상한 뒤에야, 지금 있는 평범한 방의 따스함이 얼마나 큰 선물인지 느끼게 되는 것과 같다.

② **소유에서 존재로의 전환** : 이 기법은 '내가 가지지 못한 것'에 대한 갈망에서 '내가 이미 가지고 있는 것'에 대한 감사로 초점을 전환시킨다. "만약 나에게 이것마저 없었다면

---

22) 엘리자베스 루카스, 『하루하루가 선물입니다』 김하락 번역, 21세기북스, 2007.

어땠을까?"라는 질문은, 개인이 당연하게 여겼던 모든 것이 사실은 깨지기 쉬운 기적과 같은 선물이었음을 깨닫게 한다.

③ **의미 발견** : 로고테라피의 관점에서 의미는 추상적인 것에 있지 않다. 바로 지금, 자기의 구체적인 삶의 조건 속에 있다. 가정법을 통한 상상은 참여자가 무심코 지나쳤던 일상의 조건(건강, 관계, 재능, 소소한 기쁨 등)이 사실은 자기 삶을 지탱하는 의미의 기둥이었음을 발견하게 한다.

(2) 로고아트워크 교육에 적용

이 강력한 도구를 로고아트워크 교육에서 어떻게 적용할 수 있을지 살펴본다. 교육자는 참여자가 안전한 환경에서 이 '잔꾀'를 통해 성찰에 이를 수 있도록 안내할 수 있다.

① 주제 선정 및 '가정법 질문' 던지기

참여자가 로고아트워크 작품의 주제(예: 가족, 나 자신, 나의 일, 나의 꿈)를 정하면, 교육자는 그 주제와 관련된 핵심 요소를 부재시키는 '가정법 질문'을 던진다.

- (예시 1) 주제 '가족' : "작업을 시작하기 전, 잠시 눈을 감고 상상해 봅시다. 만약 당신의 곁에 지금의 가족이 없었다면, 당신의 하루는 어떤 모습일까요? 아침에 눈을 떴을 때, 저녁에 집에 돌아왔을 때의 풍경을 그려보세요."
- (예시 2) 주제 '나의 재능' : "만약 당신에게 지금처럼 그림을 그리고, 글을 쓸 수 있는 손과 눈이 없었다면, 당신의 마음을 어떻게 표현하고 싶을까요?"

② 감정적 귀환과 감사의 발견

교육자는 참여자에게 잠시 상상하게 한 이후, 다시 '지금, 여기'의 현실로 부드럽게 이끈다. 그리고 상상 속 상실 경험 이후, 현실로 돌아왔을 때 느껴지는 감정(안도감, 고마움, 소중함, 사랑 등)에 집중하게 한다. 이 순간, 참여자는 자기 주제가 얼마나 큰 의미와 가치를 지니고 있는지 체감하게 된다.

③ 작업을 통해 의미 발견하기

- 참여자는 이전과는 전혀 다른 깊이의 감정으로 작업에 임하게 된다. 방금 느꼈던 소중함과 감사의 마음을 작품에 담아 표현하도록 격려한다.
- 단순히 '가족'을 상징하는 하트를 그리는 것을 넘어, 상실의 어둠을 이겨내고 다시 찾

은 '따뜻하고 안도감 넘치는 색'을 사용할 수도 있다.

• 자기 감정을 표현하는 과정에서, 그것을 사용할 수 있다는 '기쁨 에너지'를 상징하는 역동적인 선을 추가할 수도 있다.

④ 선물을 풀어보는 시간

루카스의 '가정법으로 의미 찾기'는 참여자에게 삶의 의미와 행복이 새로운 무언가를 얻음으로써만 찾아지는 것이 아님을 가르쳐 준다. 오히려 이미 자기 손에 쥐어진 선물을 잠시 없는 셈 쳐보는 역설적인 상상을 통해, 그 선물의 진정한 가치를 발견하고 감사하게 될 때 의미를 발견하고 행복감을 느낄 수 있다.

로고아트워크 교육에서 '작은 잔꾀'를 활용하는 것은, 참여자가 자기 삶을 더욱 깊이 사랑하고, 당연했던 일상에 숨겨진 의미를 발견하여 그것을 표현하는 특별한 경험을 선물할 것이다. 결국 이 작업은 '하루하루가 선물'임을 마음으로 깨닫고, 그 선물을 감사히 풀어보는 시간이 될 것이다.

3) 유머

로고아트워크는 단순히 기법을 제시하는 것을 넘어, 참여자가 그림 그리기와 성찰적 글쓰기 활동을 통해 삶의 의미와 가치를 발견하도록 돕는 교육과정이다. 이 교육의 철학적 근간이 되는 프랭클의 로고테라피에서는 유머를 매우 중요한 태도적 가치이자 치료적 도구로 여긴다. 따라서 로고아트워크 교육에서 유머를 적용하는 것은 참여자의 내적 성장을 촉진하는 요소라 할 수 있다.

(1) 유머의 필요성

로고테라피의 관점에서 볼 때, 개인은 어떤 상황에서도 자신의 태도를 선택할 자유를 지닌 존재이다. 고통스럽거나 부조리한 상황에 직면했을 때, 유머는 그 상황과 자기 사이에 심리적 거리를 만들어내는 강력한 힘을 발휘한다. 이는 로고아트워크 교육 참여자가 겪을 수 있는 다양한 어려움에 대처하는 데 필수적인 능력을 길러준다.

① 자기와 거리두기를 통한 성찰

유머는 자기를 둘러싼 문제나 고통스러운 감정으로부터 한 걸음 물러나 객관적으로 바라볼 수 있게 한다. 예를 들어, 그림을 그리기가 뜻대로 되지 않아 좌절하는 참여자에게 유머러스한 개입은 "이 그림 하나가 내 인생의 전부는 아니지"라는 건강한 거리감을 갖게 한다. 이러한 '자기와 거리두기'는 문제에 압도되지 않고, 그것을 다룰 수 있는 내적 공간을 확보하게 하여 창의적 해결책을 모색하도록 돕는다.

② 역설적 의도 실현

로고테라피의 주요 기법 중 하나인 '역설적 의도'는 두려워하는 상황이나 증상을 오히려 의도적으로 행하려고 노력함으로써 그로부터 벗어나는 방법이다. 유머는 이 기법을 자연스럽고 효과적으로 만드는 윤활유 역할을 한다. 예를 들어, "완벽한 선을 그려야 한다"는 강박에 시달리는 참여자에게 "오늘은 세상에서 가장 삐뚤빼뚤하고 엉망인 선을 그리는 데 도전해 봅시다"라고 유머러스하게 제안할 수 있다. 이러한 역설적 과제는 강박과 예기불안의 악순환을 깨고, 실패에 대한 두려움을 웃음으로 승화시키는 계기를 제공한다.

③ 긍정적 태도와 학습 동기 부여

교육 환경에서 유머는 긍정적이고 개방적인 분위기를 조성하여 학습 동기를 높이는 효과가 있다. 로고아트워크 교육과정에서 유머를 활용하면 참여자들의 긴장감이 완화되고, 교육자와 참여자의 진정한 관계를 촉진한다. 즐거운 분위기 속에서 참여자는 자기 감정과 생각을 자유롭게 표현하며, 이는 작업을 통한 자기 탐색과 의미 발견이라는 교육의 본질적 목표 달성에 기여할 수 있다.

(2) 로고아트워크 교육에서 유머 적용

로고아트워크 교육에서 유머는 단순히 웃기는 말을 하는 것을 넘어, 교육 철학과 유기적으로 결합한 구체적인 방법론으로 적용될 수 있다.

① 작품 주제 설정 및 재해석

- '나의 약점 자랑하기' : 자기 단점이나 실수를 부끄럽게 여기는 대신, 그것을 과장하고 희화화하여 표현할 수 있다. 예를 들어, '게으름'이라는 약점을 '세상에서 가장 편안한 자세로 쉬는 능력'으로 재해석하여 유머러스하게 그려보는 활동이다. 이를 통해 자기 불완전함을 수용하고 웃어넘기는 태도를 배우게 한다.
- '부조리한 세상 그리기' : 삶의 아이러니나 사회의 부조리한 측면을 풍자적으로 표현

하는 주제를 제시한다. 이는 참여자가 개인적 고통을 넘어 보편적인 인간 실존의 문제로 시야를 넓히고, 심각한 문제에 유머로 맞서는 능력을 기르도록 돕는다.

② 작업 과정에서의 유머 적용

- **'의도적인 실수' 기법 :** 교육자가 먼저 시범을 보이면서 의도적으로 물감을 쏟거나 선을 잘못 긋는 등의 실수를 보여주고, 이를 유머러스하게 대처하는 모습을 보여준다. "아, 이 물감이 바닥을 더 멋지게 만들고 싶었나 봐!"와 같은 말은 참여자의 완벽주의적 부담감을 덜어주고, 자기 실수를 창의적 과정의 일부로 받아들일 수 있게 한다.
- **재료의 의인화 및 비유 활용 :** 사용하는 미술 도구나 재료에 인격을 부여하여 대화하는 듯한 분위기를 연출한다. "이 붓이 오늘따라 파란색 물감을 편애하는 것 같아" 와 같이 사물을 의인화하면, 딱딱한 교육이 아닌 즐거운 놀이처럼 느껴지게 하여 참여자의 창의성을 자극한다.

③ 작품 공유 및 감상 활동

- **유머러스한 제목 짓기 :** 완성한 작품에 대해 진지한 제목 외에, 재미있고 엉뚱한 제목을 붙여보는 활동을 진행한다. 이 과정은 작품에 대한 새로운 시각을 제공하고, 자기 작품에 유연한 사고를 갖도록 유도한다.
- **소크라테스식 대화법의 유머러스한 적용 :** 작품에 대해 토론할 때, "이 그림 속 인물이 갑자기 말을 할 수 있다면, 무슨 농담부터 할까?" 와 같은 가벼운 질문으로 시작할 수 있다. 이는 참여자가 자기 작품과 심리적 거리를 두고, 그 안에 담긴 무거운 의미를 유머를 통해 한 번 걸러서 바라보게 함으로써 보다 편안한 자기 성찰을 가능하게 한다.

결론적으로, 로고아트워크 교육에서 유머는 단순한 양념이 아닌, 교육의 핵심 목표인 '의미 발견'을 돕는 태도적 가치이다. 유머를 통해 참여자는 고통과 불완전함 속에서도 웃음을 잃지 않고, 삶의 의미를 발견하는 지혜와 용기를 얻게 될 것이다.

4) 감사

로고아트워크는 실존주의 철학과 로고테라피 이론에 기반하여 그림 그리기와 성찰적 글쓰기 작업을 통해 삶의 의미를 발견하도록 돕는 실천적 교육과정이다. 로고테라피에서 의미를 발견하는 세 가지 경로(경험, 창조, 태도) 중, 피할 수 없는 고난에 대한 태도를 결정하는 '태도적 가치'는 개인의 태도 선택의 위대함을 보여주는 원리이다. 이러한 맥락에서 '감사'는 주어진 삶의 조건에서 긍정적 의미를 능동적으로 찾아내는 중요한 태도적 가치이므로, 로고아트워크 교육에서도 필수적이다.

(1) 감사 필요성

로고아트워크 교육에서 감사를 강조하는 것은 단순히 긍정적인 마음을 갖게 하는 것을 넘어, 참여자의 실존적 성장을 이끄는 근본적인 동력을 제공하기 때문이다.

① 존재로서 긍정을 통한 의미 발견

감사는 '결핍'이 아닌 '주어짐'에 초점을 맞추는 것이다. 참여자는 작업을 통해 자기가 가진 것, 경험한 것, 그리고 존재 자체에 감사를 인식한다. 이는 삶의 공허함이나 무의미함을 느끼는 참여자에게 '지금 여기에서, 이 순간'에도 삶의 의미가 있음을 깨닫게 하는 계기가 된다. 즉, 감사는 비극 속에서도 삶을 긍정할 수 있는 태도를 형성하는 출발점이다.

② 자기초월성 성취

로고테라피의 핵심 목표 중 하나는 자기에 대한 과도한 집착에서 벗어나 타인이나 더 큰 가치를 향하는 '자기초월'을 이루는 것이다. 감사는 자기중심적 시각에서 벗어나게 하는 강력한 동력이다. 나의 작품, 나의 재능에 대한 감사를 넘어, 나에게 영감을 준 대상, 함께하는 동료, 작업 활동을 할 수 있도록 주어진 환경에 감사하게 되면서 자연스럽게 시야가 확장되고 이타적인 가치를 지향하게 된다.

③ 심리적 회복력 증진

선행 연구에서는 감사가 스트레스 감소, 우울감 완화, 전반적인 행복감 증진에 미치는 긍정적 효과를 입증했다. 로고아트워크 교육 참여자는 그림 그리기와 성찰적 글쓰기 과정에서 자기 한계나 내면의 저항과 같은 어려움에 부딪힐 수 있다. 이때 감사를 실천하는 태도는 작은 성공에도 기쁨을 느끼게 하고, 실패를 성장의 과정으로 수용하게 하여 좌절하지 않고 꾸준히 자기를 탐색할 수 있는 심리적 힘, 즉 회복력을 길러준다.

(2) 로고아트워크 교육에 감사 적용

감사는 추상적인 개념에 머무는 것이 아니라, 로고아트워크에서 그림 그리기와 성찰적 글쓰기 활동과 과정에서 자연스럽게 통합될 수 있다.

① 감사를 주제로 한 작업 활동

- **'내 삶의 선물 상자' 만들기** : 참여자가 자기 삶에서 감사하게 생각하는 인물, 경험, 사물, 능력 등을 작은 상자 안에 시각적으로 표현하거나 상징물을 만들어 채워 넣는 활동이다. 이 과정을 통해 잊고 있던 삶의 긍정적 측면들을 재발견하고 그 소중함을 깨닫는다.
- **'감사 만다라' 그리기** : 원형의 만다라 안에 자기를 중심으로 바깥으로 퍼져나가면서 감사한 대상들을 그리고 색칠하는 활동이다. 이는 감사의 관계성을 시각적으로 인식하고, 세상과 내가 연결되어 있음을 체험하게 한다.

② 그리기, 글쓰기 과정 자체에 대한 감사 훈련

- **'재료와의 만남' 명상** : 그림 그리기 전, 잠시 눈을 감고 손에 들린 붓, 종이의 감촉, 물감, 크레파스, 색연필의 색을 느끼며 이것을 사용할 수 있음에 감사하는 마음을 갖는 시간을 갖는다. 이는 작업 과정을 더욱 의미 있는 활동으로 만든다.
- **'오늘의 한 조각' 표현하기** : 당일 활동에서 감사했던 아주 작은 순간(예: 따뜻한 햇살, 좋은 음악, 친절한 말 한마디)을 기억하고, 그것을 작은 캔버스나 종이에 색이나 형태로 표현한다. 거창한 작품이 아니더라도 일상 속 의미를 포착하고 감사하는 습관을 기른다.

③ 나눔과 감상을 통한 감사의 확장

- **'고마워요, 당신의 작품'** : 그룹 활동 시, 다른 참여자의 작품을 감상한 후 비평이 아닌 그 작품을 통해 내가 느낀 긍정적인 감정에 대해 감사를 표현하는 시간을 갖는다. 이는 타인 존재와 표현을 존중하고 긍정하는 태도를 기른다.
- **'선물로서의 작품' 제작** : 자기 감사의 마음을 전하기 위한 목적으로 작품을 제작한다. 작업의 동기가 '나'가 아닌 '너'를 향할 때, 참여자는 자기초월을 경험하며 더 큰 의미와 기쁨을 발견하게 된다.

결론적으로, 로고아트워크에서 감사는 삶의 무의미와 고통을 마주하는 적극적이고 창조적인 태도이다. 그림 그리기와 성찰적 글쓰기라는 매체를 통해 감사의 표현을 훈련함으로써, 참여자는 어떤 상황 속에서도 삶의 의미를 발견하고 자기 삶을 긍정하는 단단한 내면을 기를 수 있을 것이다.

5) 자기초월성, 초의미

로고아트워크 교육과정의 여정은 궁극적으로 하나의 목적지를 향한다. 그것은 바로 자기초월이며, 그 구체적인 실천은 사랑이다. 프랭클이 수용소의 극한 상황 속에서 발견했듯, 인간은 '쾌락을 향한 의지'나 '권력을 향한 의지'가 아닌, '의미를 향한 의지'를 통해 살아가는 존재이다. 그리고 그 의미는 자기에게만 몰두할 때가 아니라, 자기를 넘어 더 큰 무언가에 헌신하고, 타인을 진심으로 사랑할 때 비로서 발견할 수 있다.

감정노동으로 심리적 부담, 스트레스, 직무 소진, 우울감 등으로 인해 자기라는 감옥에 갇힌 참여자가, 어떻게 사랑이라는 문을 열고 '나'를 넘어 '우리'로, 그리고 '세상'으로 나아갈 수 있는지 그 구체적인 길을 탐색한다. 이는 단순한 감정 회복을 넘어, 실존적 성숙에 이르는 길이다.

(1) 자기초월의 필연성 : 왜 '자기'를 넘어서야 하는가?

감정노동이 야기하는 가장 큰 문제는 개인을 '자기 연민'이라는 정서적 감옥에 가두는 것이다. 이 감옥 안에서 개인은 자기 피로, 심리적 부담감, 스트레스, 직무 소진과 억울함에 집중할 수 밖에 없다. 이 세상과 타인은 나의 에너지를 고갈시키는 위협적인 존재로만 느껴지며, 관계는 거래처럼 느껴지고 전문가로서 소명은 생존을 위한 노동으로 전락할 수 있다.

자기초월적 사랑은 이러한 '고립된 자기에서 벗어나, 너와의 진정한 만남'으로 나아가게 하는 치료제가 된다. 이는 철학자 마르틴 부버가 말한 '나-너'의 관계를 회복하는 과정이다. '나-그것'의 관계로 타인을 수단이나 대상으로 대할 때 우리는 소진되지만, '나-너'의 관계로 참여자를 고유한 존재를 마주할 때 우리는 연결되고 신뢰할 수 있다.

① **참여자** : 이는 상처받은 피해자로서의 자기 정체성을 넘어서는 여정이다. 자기의 아픔을 깊이 이해한 사람은 역설적으로 타인의 아픔에 가장 깊이 공감할 수 있는 '상처 입은 치유자'가 될 가능성을 갖추게 된다. 자기 고통이 타인을 향한 연민과 사랑으로 전환될 때, 개인의 비극은 공동체의 서사 속에서 의미 있는 한 페이지가 된다.

② **교육자** : 교육자의 사랑은 참여자를 '성공적으로 변화시킨' 사례로 만들려는 전문가적 욕심이나, 자기 유능함을 증명하려는 고집을 넘어서는 것이다. 이는 참여자의 무한한 가능성을 온전히 신뢰하며, 그가 스스로 어둠을 헤쳐나와 자기 길을 찾을 때까지 묵묵히, 그리고 따뜻하게 함께 있어 주는 이타적인 행위이다 .

진정한 도움은 무엇인가를 '주는 것'이 아니라, 그저 '함께 있어 주는 것'에서 시작한다.

(2) 교육자를 위한 실천 : '사랑'이라는 이름의 고유한 전문성

교육자의 자기초월적 행위는 막연하고 감상적인 태도가 아니라, 깊은 통찰과 훈련된 자기 절제를 바탕으로 한 전문적인 실천이다. 이는 로저스가 평생에 걸쳐 강조했던 '무조건적 긍정적 존중'을 체화하는 것이다.

① **판단 없이 존재의 핵심을 수용하기** : 이는 참여자의 모든 행동을 맹목적으로 지지하는 것과 다르다. 참여자가 보이는 혼란스러운 감정, 미숙한 표현, 심지어는 공격적인 태도까지도, 그 이면에 있는 '살아남으려는 노력'과 '긍정적인 성장의 씨앗'을 발견하고 그것을 향해 말을 거는 것이다. 이러한 수용적 태도는 참여자가 가면을 벗고 자기 가장 약한 모습을 안전하게 드러낼 수 있는 '심리적 안식처'를 만들어준다.

② **성장 가능성을 향한 믿음 유지하기** : 참여자의 현재 문제나 과거 상처라는 '현상'에 매몰되지 않고, 그 너머에 있는 잠재력과 회복 가능성이라는 '본질'에 초점을 맞춘다. 교육자의 흔들림 없는 믿음은, 참여자 스스로도 잊고 있던 자기의 힘과 가치를 재발견하게 만드는 가장 강력한 거울이다.

③ **안전한 공간 내어주기** : 교육자는 정답을 제시하거나 문제를 해결해주는 해결사가 아니다. 마치 부모가 아이가 넘어지고 일어서는 과정을 지켜봐 주듯, 참여자가 자기 혼란과 고통을 충분히 경험하고 스스로 의미를 찾을 수 있도록 안전하고 단단한 심리적 공간을 마련해주는 '컨테이너' 역할을 한다. 교육자의 자기중심적인 태도가 사라진 고요한 공간에서, 참여자의 진실한 목소리가 울려 퍼지기 시작한다.

(3) 참여자를 위한 여정 : '나의 아픔'에서 '세상의 의미'로 전환

참여자는 자기 돌봄과 수용의 단계를 지나, 자기 삶에서 발견하는 의미는 무엇인가, 또는 누구인가를 향해 능동적으로 나아가는 자기초월 여정을 시작할 수 있다. 이는 고통으로부터 '도피'가 아니라, 고통을 마주하고 그것을 넘어서는 가치를 향한 건강한 '전진'이다.

① **작품을 통해 사랑과 연결하기** : 초기 단계의 작품이 자기 내면의 고통과 상처표현에 집중했다면, 점차 소중한 대상(가족, 동료, 자기 일의 가치, 혹은 인류애)에 대한 감사, 용서, 사랑, 그리고 연결감을 주제로 작업 활동을 확장할 수 있다. 이는 시선을 '나의 내면'에서 '세상과의 관계'로 전환하는 구체적인 훈련이다.

② **'감정노동'을 '소명 실천'으로 재해석하기** : 자기 일을 단순히 감정을 소모하여 경제활동을 하는 '노동'이 아니라, 나의 노력과 전문성을 통해 누군가의 삶에 긍정적인 영향을 미치고 세상에 가치를 더하는 '소명'이라는 관점으로 재해석하는 작업을 한다. 이는 사랑과 헌신이라는 가치를 통해, 닳아 없어진다고 생각했던 자기 직업적 의미와 초기 마음을 찾아가는 과정이다.

③ **일상 속 '로고스 발견' 실천하기** : 교육과정이 끝난 후 일상으로 돌아가 실천할 수 있는 작지만 구체적인 자기초월적 행동 목록을 작성하고 실천한다. 지쳐 보이는 동료에게 진심 어린 마음으로 '비타민 사탕 하나 건네기', '커피 한 잔 건네기', '나의 경험을 바탕으로 후배의 막막한 마음에 조언 해주기' 등이다. 이러한 작은 사랑의 실천이 모여 삶의 의미를 채우고 감정노동에서 면역력을 기를 수 있다.

결론적으로, 이 교육과정의 마지막 문은 '사랑'을 향해 활짝 열려 있다. 깨지고 상처 입은 '나'를 돌보는 것으로 시작한 여정은, 자기를 넘어 타인과 세상을 향한 의미 있는 기여와 사랑의 실천으로 완성된다. 이는 마치 깨진 도자기를 붙여 더 아름답고 소중한 작품으로 만드는 것과 같다. 참여자의 상처와 고통 경험은 사라져야 할 상처가 아니라, 자기초월를 통해 더 깊은 의미로 거듭나는 소중한 재료가 될 수 있다. 이는 감정노동 현장에서 소진을 경험한 전문가가 자기 자리에서 다시 일어나 타인과 세상을 사랑할 힘을 얻는 돌봄의 근본적인 목적이자 가치이다.

7. 소크라테스 대화법(예시)

소크라테스 대화법은 질문과 대답을 통해 생각을 발전시키고 진리를 탐구하는 방식이다. 이 방법의 예시[23]를 통해 소크라테스 대화법이 어떻게 작동하는지를 알아본다.

23) 생성형 AI인 챗 GPT와 구글 제미나이에게 질문하고 답을 받은 내용을 토대로 정리한 내용임

(1) 예시 1. "정의란 무엇인가?"에 대한 대화

■ 대화 설정

A: 소크라테스의 학생이라고 가정한다.

B: 질문을 던지는 소크라테스 역할을 한다.

B: "정의란 무엇이라고 생각하나요?"

A: "정의는 사람들에게 공정하게 대하는 것입니다."

B: "그렇다면, 모든 상황에서 사람들에게 공정하게 대하는 것이 항상 정의일까요?"

A: "음, 그 말이 맞을 수도 있지만, 가끔은 상황에 따라 다를 수 있습니다."

B: "그렇다면, 특정한 상황에서 정의가 어떻게 변할 수 있는지 예를 들어줄 수 있나요?"

A: "예를 들어, 한 사람이 법을 어겼지만 그 이유가 매우 특별한 경우라면, 그 사람에게 관용을 베푸는 것도 정의일 수 있습니다."

B: "그렇다면 관용이 정의의 일부가 될 수 있다는 말인가요? 정의는 관용과 어떻게 관련이 있죠?"

A: "어쩌면 그렇습니다. 하지만 그러면 정의는 상황에 따라 크게 달라질 수 있다는 것이 아닐까요?"

B: "그렇다면 우리가 정의를 정의하기 어려운 이유는 무엇일까요? 정의가 상황에 따라 다르다면, 공정함은 어떻게 보장될 수 있을까요?"

A: "글쎄요, 아마도 우리가 합의할 수 있는 기준이 필요할 것 같습니다."

B: "그렇다면, 합의할 수 있는 기준이란 무엇인가요? 모두가 동의할 만한 정의는 가능할까요?"

A: "음… 아마도 '모든 사람에게 최선의 결과를 가져오는 것'이 될 수 있다고 생각합니다."

A: "그렇다면, '최선의 결과'는 무엇인지 다시 생각해봐야 하지 않을까요? 사람마다 최

선의 결과가 다를 수 있겠네요."

■ 대화 마무리

이 대화를 통해, A는 소크라테스의 질문에 답하면서 자신의 생각을 더욱 깊이 있게 반성하고, 정의에 대한 이해가 얼마나 복잡한지를 깨닫게 된다. 소크라테스의 대화법은 불확실한 주제를 탐구하는 과정을 통해 두 사람 모두 진리에 접근할 수 있는 기회를 제공한다.

■ 결론

소크라테스의 대화법은 질문을 통해 상대의 생각을 자극하고, 진리를 탐구하며, 사고의 깊이를 탐색하는 유용한 도구이다. 이 방식은 단순한 정보 전달을 넘어서, 사유의 확장을 이끌어내는 데 도움을 준다.

(2) 예시 2. 실존적 공허에 시달리는 학생과 교육자의 대화

실존적 공허에 시달리는 학생과 교육자가 소크라테스 대화법을 통해 대화하는 예시를 아래에 제시한다. 이 대화에서는 학생이 느끼는 공허감을 탐구하고, 그로부터 의미를 찾아가는 과정을 보여준다.

■ 대화 설정

학생 (S): 실존적 공허를 느끼고 있는 학생
교육자 (E): 소크라테스 대화법으로 학생을 이끄는 역할

E: "요즘 어떤 기분이 드나요?"
S: "모르겠어요. 뭔가 허전하고 의미가 없는 기분이에요."

E: "허전하다고 느끼는 이유는 무엇이라고 생각하나요?"
S: "학교생활도, 친구 관계도, 그 어떤 것도 저에게 큰 의미를 주지 않는 것 같아요."

E: "그렇다면, 의미란 무엇이라고 생각하나요?"
S: "음… 아마도 목표나 성취라고 생각해요."

E: "목표나 성취가 없다면, 삶이 의미 없다고 느끼는 건가요?"

S: "네, 그런 것 같아요."

E: "그렇다면, 지금의 삶에서 어떤 목표나 성취가 없는 것인지 구체적으로 생각해 볼 수 있을까요?"

S: "앞으로의 진로도 불확실하고, 이렇게 수업만 받다가는 아무것도 이룰 수 없을 것 같아요."

E: "진로에 대한 불확실함이 당신에게 어떤 영향을 미치고 있다고 생각하나요?"

S: "그냥 모두 다 헛된 노력 같고, 그 때문에 더 괴로운 것 같아요."

E: "그렇다면, 헛된 노력이라는 것은 무엇인지, 다시 생각해볼 필요가 있지 않을까요?"

S: "아마도 제가 원하는 걸 찾지 못하는 것 같아요. 그래서 모든 것이 무의미하게 느껴지죠."

E: "자기가 원하는 것이 무엇인지 아는 것이 중요하겠군요. 그러면 당신은 원하는 것이 무엇인지 이미 생각해본 적이 있나요?"

S: "그건 잘 모르겠어요. 스스로에 대해 잘 알고 싶지만, 그 생각조차 쉽지 않습니다."

E: "자기를 찾는 것은 힘든 일인데, 한번 그렇게 해보는 것은 어떤가요? 어떤 것들이 기쁨이나 즐거움을 주는지 탐색해보는 것이죠."

S: "그것이 정말 도움이 된다면 좋겠어요. 하지만 어디서부터 시작해야 할지 모르겠어요."

E: "작은 것부터 시작해보는 건 어떨까요? 당신을 행복하게 만들었던 작은 경험들을 떠올려 보세요."

S: "그럴 수 있을 것 같아요. 과제를 하는 것보다는 제가 좋아하는 활동을 해보고 싶어요."

■ 대화 마무리

이 대화를 통해 학생은 자기의 공허감을 이해하고, 그 원인이 무엇인지 탐구하게 된다. 교육자는 소크라테스식 질문을 통해 학생이 스스로 해답을 찾도록 유도하며, 학생이 원하는 것을 탐색하는 데 도움을 준다.

■ 결론

이 대화법은 학생이 자기의 내면과 마주하고, 실존적 공허를 극복하기 위한 방향을 스스로 찾도록 돕는 중요한 방법이다. 소크라테스 대화법은 깊은 이해와 자기 탐구를 촉진하는 강력한 도구로 작용한다.

(3) 예시 3. 우울증에 시달리는 갱년기 여성과 로고테라피스트의 대화

우울증에 시달리는 갱년기 여성과 로고테라피스트가 소크라테스 대화법을 통해 대화하는 예시를 제시한다. 이 대화에서는 여성의 감정과 그 의미를 탐구하고, 삶의 목적과 의미를 찾는 과정을 보여준다.

■ 대화 설정

여성 (W): 우울증에 시달리는 갱년기 여성
로고테라피스트 (T): 소크라테스 대화법으로 여성의 생각을 이끄는 역할

T: "요즘 기분이 어떤가요?"
W: "매일 피곤하고, 아무것도 하고 싶지 않아요."

T: "가장 힘든 감정이 무엇인지 구체적으로 이야기해 주실 수 있나요?"
W: "우울하고, 내가 싫어요. 무엇을 해도 재미가 없어요."

T: "자기가 싫다는 것은 정말 괴로운 감정입니다. 그 원인은 무엇이라고 생각하나요?"
W: "갱년기 증상 때문인 것 같아요. 나이가 드는 게 받아들여지지 않아요."

T: "나이가 드는 것이 어떤 의미일까요? 나이에 대한 생각이 당신에게 어떤 영향을 미치고 있나요?"
W: "젊음이 사라지고 있다는 느낌이 강해요. 이제는 저에게 기대할 것이 없다고 생각합니다."

T: "그렇다면, '기대할 것이 없다'는 감정은 무엇에서 오는 것인가요?"
W: "앞으로의 삶이 두렵고, 성취도 없고, 목적으로 삼을 것이 없다고 느끼니까요."

T: "목적이 없다는 것은 정말 어려운 상황이죠. 혹시 당신의 삶에서 중요하게 생각하는 가치나 목표가 무엇인지 생각해본 적이 있나요?"
W: "그걸 다시 생각해본 적이 없어서 잘 모르겠어요."

T: "그렇다면, 작은 것부터 생각해보는 것은 어떤가요? 그동안 의미를 느꼈던 것이나 소중한 경험을 떠올려보세요."
W: "예전에는 가족과 함께 시간을 보내는 것이 좋았고, 누군가에게 도움을 줄 때 보람을 느꼈던 것 같아요."

T: "그렇다면 가족과의 관계나 누군가에게 도움을 주는 것이 당신에게 의미를 줄 수 있다는 점을 다시 생각해볼 수 있겠네요. 이 방향에서 더 어떤 것들이 있을까요?"
W: "가족과의 관계를 다시 회복하고 싶어요. 그러면 더 행복할 수 있을까요?"

T: "그것이 당신이 원했던 삶의 목적이나 의미일 수 있습니다. 어떤 작은 행동부터 시작해볼 수 있을까요?"
W: "내가 먼저 연락을 해보는 것이 좋겠어요. 그리고 함께 활동할 수 있는 것들을 찾아보고 싶어요."

■ 대화 마무리

이 대화를 통해 여성은 자신의 우울한 감정의 원인과 그 속에 숨겨진 뜻을 이해하고, 새로운 방향으로 나아갈 수 있는 방법을 스스로 찾게 된다. 로고테라피스트는 소크라테스의 질문을 통해 그녀가 삶의 의미와 목적을 탐구할 수 있도록 돕는다.

■ 결론

이와 같은 대화법은 갱년기 여성의 우울증을 이해하고, 그녀가 개인적인 가치와 의미를 찾는 데 큰 도움이 된다. 소크라테스의 대화법은 자기 탐구와 존재의 의미를 모색하는데 효과적인 도구로써 작용한다.

(4) 예시 4. 강박증에 시달리는 20대 여성과 로고아트워크 교육자의 대화

균 감염에 대한 강박증으로 고통받고 있는 20대 여성 참여자와 로고아트워크 교육자가 소크라테스 대화법을 통해 대화하는 예시를 아래에 제시한다. 이 대화에서는 참여자가 자기의 강박증의 원인을 탐구하고, 이를 극복할 수 있는 방향을 모색하는 과정을 보여준다.

■ 대화 설정

참여자 (C): 균 감염에 대한 강박증으로 고통받는 20대 여성

교육자 (T): 소크라테스식 질문을 통해 참여자의 생각을 이끄는 역할

T: "요즘 손을 씻는 것에 대해 어떻게 느끼고 있나요?"

C: "계속 손을 씻어야 할 것 같아서 정말 힘 들어요. 다른 사람들보다 더 많이 씻는 것 같아요."

T: "그렇게 손을 씻는 것이 당신에게 어떤 의미인가요?"

C: "균 감염이 두려워서 그래요. 손을 씻어야만 안전하다는 생각이 들어요."

T: "위생이 중요하다는 점은 이해하지만, 당신이 느끼는 두려움은 얼마나 현실적인가요?"

C: "내가 감염될 수 있다는 생각이 항상 머릿속에 떠나질 않아요."

T: "그렇다면 감염될 가능성에 대한 두려움이 당신의 행동에 어떤 영향을 미치고 있나요?"

C: "손을 씻지 않으면 불안해지고, 그 불안감이 점점 커져서 결국 씻게 돼요."

T: "불안감을 느끼는 것은 자연스러운 일이지만, 그 불안이 당신의 일상에 어떤 제약을 주는지 생각해본 적이 있나요?"

C: "일상적인 활동이 힘들어지고, 친구들과의 만남도 피하게 되는 것 같아요."

T: "그렇다면, 그 행동이 당신의 삶에 어떤 영향을 미치고 있는지를 더 깊이 고민해볼 필요가 있겠네요. 당신이 원하는 삶은 어떤 모습인가요?"

C: “자유롭고, 친구들과 즐겁게 시간을 보내고 싶어요.”

T: “그렇다면, 현재의 행동이 원하는 삶과 얼마나 멀어지고 있는지를 생각해보는 것이 중요하겠군요. 혹시 감염에 대한 불안을 줄일 수 있는 방법을 생각해본 적이 있나요?”
C: “아직 구체적인 방법은 없어요. 그저 불안감을 줄이려고 노력해야겠다는 생각만 해요.”

T: “그럼 작은 것부터 시작해보는 것은 어떨까요? 예를 들어, 특정한 상황에서만 손을 씻는 규칙을 정해보는 거죠. 그렇게 정해진 규칙을 지키는 동안 무슨 일이 일어나는지 관찰해보는 것이죠.”
C: “그렇게 해볼 수 있을 것 같아요. 내가 부족한 부분을 인식하고 조절할 기회를 가질 수 있을 것 같아요.”

■ 대화 마무리

이 대화를 통해 참여자는 자기의 행동의 원인과 그로 인해 겪는 불안감의 영향을 탐구하게 된다. 교육자는 소크라테스식 질문을 통해 참여자가 보다 자발적으로 자기의 문제를 인식하고, 극복을 위한 첫걸음을 돌려줄 수 있도록 돕는다.

■ 결론

이와 같은 대화법은 강박증으로 고통받는 참여자가 자기의 문제를 깊이 있게 이해하고, 불안의 원인을 탐구하는 데 도움을 준다. 소크라테스의 대화법은 자기 인식을 촉진하고 건전한 행동 변화로 나아가는 방향을 제시하는 유용한 도구로 활용된다.

(5) 예시 5. 삶의 의미를 찾지 못해 고독한 70대 남성과 로고아트워크 교육자의 대화

삶의 의미를 찾지 못해 기운이 없고 고독함을 느끼는 70대 남성 참여자와 교육자가 소크라테스 대화법을 통해 나누는 대화 예시를 아래에 제시한다. 이 대화에서는 참여자가 자신의 감정을 탐구하고, 삶의 의미와 연결감을 찾는 과정을 보여준다.

■ 대화 설정

참여자 (M): 삶의 의미를 찾지 못하고 고독감을 느끼는 70대 남성
교육자 (C): 소크라테스식 질문을 통해 참여자의 생각을 이끄는 역할

C: “최근에 어떻게 지내고 있나요?”
M: “그냥 하루하루가 힘들고, 특별한 기쁨도 없는 것 같아요.”

C: “힘든 하루하루라는 건 어떤 의미인가요?”
M: “삶이 무의미하게 느껴져요. 기운도 없고, 사람들과의 관계도 떨어져서 외롭습니다.”

C: “고독을 느낀다는 것은 정말 힘든 일입니다. 그 고독이 당신에게 어떤 영향을 미치고 있나요?”
M: “모든 것이 더 무겁게 느껴지고, 의욕이 점점 없어지는 것 같아요.”

C: “그렇다면, 삶의 의미를 찾지 못하는 것이 당신의 마음에 어떤 감정을 불러일으키고 있나요?”
M: “회한이 드는 것 같아요. 젊었을 때는 더 많은 일과 사람을 만났지만, 지금은 그때가 그리워요.”

C: “과거를 그리워하는 감정이 강하게 드는군요. 과거의 경험 중 당신에게 의미 있었던 순간은 무엇이었나요?”
M: “가족과의 시간, 친구들과의 대화 그리고 제가 성취한 일들이요.”

C: “그렇다면 그때의 경험들이 지금의 당신에게 어떤 가치를 제공해줄 수 있을까요?”
M: “아마도 그 경험들이 나에게 다시 연결감을 줄 수 있겠죠.”

C: “연결감을 회복하는 것은 정말 중요합니다. 그러면 과거의 가치를 바탕으로, 현재 어떤 방법으로 연결감을 만들 수 있을까요?”
M: “아... 가족에게 연락해보거나, 옛 친구들에게 소식을 전해볼 수도 있을 것 같아요.”

C: “그것은 좋은 시작일 수 있습니다. 사람들과의 소통을 통해 다시 삶의 의미를 발견할 기회를 가질 수 있을 것입니다. 그렇게 해보시면 어떤 기분이 드실 것 같나요?”
M: “좋아질 것 같아요. 그동안 제 고립을 자초했던 것 같은데, 나부터 다가 봐야겠네요.”

■ 대화 마무리

이 대화를 통해 참여자는 자기의 고독감과 삶의 의미의 상실을 인식하고, 그 원인과 해결 방법을 탐구하게 된다. 교육자는 소크라테스의 질문을 통해 참여자가 스스로의 삶의 가치를 다시 발견하도록 돕는다.

■ 결론

이와 같은 대화법은 고독함과 무의미함을 느끼는 참여자가 자기의 감정을 이해하고, 삶의 의미를 찾는 과정에 큰 도움을 준다. 소크라테스의 대화법은 참여자의 자기 탐구를 촉진하고 관계의 회복을 통해 긍정적인 방향으로 나아가도록 지원하는 유용한 접근법이다.

부록 **2**

아들과 함께 발견한 로고스

최마리

사랑하는 아들에게[1]

아들아!

겨울이네. 늘 새롭고 뚜렷한 변화와 함께 오는 계절이 네 번이나 있어 아름답고 신비한 우리나라에서 새로이 맞은 겨울이다. 다른 계절과 마찬가지로 겨울 역시 해마다 그 양상이 달라 눈 내리고 추운 정도를 예측할 수 없더구나. 올해 일월 들어서면서 유독 낮은 기온에 세찬 바람이 불어 추운 날이 부쩍 많았지.

제 아무리 춥고 저리고 아프다 한들 우리 범인(凡人)이 말없이 가는 시간을, 흐르는 시간에 맞춰 떠나고 오는 계절을 어찌 잡을 수 있겠니. 어린 신부같이 어여쁜 진분홍 동백꽃 피는 초봄, 소박하나 빛나는 개나리 진달래 철쭉이 활짝 피어난 봄, 아카시아 향과 고운 연초록색 나뭇잎에 반해 가던 길 멈추는 초여름, 에너지 한가득 강렬한 청록이 우거지는 여름, 커피 향보다 더 진한 국화꽃 향기 퍼지는 가을도 말이야.

이 겨울이 네겐 서른세 번째이고 내겐 예순 번째인가. 예순한 번째인가. 언제부터인가 나이를 그리 대수롭지 않게 여긴듯해. 아마 남아있는 검은머리보다 흰머리가 더 늘어가던 마흔 살 즈음 일지도. 살아보니 나이보다 '누구인가', '어떻게 살고 죽을 것인가'에 더 관심을 갖고 신경 쓰게 되더라. 그런데, 어느 시점부터 어쩔 수 없이 두렵고 예민하게 맞는 계절이 겨울이네.

아들이 좋아하는 싸늘하나 신선한 겨울바람이 있고, 손자들과 강아지가 소리치며 좋아하는 큰 송이 함박눈이 내리는 그 계절이 무에 죄가 있을까만. 내 인생 전반을 송두리째 재설계해야 했던 사고 이후 오랜 시간이 흘렀구나. 새벽 출근길 교통사고로 부서진 척추를

1) 출처 : 최마리 공저. 『빛의 무게』. 천주교 청주교구 가톨릭 문예지. 2023.

제거하고 티타늄으로 고정한 이후 늘 그러했듯이 이번 겨울 역시 춥고 저리고 아프더구나. 이 묵직하고 저린 통증은 말이야. 기온이 떨어지거나 저기압 상태에서 순환 문제가 발생해 붓는 것에 기인하는 것 같다. 추운 밖으로 나갈 엄두를 내지 못하니 햇빛 받는 시간이 절대 부족해서겠지.

겨울을 그리 맞고 지내다 십년 전 한겨울에 남쪽 아프리카 스와질란드(현, 에스와티니)를 방문하게 되었지. 지금도 그 때도 몸에 통증을 해결하고자 아프리카를 찾은 것이 아니었다만, 한순간 증상이 덜하다는 사실을 발견하고, 고맙고 감사했다.

집 나서는 순간 싸늘하고 차가운 바람 불고 영하로 내려가고 습한 겨울이라도, 몸이 아프다고 아프리카로 떠나올 수 있는 이가 많지 않을 것이니 말이야. 개인이 느끼는 뜨거움 따뜻함 더움에 당연히 차이가 있겠지만, 내겐 그저 더운 아프리카가 아니라 '아! 다시 살고 싶다' 고 느끼게 해주는 곳이란다.

우리나라에서 아프리카까지 여정은 당연히 길고 멀다. 아프리카 몇 개 국가를 제외하고는 직항조차 없지. 그러나 이 대륙엔 고단한 여정마저 상쇄할 강렬하게 빛나는 태양이 있단다. 아프리카에 도착해 하루쯤 지나면 몸에 부종이 줄고 저리고 어지러운 증상이 썩 좋아진다.

아프리카 대륙 특성상 습기 없고 강렬한 태양에서 뿜어져 나오는 어떤 에너지 덕분이 아닐까 해.

우리나라에 한파가 몰려왔던 일월 중순에 서아프리카 가나에 도착했다. 여행이 아닌 출장이라 회의와 보고서 작성 등 일이 많고 바쁘지만 따뜻해서 행복하다.

이번엔 우리나라 겨울이 다 지나도록 있을 것 같아. 물론 추운데 애쓰는 아들과 내 남편인 네 아빠에게 좀 미안하지만 말이야. 또 덥고 가난한 환경에서 견디고 살아내느라 애쓰는 가나 국민에게도 깊이 미안하지.

가나는 사하라 사막 기준으로 아래 서쪽에 위치해 있어. 아프리카 대륙에서 사하라이남 아프리카 국가가 가장 가난하고 정치적 경제적 불평등이 심한 곳으로 알려져 있단다. 우리나라 인당 GDP는 2021년 3만 5373달러까지 증가했다가 2022년 3만 2886달러란다. 대한민국 국민임을 감사하지. 우리에 비해 가나는 2022년 기준 인당 GDP가 겨우 2353달러에 불과하니 사회문화적 정치경제적 측면에서 얼마나 차이가 있을지 한번 생각해보렴.

가나는 현재 IMF 상황이고 물가는 점점 더 올라가고 국민 삶은 척박하고 척박하다. 전쟁 중이거나 가난한 나라 여성 아동 장애인 노인 등 취약계층의 고단함을 어찌 말로 다 표현할까. 이들에게 맛있는 음식과 유명한 브랜드 제품은 지구가 아닌 저 먼 다른 위성 얘기로 들릴지도 모르겠다. 물론 빈부격차가 심해 극히 일부 상류층도 있으나 국민 대부분 가난하지. 언제쯤 가나 국민 모두 형평하고 보편적 보건의료 수혜자가 될 수 있을지 생각하면 답답하다. 이들이 느끼는 감정이 얼마나 암담할지. 부족하지만 무엇인가 나눌 수 있는 것을 찾아 이곳에 온 이의 답답함 그까짓 것이 무슨 대수겠니. 현존하는 동종 인류 호모 사피엔스로서 많이 미안하다.

며칠 전 이 곳 가나 볼타지역 최초 대학병원 건축 부지에 들러 병원 관계자들을 만났다. 이 대학병원은 우리나라 수출입은행 차관으로 짓기로 결정했고, 타당성 조사 연구하러 왔지. 이들에게 무엇이라도 줄 수 있는 나라 국민임을 감사한다. 병원 관계자들이 반드시 필요한 의료 분야, 첨단의료기기, 검사장비, 교육훈련 분야에 대해 얘기하고 또 얘기하더구나. 고개 끄덕이며 그저 듣고 또 들었다. 이들에게 필요한 것 모두 갖출 수 있다면 좋겠지만, 이것이 어느 날 어디서 뚝 떨어지는 것도 아니고 많은 시간과 노력이 필요하지. 이들 간절함을 어찌 모르겠냐만 이 지역 보건의료 수요를 충족할 방안을 마련할 수나 있을지 고민이다.

어떻게 도울까? 우선 내가 할 수 있는 교육이라도 조금씩 해보기로 했다. 건강보험제도, DRG제도, 의료의 질 관리, 환자안전윤리, 지역사회 정신보건중재, 로고아트테라피 등 교육이 가능할 듯해. 2월 말에 돌아가서 조사 보고서 쓰면서, 줌교육과정을 더 열어볼까 한다. 배움이 고프다(Hunger for learning)는 말이 참 아프게 들리더구나. 점차 망가지는 몸으로 강의할 시간이 많이 남아있을지 모르겠다. 그래도 말이야 머리, 입, 안경 낀 두 눈, 양손 손가락이 아직 성하니 감사하다. 이렇게나마 교육 재능 기부할 시간이라도 조금 더 많이 남아있길 바래본다.

아들아!

기억하지? 엄마는 오랜 기간 논문과 정책보고서를 쓰던 이였다. 그런데, 십여 년 전부터 보건의료복지 정책에 대해 나누고 싶은 마음에 신문 칼럼과 에세이를 쓰기 시작했지. 가끔은 이 세상에 내놓기 부끄러운 시까지 염치없이 썼다. 솔직히 고백하자면 에세이야 뭐 잘 모르겠다만 시란 장르엔 썩 소질이 없었던 것 같아. 마음을 다해 아름답고 소중한 시어를 표현하고 싶은 욕심이었던 것 같아. 다시 생각해도 과욕이었지. 가장 잘 쓰고 싶었던 글이 소질 없는 시 부문이라니.

가나 볼타지역 오래된 나무가 아름답고 소중한 호텔에서 글을 쓰고 있단다. 에어컨이 있다만 전기가 부족한 이 나라에서 사용하는 것이 미안해 천장에 팔랑개비 같은 흰색 팬을 틀어두었어. 여기에선 이것만으로 충분하단 생각이야. 샤워기에서 물이 졸졸 조금씩 나오지만 그 또한 물이 있다는 자체로 고맙지. 우리나라에서 부족함 없이 쓰는 것들이 여기에선 귀하단다. 이곳은 산업이 발달하지 않아 생산품이 많지 않고, 대부분 수입에 의존한다. 이들은 수입하는 물건을 구매할 능력이 없어서 사용치 못하는 경우가 많지. 이들을 바라보며 마음이 아프다. 그러나 땅 넓고 출산율이 높아 인구가 늘어나고 있으니 언젠가 우리나라처럼 발전하겠지. 어쩌면 국민들 노력에 따라 우리나라보다 더 발전할 수도 있겠지. 그 발전 과정에 미세한 점이라도 찍을 수 있길 바래본다.

아들아!

아프리카 일 시작 이후 먹을 것 입을 것에 인색한 엄마를 보며 묘한 표정 짓는 것을 알고 있단다. 너와 방문한 음식점에서 남은 음식을 매번 포장해달라는 엄마를 한참 바라보는 것도 잘 알지. 이들은 일부를 제외하고 말이야. 교수, 의사, 간호사들과 회의 후 식당 식사를 할 때면 남겨서 포장해가겠다고 해. 조금 더 맛있고 좋은 음식을 가족과 나누고 싶은 마음이란다. 그럴 때 마음이 좋지 않다. '음식을 더 많이 사줄 수 있으면 참 행복하겠다.', '그럴 수 있으면 정말 좋겠다.', '삼성 회장이나 빌 게이츠였으면 좋겠다.'라는 생각도 하지. 허지만 어쩌겠니. 아들이 알듯이 제 전공분야에서 일하고 월급 받는 이윈 달리 수완이 없는 이인 것을. 그러니 부족한 재능이라도 더 나눌 수 있길 바라지. 조금이나마 줄 수 있는 것이 있음을 감사하고, 기쁘게 해야겠다는 생각이야.

이 글은 청주교구 가톨릭문인회 제1회 작품집에 실리게 될 거야. 지난해 산남동 본당 주보에서 가톨릭문인회원 모집 소식을 보고 가입했어. 회원 자격이 에세이와 시 등 출판 경험이 있는 청주교구 천주교 신자였다. 사실 엄마는 문인이라기보다 연구자인데, 감히 문인이고 싶었나 보다.

가나로 떠나기 전에 설명하고 허락 구했듯이, 가톨릭문인회 작품집 출판 소식을 듣고 무엇을 쓸까 고민타가 네 얘기를 쓰기로 했지. 인생에서 처음 글을 써야겠다고 고민한 계기였으니 그리하기로 했다.

아들아!

기억할 수 없겠지만 우리에게도 집이 없던 시절이 있었다. 결혼 후 살았던 월세집 주인이 당신 아들이 사용하기로 했다고 급히 비워 달랬다. 월세라도 신혼집이라 나름 예쁘게 꾸민 집이었는데 황당한 마음이었다. 한 해만 더 살게 해달라는 간절한 요구를 거절당해,

출산 한 달 앞두고 평소 몸무게에서 15kg이 더해져 둔한 몸으로 급히 이사했다. 이사한 이후 정리 청소 빨래 등으로 힘이 들었던 것 같아. 네가 태어나던 날 주인집 마당 수돗가에서 커튼을 빨래 중이었지. 임신 9개월 배로 쪼그리고 앉아 빨래하는데 양수가 흘렀어. 아무리 간호학 전공자라 해도 무섭고 두려웠다. 병원 오후 근무라 서둘러 빨래를 마치고 출근할 작정이었지. 양수가 흐르는데, 휴대폰 보급 이전이라 아빠에게 연락할 방법조차 없었다. 병원으로 가야겠다는 생각에 하던 빨래 던져두고 도로로 나갔는데, 다행히 바로 택시가 왔어. 택시 안에서 기도했어. '부디 아이가 무사히 태어나게 도와주세요.', '수술하지 않고 순산하게 도와주세요.' 몸이 약했던 나는 임신 6개월에 한차례 입원을 했었기에, 더 조심했어야 했는데 이사를 했기에 어쩔 수 없이 주부가 정리할 것이 많았던 거야.

병원 도착해 동료들을 만나고 분만실에 들어가서야 조금 안도했지만, 그도 잠깐이었다. 이후 이어진 4시간 분만 과정에서 배가 돌덩이처럼 딱딱하게 뭉치는 상상초월 통증이라니. 진통이 조금 덜해지면 '하느님! 아기 건강하게 태어나게 도와주세요.' 기도했어. 너를 출산하고 울음소리를 들으며 물었지. '아기 어디 다친데 없는지.' '손 발 팔 다리 머리 입 코 가슴 다 괜찮은지.' 의사로부터 '모두 정상이니 걱정 말라.' 대답을 듣고서야 설핏 잠이 들었던 것 같다. 이후 너는 신생아실로 나는 산과병실로 옮겨졌지. 출산 후 휴식보다 너를 먼저 만나야겠다는 생각에 서둘러 신생아실로 갔다.

처음 만난 너는 예정일보다 이주일 일찍 태어나 손 발 양쪽 귀가 모두 펴지지 않아 쪼글쪼글하고 작은 3.03kg 아기였다. 일찍 태어나게 해 미안한 마음이었는데, 신생아실에 도착해 젖병에 물도 잘 먹는 착한 아기였다. 미처 눈을 뜨지 못하던 네 손가락을 살짝 만져보았는데, '엄마! 저 여기 있어요.' 라며 내 검지를 잡는 것 같았어. 어쩌면 느낌일 수 있겠으나 엄마를 알아본 듯해 감격했단다. 와! 세상에! 부족한 내가 이리 아름답고 소중한 한 생명을 세상에 내놓은 엄마라니.

서른네 해 전 겨울 초입 싸늘한 바람에 노랗게 단풍든 은행잎이 흐드러지게 떨어지던 어느 날 오후 내게 온 아름답고 소중한 영혼이 너란다. '소중하다.', '귀하다,' '보석보다 아름답다.' 보다 더한 단어를 찾을 수 있다면 그 것으로 표현하고 싶다. 빠르게 걸을 때 큰 숨 쉴 때보다 더 가슴 뛰고 부풀게 하는 존재였지. 이후 지금 이 순간까지 미카엘 대천사 같은 천사였고, 종합 비타민이었고, 삶 의미이고 존재 이유였다.

네가 태어나고 2박 3일 병원에서 지내고 퇴원해 움직일 때 바닥이 조금씩 삐걱거리는 좁고 낡은 집으로 돌아왔다. 미처 이삿짐을 정리하지 못해 엉망인 집에 널 눕혀두며 미안했어. 그럼에도 예쁜 널 씻기고 젖을 물리며 함께하는 시간이 벅차게 행복했는데, 그나마도 너무 짧았다. 당시 노동법이 없었고 분만휴가는 출산 후 단 4주뿐이었다. 난 초유 수유를 하겠다는 열망이 강해서 다만 얼마만이라도 수유를 하기로 했지. 넌 모유를 먹으며 하루가 다르게 매일 더 예쁘게 자랐지. 막 태어났을 때 쪼글쪼글했던 손 발 귀가 펴지니 눈 코 입 어디하나 부족한데 없이 귀하고 잘생긴 아기였어. 엄마 눈엔 이 세상에서 가장 잘생긴 아기였다.

모유를 그리 잘 먹던 네게 큰 상처를 주게 된 사건이 발생했지. 당시 재직하던 병원에서 허락한 출산휴가가 막 끝나가고 있었어. 어쩔 수 없이 휴가 26일째 날 아침에 마지막 수유 후 단유제제를 먹었다. 잠시 후 닥칠 큰 사건을 예상치 못한 채 말이야. 현재 586세대로 불리는 아빠가 가정경제를 책임질 수 없었기에 엄마는 일하며 육아를 하는 것 이외 선택지가 없었다.

젖을 먹고 잘 자고 깨서 우는 네게 우유병을 물렸더니 왈칵 왈칵 모두 토했다. 출생 후 이틀간 신생아실에서 먹었기에 큰 걱정 없이 물린 우유병이 널 아프게 했고, 난 평생 상처로 남게 되었지.

아! 너무 놀라고 아득하고 막막해 정신을 차릴 수 없었어. 본능으로 엄마가 출근할 것을 알았던 거야. 아기는 순수 자체이기에 직관이 뛰어 났겠지. 우유를 토하는 널 안고 얘기했어. '엄마가 미안하다.', '부디 용서해.', '앞으로 널 위해 살게.', '살아있는 동안 모두 갚을게.', '못 난 엄마를 이해해.' 너에게 얘기하고 또 얘기하며 기도했지. '하느님! 도와주세요. 잘 먹이고 입히기 위한 선택입니다. 아이에게 평생 갚겠습니다.' 세상에 무엇이 그 보다 더 간절할 수 있을까.

대책 없이 토하는 널 안고 보듬고 달래는 이외 무엇도 할 수 없던 하루가 가고 십이월 저녁이 오기 시작했어. 유난히 차갑고 쓸쓸히 내리는 밤을 바라보며, 계속 토하다 탈수로 입원하겠다는 생각에 두려웠다. 너는 울다 지쳐가고 있었고, 내 온 몸은 떨리며 열이 나기 시작했어. 우리 둘 다 과도한 스트레스로 면역이 떨어지는 순간이었지.

이미 단유제제를 삼켜 다시 젖을 물릴 수 없는 선택을 후회했다. 출산 육아에 척박하고 몰인정한 국가 사회를 탓하고 경제능력이 없는 아빠를 원망하는 것 이외 달리 뭘 할 수 있었을까. 슬펐고 안타까웠고 아팠다. 물론 이 큰 사건조차 이후 육아과정에서 겪을 수없이 많은 사건의 서막에 불가했으니 참 어려운 시대를 견디고 살아냈지.

미처 4주가 되지 않은 갓난아기였던 너를 안고 울다 정신 들어 '정말 큰일 나겠다' 싶었다. 응급실에 가려고 급히 준비하던 밤 열시 즈음 기적이 찾아왔다. 엄마를 배려한 너의 선택이었다고 믿었어. 배고파 잠들지 못하고 울던 네가 순간 우유병 젖꼭지를 빨기 시작했고 더 이상 토하지 않았다. 그 고마움 감사함 미안함 슬픔을 어찌 다 표현할 수 있을까. 네게 약속했다. '앞으로 더는 아프게 하지 않겠다고.' 말이야.

우리에게 닥친 첫 난관이 국문학을 공부하는 계기가 되었지. 부끄러워 어디 얘기한 적 없으나, 다시 생각해도 참 대찬 바람이었다. 어린 널 따로 떼어놓지 않고 함께 지내며 수입을 낼 유일한 방법이 글 쓰는 것이라고 생각했다. 참 어렸고 철이 없었지. 당시 유명한 드라마 작가 김수현 선생님이 아이를 업고 낡은 여인숙에서 글을 쓰기 시작했다는 얘길 들은 기억이 있었거든. 종합병원 간호사로 일하며 방송대 국문학과에 편입해 열심히 공부했다. 어린 널 잠시라도 아주머니에게 맡기지 않고 함께 지내고 싶은 마음 절박했으니 열심히 할 수밖에 없었지. 그러다 알게 되었어. 국문학을 공부하더라도 글을 잘 쓰고 인기 있는 작가가 돼 수입을 올리는 것이 상관성이 없다는 사실 말이다.

결국, 원 전공 분야에서 소득을 올려 널 잘 키울 방법을 찾기로 했단다. 책 보는 것 이외 달리 재주가 없기에 아들을 잘 키울 방법이 또 공부밖에 없다고 판단했지. 전공 분야 석사 과정을 시작했고, 공부가 평생 직업이 되었구나. 아들이 서른네 살이 되도록 공부에 집착하는 이로 살고 있으니, 상처를 승화시켰다고 자위한다면 지나친 합리화일거야. 여기에서 승화, 합리화는 간호대학에서 공부했던 지그문트 프로이트 정신분석 이론 기반 해석이고, 고백하자면 열등감 역시 많단다. 칼 융의 분석심리학 공부와 분석을 받으면서 알게 되었지. 워킹맘으로 고단한 학위과정에서 우아하게 공부만 하는 이들에 갖는 묘한 부담감과 불편감이 무의식 저편 열등감이었다.

당시엔 그 분석이 맞다 생각했으나, 이후 빅터 프랭클 「로고테라피」 이론을 공부하며 더 자세히 알게 되었다. 네가 삶의 의미 발견을 도왔다는 사실 말이야. 삶의 의미 발견은 창의 가치, 경험 가치, 태도 가치를 통해 가능한데, 넌 존재 자체로 경험이자 창의 가치였고 태도를 변화시켜 의미를 발견하게 돕는 가치였다.

삶의 의미는 찾는 것도 구하는 것도 아닌 발견하는 것이었다. 내 이십대와 삼십대엔 미처 몰랐다. 마치 전쟁같이 일하며 육아하며 공부하며 살아낸 이후였다. 아들을 잘 먹이고 키우기 위해 시작한 공부가 지역사회 국가를 위해 쓸 수 있다는 사실을 알게 되었지. 엄마로서 애타는 마음과 기도에 하느님이 응답하셨고 함께하셨고 도우셨음도 말이야.

귀하고 소중한 생명의 엄마였기에 가능한 걸음이었고 열매였다. 엄마가 아니었다면 도저히 불가능했을 성과이자 성취였다. 엄마가 아니었다면 아마 더우면 시원한 곳, 추우면 따뜻한 곳만 찾아 편히 쉬는 베짱이로 살지 않았을까. 어쩌면 앞에 닥치는 어려움을 마주하지 않고 피했을지도 모르겠다.

이왕에 이야기 시작했으나 한 가지 더 얘기하마. 네게 이유식이 필요한 시점에 지금껏 그러하듯 소고기 무국을 가장 맛있게 먹었다. 볼 한가득 오물오물 그 모습이 어찌나 예뻤는지 지금도 보이는 듯하다. 직장에서 퇴근 중 쇠고기 이천 원어치 사는 게 일과였지. 쇠고기 600g이 칠 팔천 원 정도였는데, 월급이 100만 원 정도였으니 꽤 부담이었어. 너 15개월 경 퇴근길에 들른 정육점에서 쇠고기 2천 원어치를 주문했다. 동네 정육점이라 주민 몇이 있었는데, 한 아주머니가 '어떻게 이천 원어치를 주문해…….', '어찌 자르라고 저러지.' 일면식조차 없는 이들 몇이 떠들었다. 이천 원을 어떻게 내고 고기를 받아 자리를 피했는지 모를 정도로 당황했다. 돌봐주던 아주머니 집에서 널 데리고 돌아와 고깃국을 끓이며 좀 서글프고 착잡했다. '어떻게 좋아하는 고기를 먹일 수 있을까.' 당시로선 꽤 큰 고민이었으나, 고민 시간은 그리 길지 않았어. 잘 할 수 있는 일을 통해 고소득자가 될 방법을 찾기로 했다.

국내 · 외에 간호학 전공자가 필요한 다양한 분야 일자리를 알아보기 시작했다. 1990년대 초반 인터넷이 발달하지 않은 상태에서 모든 정보를 동원해 새로운 일자리를 찾았다. 기적처럼 일자리가 나타났고, 어렵게 대기업에 전문직으로 입사할 수 있었지. 더 이상 소고기값을 걱정하지 않았으며, 학비 때문에 학위를 중단하지도 않았다. 어릴 때부터 들어왔던 '뜻이 있는 곳에 길이 있다'는 지극히 평범한 문장이 보석보다 더 빛나는 명언으로 다가왔던 시기였다. 하나 더 언급하자면, 출산휴가 육아휴직에 아쉬움이 있었기에 병원노조 설립에 일조하고 떠날 수 있었다.

이후 그 동네를 떠나고자 외할아버지께 죄송한 도움을 청해 작은 집을 마련했다. 아들이 기억하는 첫 번째 우리 집이지. 엄마는 존재 자체로 책임이 크고 무거움을 새삼 실감했지. 어떤 상황에서도 자식을 지키고 키워야 하는 존재였다. 자식을 위해 목숨도 내놓을 수 있는 존재인데, 잘 먹일 수 있는 일을 찾는 것은 너무 당연했다.

돌아보니, 당시 이미 '지금', '여기'에서 삶의 의미를 찾아 행동하는 실존주의자였다. 피할 수 없는 상황에서 태도를 변화시켜 의미를 발견했던 거야. 이 과정에서 어려울 때 간절히 기도하는 부족한 이와 함께 하신 하느님이 계셨음을 잘 안다.

개인은 '단순히 존재하는 것이 아니라 무엇으로 존재할지 결정하는 존재'이고, '자기 상황을 명확화하면서 윤리적 판단과 행동이 가능한 존재' 라는 빅터 프랭클의 말에 동의한다. 개인이 윤리적 판단과 행동을 위해서는 반드시 반성적 비판적 사고가 수반되지. 이는 우리 모두 양심에 따라 사는 선한 개인이라는 증거가 아닐까 한다.

삶에서 새로운 선택과 결정 동기는 아들이었으나, 선택은 자유의지였고 삶의 의미 발견이었고 성장이었다. 개인은 삶의 의미를 추구하는 의지를 가진 존재임을 온 몸과 마음으로 체험했다. 빅터 프랭클은 '개인이 자유 의지로 결정하고 행동에 책임질 수 있을 때 도덕적 판단 이 시작된다' 고 했다. 즉, '개인이 자연적 생물적 사회적 심리적으로 얽매이거나 맹목적 순응을 중단할 때야 비로소 도덕적 판단이 가능하다'는 것이다. 전통이나 현실에 순응하기보다 새로운 가치 의미를 추구하고 발견하고 행동하면서 성숙하고 성장하는 것이 아닐까 한다.

아들을 양육하며 삶의 의미를 발견하고 성장할 수 있었다. 육아가 끝나가던 어느 시점에 선택했던 것 같다. 이 세상 시간 끝내는 순간까지 자기이해, 자기개방과 자기초월에 대해 숙고하며 살기로 결정했다. 어쩔 수 없이 부족한 사람이라 실수할 수 있고 완전할 수 없을 것이다. 그럼에도 이 세상에 조금이라도 도움을 줄 수 있는 사람, 어려운 이웃에 공감하고 나눌 수 있는 사람으로 살길 바란다. 엄마였기에 가능한 선택이었고 책임을 다하려 노력한다. 크게 거창할 것 없으나 감사하고 행복한 삶이다. 네가 존재했기에 가능한 삶이다. 네 덕분이다.

아들아!

이 글은 자랑이나 칭찬을 받기 위해서가 아니다. 그저 진심을 다해 담담하게 알려주고 싶었다. 내 아들이, 이 세상 모든 자식이 빛나고 아름다고 소중하고 귀하고 귀한 존재라는 사실 말이야. 자식은 이 세상에서 만난 가장 아름답고 소중한 꽃, 조건이나 이유 없이 절대 아끼고 가꿔야 할 꽃이었단다.

엄마는 선생이 아닌 친구가 되길 원했는데, 너는 어땠는지 모르겠다.

이제 평범한 몇 마디만 할까 하는데, 이게 또 잔소리가 되지 않길 바란다.

하나, 이 세상에서 가장 큰 사랑을 받았음을 기억하길 바란다. 둘, 언제나 꾸밈없이 진실을 말하며 자기감 있게 행동하길 바란다. 셋, 사람에 예의를 갖추고 예의 있는 사람과 교제하길 바란다. 넷, 내 아들이어서, 고맙다. 감사하다. 사랑한다.

박노해 시인의 좋은 시를 인용하며 마칠까 한다.

"끝이 없는 삶의 갈림길에서
조금 더 좋은 쪽으로
조금 더 옳은 쪽으로
더 사랑하는 쪽으로."

로고아트워크 사례보고서 (예시)

〔감정돌봄 로고아트워크(LogoArtWork) 보고서〕

<table>
<tr><td>회기</td><td>회기</td><td rowspan="2">주제</td><td rowspan="2"></td></tr>
<tr><td>년,월,일,시</td><td>. . . .</td></tr>
<tr><td>Logo–
Reading</td><td colspan="3"></td></tr>
<tr><td rowspan="2">Art–
Work</td><td>제목</td><td colspan="2"></td></tr>
<tr><td colspan="3"></td></tr>
<tr><td>Reflection</td><td colspan="3"></td></tr>
</table>

최영순 마리(Mary Youngsoon Choi) RN, PhD.

지역사회보건 전공 보건학 박사, 교육정책 전공 교육학 박사 수료
연세대학교 보건대학원 국제보건 전공 연구교수
감정돌봄 교육과정 로고아트워크 개발 및 운영자
한국미술치료상담학회 미술치료 및 교육심리 상담 수련전문가
세계 로고테라피 본부 로고디플로마 과정 로고테라피스트

아프리카 아시아 희망연대(NGO) 대표 회장
한국미술치료상담학회 학술이사
미래의료인문사회학회 부회장
한국의료법학회 집행이사
- 노년생활연구회, 저출산연구회 회장
APACPH ICUH 담당 이사, APACPH Korea 사무총장
골든에이지 포럼 이사
국제보건의료학회 이사

(전) 한국보건복지인재원 교수
(전) 국민건강보험공단 건강보험연구원 연구위원, 센터장
(전) 리라병원(현, 청주성모병원) 수간호사

블로그: https://blog.naver.com/rabbitchoi63
밴드: https://band.us/band/60706497 (아프리카 아시아 희망연대, Africa Asia Solidarity Hope)
YOU TUBE: B&D TV (미존 TV)

전문직 종사자의 감정돌봄을 위한 로고아트워크 교육과정
-상처에서 의미로: 이론과 실천의 만남-

제1판 인쇄 2025년 10월 30일
제1판 발행 2025년 11월 5일

저 자 최영순 마리
발행인 주영일
발행처 계축문화사

등록번호 1973. 10. 31. 제300-1973-8호
주소 서울특별시 종로구 통일로12길 16-17
우편번호 03029
전화 735-2257·738-9746
팩스 723-9025
이메일 gyechuk@hanmail.net
홈페이지 http://gyechuk.co.kr

ISBN 978-89-5629-863-4 93510 값 20,000원
